La mente criminal

Divulgación

Vicente Garrido
La mente criminal
La ciencia contra los asesinos en serie

Prólogo de Andreu Martín

mr̄

Obra editada en colaboración con Editorial Planeta – España

© Vicente Garrido, 2007
© por el prólogo, Andreu Martín, 2007
© por las ilustraciones, Rubén Sabariegos y Esther Gómez, 2007
Ilustración de la portada: © Alejandro Colucci

Derechos reservados

© 2025, Ediciones Culturales Paidós, S.A. de C.V.
Bajo el sello editorial PAIDÓS M.R.
Avenida Presidente Masarik núm. 111,
Piso 2, Polanco V Sección, Miguel Hidalgo
C.P. 11560, Ciudad de México
www.planetadelibros.com.mx
www.paidos.com.mx

Primera edición impresa en España en Colección Booket: julio de 2013
ISBN: 978-84-9998-291-5

Primera edición impresa en México en Booket: febrero de 2025
ISBN: 978-607-569-956-1

Impreso en los talleres de Corporación en Servicios
Integrales de Asesoría Profesional, S.A. de C.V.
Calle E #6, Parque Industrial Puebla 2000, C.P. 72225, Puebla, Pue.
Impreso en México -*Printed in Mexico*

Biografía

Vicente Garrido es profesor titular de la Universidad de Valencia en materias relacionadas con la Psicología Criminal y la Pedagogía para la readaptación de los delincuentes. Doctor en Psicología y diplomado en Criminología, el doctor Garrido es uno de los pioneros y de las autoridades más reconocidas en el ámbito de la criminología violenta. Ha sido consultor de Naciones Unidas para la prevención de la delincuencia en Latinoamérica y un firme impulsor de los programas para tratar a jóvenes y adultos violentos, incluyendo agresores sexuales y delincuentes psicópatas, acerca de los cuales ha publicado numerosos artículos y libros. Actualmente dirige la implantación de un programa para delincuentes sexuales en ocho prisiones españolas. Entre sus libros publicados figuran *El rastro del asesino* y *El síndrome del emperador*. En 1998 colaboró con la Guardia Civil en la identificación y captura de Joaquín Ferrándiz, el asesino confeso de cinco mujeres de Castellón. Realizó su perfil criminal y posteriormente, ya en prisión, actuó como perito para los tribunales. Impulsor de la psicología criminal y de la pedagogía correccional en España, es autor de un importante trabajo científico y de divulgación en el ámbito de la criminología. Su interés profesional ha basculado entre dos polos: por una parte, desarrollar programas de prevención de conductas antisociales en niños y jóvenes; por otra, llegar a comprender y tratar a los agresores más implacables y sistemáticos. Vicente Garrido colabora habitualmente en programas de radio y televisión, y escribe artículos de opinión en diversos periódicos españoles.

ÍNDICE

La mente criminal *está dedicado a mis buenos amigos de Jávea, en particular a Vicenta Bolufer Fuentes, José Martínez Espasa, Vicente Fornés Torres y Antoni Catalá Marí.*

É ste es el libro del miedo.

Las páginas que siguen son un catálogo de monstruos que han vivido o todavía viven entre nosotros. Seres humanos que un día salieron a nuestras calles para cazar a otros seres humanos a los que no conocían. Y los agredieron, los violaron, los asesinaron, en ocasiones incluso los descuartizaron, se cebaron en sus cadáveres. Forman parte de una realidad que está ahí, al otro lado de la puerta, y todos lo sabemos, y debemos saberlo, aunque nos gustaría ignorarlo y a veces tratamos de olvidar con un banal y frívolo «eso sólo les sucede a los otros».

En los capítulos que vienen a continuación, con profundo conocimiento no sólo de los sucesos criminales que relata, sino también de la psicología de los protagonistas, que analiza con maestría, y con las múltiples referencias culturales que sobre ello nos ofrece el cine y la literatura continuamente, el autor pinta un escenario de auténtico horror que sin duda nos impresionará.

Pero es un libro necesario que no se sostiene únicamente en el vago placer del escalofrío que nos provocan las leyendas de terror sino que tiene innegables efectos didácticos y terapéuticos. El miedo que nos despertará debe actuar como revulsivo y, a la vez, como antídoto, como vacuna que nos ayude a combatirlo.

Porque vivimos inmersos en miedo.

Más de uno, al leer esta afirmación, reaccionará afirmando que no, que no tiene miedo ni lo ha tenido nunca, que no se debe tener miedo. No le creeré y tampoco es sano que él mismo se lo crea. Le aconsejaré que se detenga a pensar en ello y que se sincere consigo mismo. Negar el miedo que vive en nosotros es como el recurso infantil de cerrar los ojos y enfoscarse bajo las sábanas pretendiendo que aquello que no vemos no existe. Cuando los ojos no ven, el corazón siente mucho más y más profundamente. Mirar al miedo a los ojos es la única manera de impedir que rija nuestras vidas.

Nos gustaría creer que sólo recibe daño aquel que hace daño, que la víctima algo habrá hecho para merecer lo que le ha sucedido, que sólo acaba mal quien mal anda, pero los periódicos cada día nos demuestran que la vida no es así.

Hace años, la película *Psicosis* nos dio mucho miedo. Una mujer se está duchando, tan confiada. Está sola pero se sabe en buena compañía porque el propietario del hotel es un hombre apacible y amable. No se siente amenazada. No hay motivo para que nadie la mate. No se lo ha buscado, no ha hecho nada para que nadie sienta tanta animadversión contra ella, y de pronto se descorre la cortina del baño y un cuchillo y la muerte caen sobre ella. Tal vez sea ése el primer *serial killer* digno de ser recordado que conocimos en este país. Luego, la prensa nos dijo que ése era un fenómeno corriente en Estados Unidos. Sobre todo, nos lo dijo el cine. *La matanza de Texas, El silencio de los corderos,* la saga de *Halloween,* la de *Viernes 13...* Si el público norteamericano se creía aquellas películas, debía de ser porque el entorno que vivía las hacía verosímiles. Pero eso sucedía en Estados Unidos. Eso queda muy lejos.

Hace años, se hablaba de que los usuarios del metro de Nueva York esperaban a los trenes con la espalda pegada a la pared, por miedo a un loco que se abría de brazos y arrojaba a la gente a la vía. Decían que sucedía en Estados Unidos, que queda muy lejos. El 21 de febrero de 2007, en la estación de metro de Navas de Barcelona, a las tres y media de la tarde, un hombre empujó a un desconocido a la vía. Y lo mató.

Ya lo tenemos aquí.

Sabíamos que existía. Nos lo habían advertido. Pero probablemente no creíamos que llegara tan pronto. Las desgracias siempre nos pillan desprevenidos.

Y eso, y los asaltos nocturnos a los pisos, y los tirones de bolsos por la calle, y la posibilidad de que un pederasta se encapriche de nuestro hijo, y las imprudencias en la autopista, y las catástrofes naturales, y la inseguridad en el trabajo, y la posibilidad de que nuestra pareja nos abandone de pronto, nos hacen vivir, lo queramos o no, lo reconozcamos o no, en estado de continua zozobra.

No miramos al miedo a la cara porque el miedo da miedo, porque desde pequeños nos han enseñado que es más digno aparentar que ese sentimiento no existe en nosotros. Pero el miedo ignorado, el miedo en la oscuridad, a nuestra espalda, en el corazón del bosque, se hace más impreciso y, por tanto, más grande y amenazador. Cuando no miramos, los monstruos crecen y se multiplican a nuestra espalda.

Les decimos a los niños que «no hay que tener miedo» porque nos horroriza pensar lo que debe de ser eso. Pensamos que, si cedemos al miedo, nos veremos paralizados, quebrados, disminuidos, cagados y meados de horror. Y despreciamos a los cobardes y a los medrosos porque nos asusta que algún día nosotros podamos ofrecer esa imagen patética.

Y, sin embargo, desde que abrimos los ojos a la vida, el *shock* nos aterroriza. El niño vive entre los miedos que le provoca aquello que no entiende. Los padres dirán que le enseñan a no tener miedo a los perros ladradores y a los gatos arañadores, o a las tormentas, o a perderse en la multitud pero, en realidad, le enseñarán a convivir con el miedo sin que el miedo lo domine. Le enseñarán a disfrutar incluso del placer del riesgo. Y el niño tendrá miedo cuando camine por un pasillo oscuro, claro que lo tendrá, y cuando un perro le muestre los dientes, o cuando una pandilla de gamberros lo rodee para quitarle la bicicleta. Claro que tendrá miedo. Pero deberá aprender a continuar viviendo con él, a soportarlo como soporta la fatiga el atleta que, no obstante, seguirá adelante hasta alcanzar la meta.

Y, a medida que crezca, el joven irá descubriendo un mundo que no le gusta, un mundo duro, injusto, cruel, que pronto le exigirá que asuma responsabilidades superiores a sus fuerzas. Sus mayores no han conseguido mejorar ese mundo y de pronto lo pondrán en sus manos suponiendo que él lo hará mejor. Y el joven no sabrá qué hacer con ello. Su propio cuerpo está cambiando contra su voluntad y se adueña de sus sentimientos y sus deseos y le hace actuar de forma instintiva, al margen de la razón. Y la única manera de tener una razón, una opinión, una personalidad propias es rompiendo con la razón, la opinión y la personalidad que ha aprendido con sus padres. Para saber quién es, el adolescente se ve obligado a transgredir las leyes. ¿No tiene que dar miedo todo eso? Consciente de que su razón y su opinión y su personalidad son débiles y frágiles, el joven se verá abocado a un comportamiento enloquecido. Es el miedo quien le impulsa a la imprudencia. Si los otros tienen miedo, él no. Si el miedo está en los otros, no lo lleva él en su interior. Por eso muchos jóvenes juegan a dar miedo a otros. Por eso muchos jóvenes disfrutan leyendo historias de terror. Porque proyectan el propio terror en las páginas del libro.

Por eso, considero útil la lectura de las páginas que siguen.

Pero es que, además, en estas páginas hay un añadido lenitivo. Y es que las fuerzas del orden y los avances de la ciencia actúan unidos para protegernos. Detrás de cada uno de los monstruos que vamos a conocer a continuación hay un ejército de profesionales incansables que buscan con lupa y microscopio, con pinzas e inteligencia, cada pelo y señal que inevitablemente deja el asesino.

Se me dirá que la policía siempre llega tarde, pero eso no es del todo cierto. Sin duda, de nada le sirve a la primera víctima, o a la segunda, que la policía detenga al autor de su asesinato y que sea puesto fuera de la circulación. Ellas ya conocieron el horror definitivo.

Pero la intervención de la ley merece la gratitud de las no-víctimas, de aquella tercera, cuarta, quinta, enésima persona, que nunca fue agredida, que ignora incluso la existencia de una amenaza, pero que habría caído en manos del asesino si nadie lo hubiera detenido.

Mientras leamos este libro, pensemos que tal vez nosotros seamos una de esas afortunadas no-víctimas. Y congratulémonos de continuar indemnes.

ANDREU MARTÍN

E l famoso asesino en serie Ted Bundy dijo en una ocasión: «Algunas personas están menos preparadas para soportar el fracaso que otras». Lo cierto es que el asesino que mata repetidamente, de modo serial, fracasa en el sentido más absoluto de todos, esto es, en su radical incapacidad para reconocerse como parte del género humano, al menos durante el tiempo que se inicia en la preparación del primero de los crímenes y que concluye con el fin de su ansia de matar, si ésta llega a producirse.

Bundy se refería al fracaso en las expectativas, todas ellas relacionadas con el prestigio o el dinero. Él estaba muy decepcionado desde niño porque no había nacido en una familia rica. Sin embargo, otros asesinos matan por tener *más* dinero del que ya tienen, o por probar que son seres superiores. Mi tesis es que, con independencia de cuál sea el motivo, en todos los casos hay un auténtico común denominador, o si se prefiere, una razón primigenia: el asesino en serie quiere ser otra persona, alguien capaz de ejercer una influencia brutal en su ambiente, una influencia que le proporcione una nueva identidad. Esa identidad es algo de consumo personal, que le otorga un poder más satisfactorio que cualquier otra experiencia que pueda tener. Para él, el *yo asesino* se convierte en la persona que realmente es, mientras que la identidad externa le sirve para pasar desapercibido.

A diferencia del homicida común, el asesino serial elige generalmente víctimas desconocidas. Éste es el punto en que la policía empieza a tener dificultades, ya que el rango de posibles autores se amplía considerablemente. Sin embargo, es en la propia repetición del homicidio —necesaria para la nueva identidad privada que el autor quiere lograr— donde se encuentra su mayor debilidad, puesto que cada nuevo asesinato es una nueva oportunidad para que la policía lo detenga.

Este libro explica cómo son los asesinos en serie, sus tipos y motivos, sus modus operandi y las historias que nos relatan con sus crímenes. Al mismo tiempo, ilustra algunos de los hitos fundamentales que la policía científica y la ciencia forense han desarrollado para investigar a los delincuentes, y el modo en que han resultado útiles en la captura de los asesinos en serie. Las expresiones *ciencia forense* y *criminalística* las empleo de forma sinónima, para englobar la aplicación de la ciencia a la investigación criminal. Esto incluye disciplinas como la antropología, la odontología, la medicina legal y la criminología. Cuando nos referimos a determinados tipos de análisis que se llevan a cabo con los elementos propios de la escena del crimen, tenemos especialidades como balística, dactiloscopia o análisis del perfil genético (ADN). Muchos de los exámenes de la escena del crimen los realizan policías expertos en el mismo lugar de los hechos o en los laboratorios, y ellos comprenden la policía científica. Los análisis más complejos del cuerpo humano o de naturaleza biológica suelen llevarse a cabo en los institutos de medicina forense, donde se practican autopsias y otras comprobaciones sofisticadas.

En este libro hay casos recientes y antiguos, españoles y extranjeros. Todos están seleccionados porque muestran algo particular que quiero resaltar. En ocasiones con ellos la policía dio un salto fundamental en sus métodos de investigación, en otros se trata más bien de un duro y lento proceso de aprendizaje, hecho con lágrimas y sudor de impotencia frente a un nuevo crimen. En realidad, los éxitos de la ciencia forense frente al asesino en serie son siempre tardíos: por su misma definición, éstos ya han matado anteriormente, de ahí que los investigadores sólo puedan aspirar a detenerlos antes de que la cuenta de cadáveres aumente.

Sin embargo, por esa misma razón, tengo una profunda admiración por todos los policías que inician esa carrera desesperada. En estas páginas hay fracaso, crimen, dolor y justicia, pero también esperanza en la interrupción del mal y memoria de las víctimas.

Los interesados en las ciencias criminológicas y los estudiantes y profesionales de las diferentes policías encontrarán aquí nociones esenciales de criminología forense aplicadas a casos criminales que conmovieron a una sociedad entera e incluso al mundo. Al analizar la forma de actuar y de pensar de los asesinos, procuro proporcionar al lector unos conocimientos sobre cómo éstos crean su propia realidad y las formas peculiares en que llevan a la práctica sus terribles fantasías. De Jack el Destripador a Tony King, pasando por criminales notables de España (la Envenenadora de Valencia, el Asesino de la Baraja) y del mundo (Richard Ramírez, Ted Bundy), este libro describe de modo riguroso pero fácilmente comprensible el mundo de los asesinos en serie, al tiempo que introduce lo que espero que sean apasionantes historias de revelación y epifanía de las ciencias forenses.

Jávea, diciembre de 2006

David Berkowitz escribió a su psiquiatra, el prestigioso psicoanalista David Abrahamsen:

> Siempre fantaseo cosas perversas que son parte de mi vida. Siempre seré un pervertido mental por las cosas sexuales que pienso. Sin embargo, casi todo el mundo es como yo, porque no paran de cometer esos actos sexuales pervertidos en su imaginación día tras día. Siempre estoy pensando en la violencia, y creo que sólo un monje, quizás, podría eliminar esos deseos y pensamientos. Sin embargo, lo que pretendo es madurar hasta poder ser capaz de tener un profundo respeto por la vida humana y un mayor respeto y aprecio hacia la humanidad.

Berkowitz es un asesino en serie que se hizo llamar el Hijo de Sam; todavía está en la cárcel, cumpliendo la pena de cadena perpetua. Operó en Nueva York en 1976 y 1977, e intentó matar a trece personas, consiguiendo su propósito en seis ocasiones. El director de cine Spike Lee retrató de manera inteligente la opresión de su amenaza sobre los habitantes de la «ciudad que nunca duerme» en su película de 1999 *El verano de Sam* (*Summer of Sam*). A Berkowitz lo conoceremos mejor en el siguiente capítulo, pero este texto a modo de confesión íntima ilustra bien un par de cosas de la mente de los asesinos en serie que quiero destacar. En primer lugar, la pulsión o energía sexual que está detrás de la mayoría de los crímenes de los asesinos en serie. No siempre hay una motivación sexual, pero ésta es muy frecuente, como un rasgo peculiar del mayor protagonismo que tienen los hombres sobre las mujeres en este ámbito del homicidio múltiple. La cualidad sexual del homicidio serial no tiene por qué reflejarse de modo específico en el acto o actos que comprenden el ataque en sí, o el modus operandi del asaltante; es más bien la motivación subyacente, el fin último que persigue el asesino con su acción, lo que define o no que se trate de un crimen sexual.

Por ejemplo, Berkowitz mataba a parejas que buscaban momentos de intimidad en sus coches. Pero él se mantenía alejado de las víctimas: les disparaba a través del parabrisas con su pistola de calibre 44. No las tocaba. ¿Dónde está esa sexualidad desviada reflejada en el crimen? Según lo que sabemos, Berkowitz pretendía *castigar a las mujeres* que querían tener sexo con cualquiera menos con él; los acompañantes eran cómplices por asociación. Por eso dice de él mismo que «siempre seré un pervertido mental por las cosas sexuales que pienso».

MODUS OPERANDI (MO)

El MO es lo que el asesino ha de hacer para cometer el crimen: romper una ventana, espiar en un lugar, atacar de súbito, etc. Se trata de una conducta aprendida, sujeta al cambio. Hoy sabemos que el asesino serial constantemente altera y refina su MO para adaptarse mejor a las circunstancias bajo las que opera y para incorporar aquello que ha aprendido. El Asesino del Parking (ver más adelante), en su segundo asesinato (Maite de Diego), ha aprendido a refinar su crimen: ahora sólo lleva un martillo, romo en una parte y afilado en la otra, no precisa llevar dos armas, como cuando atacó a Ángeles Ribot, un cuchillo y un martillo.

La segunda nota que quiero destacar para el lector de la psicología de los asesinos seriales es el carácter de compulsión, de tensión interna para cruzar el límite y matar, alimentada por una fantasía recurrente. Eso no significa que estos sujetos *no puedan* detenerse, ya que mantener esa postura tendría como consecuencia concluir que *necesariamente* han de matar cuando sienten que desean hacerlo. Bien al contrario, la investigación de los homicidas seriales nos demuestra que ellos eligen el mejor momento para hacerlo, y que una y otra vez cruzan del límite de la fantasía para poder vivir por sí mismos la experiencia real. No discuto que les sea difícil abstenerse de matar, ni tampoco que esa compulsión haga muchas veces que se confíen y cometan graves errores que les cuesten la libertad o la vida; pero el hecho de que estén meses e incluso años sin matar pone de relieve que se trata de una tendencia destructiva a la que ellos *desean liberar*.

Un buen ejemplo de ello lo ilustra el asesino en serie español Gustavo Romero.

El asesino en serie de Valdepeñas

En el libro que escribí junto con Patricia López, *El rastro del asesino*, presenté en detalle la psicología de este hombre violento por los cuatro costados, convicto de matar a dos chicas y un chico, y maltratador brutal de su mujer. Su historia es la crónica de un apetito sexual devastador, envuelto en una personalidad psicopática apenas disimulada, ya que desde la infancia demostró fiereza y hábitos delictivos, ocultos luego por la vida matrimonial y la inserción laboral sin nada que llamara poderosamente la atención.

Cuando cometió sus dos primeros crímenes contaba 20 años. El sábado 19 de junio de 1993 estaba merodeando en el parque municipal Cervantes de Valdepeñas (Ciudad Real), cuando advirtió la presencia de los novios Sara Dotor y Ángel Ibáñez. Ella contaba 20 años y él 24, y esta-

El gesto duro de Gustavo Romero muestra la determinación con que mató a tres jóvenes. Este psicópata sexual asesinó en la tierra donde creció y no se detuvo aunque el riesgo era mucho, en parte porque nunca traslució nada en su ánimo. Fue siempre un hombre violento; su caso muestra que algunos asesinos en serie tienen antecedentes por delitos juveniles.

ban buscando un poco de intimidad. Ya había anochecido cuando les sorprendió Romero y, esgrimiendo una navaja, les pidió que les entregara el dinero que llevaran y les conminó a que se dirigieran hacia la vía férrea que conecta Algeciras (Cádiz) con Madrid, lejos de las farolas del parque. Sara le reconoce como el sobrino de la jefa de su hermana, y le ruega que les deje marchar, que no se lo dirán a nadie.

Pero el asesino tenía otros planes. Actuando con suma rapidez, Romero acuchilla repetidamente al novio, al que deja muerto en el suelo. Temiendo Sara por su vida echa a correr, pero Romero le da alcance por la espalda y la acuchilla. Una y otra vez. Le quita la falda, las bragas y abusa de ella. Durante esos minutos de vejación ella está moribunda, pero él sólo goza, como la bestia de la que habla Lombroso (ver capítulo siguiente) cuando describe en el siglo XIX al criminal degenerado en sus textos de criminología.

Romero arroja la navaja a un pozo alejado del pueblo y se dirige a su casa, donde le espera su mujer Yolanda Sáez, quien con sólo 18 años ya tiene un niño pequeño y está en espera de otro. Muchas veces la historia del crimen nos muestra, junto al hecho descarnado de la violencia, la sordidez que emana de la pobreza moral de las personas que conforman el mundo cotidiano del asesino. Y éste es el caso de Yolanda. Esta mujer ama profundamente al criminal, y cuando escucha a su marido decir que ha matado a los novios, ella sólo se interesa por saber si su marido ha violado a la chica, cosa que él niega.

Gustavo Romero comprende que ha de huir. Tiene miedo, así que decide marcharse a Fuerteventura, donde tiene dos hermanos instalados. Las Canarias están muy lejos, y es un buen lugar para esperar a que todo se olvide. Toda precaución es poca, pero la policía no tenía pista alguna que seguir. Sólo había recogido testimonios difusos de que habían visto a alguien que daba vueltas, con aspecto amenazador, pero sin que pudieran reconocerle.

Cuando Romero encontró un buen acomodo en la isla y trabajaba de cocinero en un restaurante, llamó a Yolanda y a sus hijos para que fueran a vivir con él. La mujer se encontró a un hombre más pulido, más «de mundo», de ropa y gustos caros, pero igualmente brutal, que no dudaba en golpearla y humillarla mientras mantenía otras relaciones sexuales ocasionales, alguna de las cuales acabó mal por su deseo de vivir la violencia y el miedo de la mujer a la que poseía. Según relata el periodista

Samuel Isasi, a una de ellas, Mari, una compañera de trabajo, le fracturó la mandíbula y le rompió el brazo cuando ella se negó a complacerle en la cama.

Ya habían pasado cuatro años desde que matara a Ángel y a Sara, y en la pequeña isla de Fuerteventura empezaban a conocerle tal y como era. Así pues, decidió volver a su pueblo natal, con el pelo muy corto teñido de rubio. No tuvo problemas en obtener empleo, ni en seguir su rutina de violencia e infidelidad a su mujer, una víctima fieramente enamorada que además muchas veces tenía que proteger a sus hijos de esa brutalidad que padecía.

Entonces, el jueves 25 de junio de 1998, fue cuando Romero, a la salida del restaurante en el que trabajaba a las afueras de Valdepeñas, decidió dar unas vueltas por el monte con su coche. La fatalidad puso a Rosana Maroto en su camino, pedaleando en su bicicleta. Escribe Samuel Isasi:

> La imagen de la muchacha fue haciéndose cada vez más grande en el parabrisas de Gustavo y a éste se le revolvió algo por dentro. Creyó reconocerla. Sí, alguna vez la había visto por el pueblo, riéndose con sus amigas, como provocándole un poco con su belleza. Apretó las manos sobre el volante mientras sentía la sangre palpitando hacia su cabeza.
>
> Cuando llegó a la altura de la chica, dio un volantazo para sacarla de la carretera. La hizo rodar por el suelo. Gustavo frenó, apagó el motor y bajó del coche. Miró alrededor. No había un alma. Nadie lo había visto. Se acercó a ella y comprobó que estaba inconsciente. Era más bonita aún de como la recordaba. Y muy joven. La cogió en brazos y la metió en el maletero. Ni siquiera se tomó la molestia de desprender de su espalda la mochila de lona que llevaba. Luego, fue a por la bici y la introdujo en el asiento de atrás del coche.

Romero se dirigió a Casa Rabadán, un refugio de pastores abandonado. Allí cogió la bicicleta de Rosana y la arrojó al pozo. Cuando iba a sacar a Rosana del maletero tuvo que marcharse, porque se acercaban unos pastores. Fue a otra casona abandonada y, después de despabilar a Rosana, la metió dentro. Allí jugó con ella como el gato con el ratón. En sus declaraciones ante el fiscal y el acusador particular quiere demostrar que ella le pone frenético porque sólo le pide ir a casa con su bicicleta, y que él tiene miedo de que le delate y que descubran que también mató a los novios. Pero es sólo una justificación absurda, que nadie cree. Él reconoce que obligó a Rosana a hacerle una felación, pero en esos minutos la joven pudo sufrir un ataque sexual múltiple. Lo realmente cierto es que Romero tomó un cordón entre sus manos y se abalanzó sobre ella. La niña gritó aterrada. Sabía que estaba condenada. Aun así se resistió mientras le quedó aire en los pulmones. Romero la golpeó brutalmente y la estranguló con una fiereza inhumana. El informe que las antropólogas hicieron del cadáver señalaba que el cordón estaba alrededor del esqueleto y tenía un diámetro tal que ni ellas mismas se lo pudieron colocar. Es decir, estaba extraordinariamente apretado.

Quedaba ahora deshacerse del cadáver. Lo arrojó a la profundidad de un pozo cercano. Luego metió en la mochila los pantalones de deporte de la chica, una zapatilla que había perdido y una compresa. Cogió el coche y se fue a trabajar. A la salida tiró la mochila, con una piedra dentro, en el río Jalón.

Tampoco la policía y la Guardia Civil tuvieron más fortuna en esta ocasión que en el caso de los novios asesinados. Rosana tenía 21 años, era buena estudiante de Historia del Arte en la Universidad de Castilla-La Mancha en Ciudad Real, y nadie parecía tener un móvil para atacarla. Sólo hubo un avance a los tres días de desaparecida, cuando unas amigas de Rosana y el padre de una de ellas descubrieron la mochila en el río. El Instituto Nacional de Toxicología encontró esperma en el pantalón de Rosana que Romero le había ordenado quitarse, pero no había ninguna muestra registrada que permitiera identificar a su dueño.

La comarca de Valdepeñas fue rastreada palmo a palmo, sin éxito. Pasó el tiempo y, como suele ocurrir, el rostro de la hermosa Rosana que sonreía desde los carteles que avisaban de su desaparición fue amarilleándose, como el recuerdo de la afrenta entre la gente. La familia y la policía no olvidaban, pero poco más eran capaces de hacer. Mientras tanto, Romero seguía despreciando y maltratando a su mujer, y nada parecía que pudiera romper esa rutina brutal, esa realidad sorda a la justicia y al sufrimiento de tres jóvenes que no descansaban en paz porque su asesino caminaba libre y desafiante.

De pronto, un rayo de esperanza. Un pastor encuentra el 30 de octubre la bicicleta de Rosana en el pozo de Casa Rabadán. Sin embargo, el hallazgo lleva a un camino ciego, como el pozo del que procede. Nada hay en la bicicleta que pueda aportar una dirección nueva a la investigación. Así que de nuevo se aploma sobre Valdepeñas el silencio del tiempo baldío. La gente sigue con su vida y, aunque la policía no olvida, ha de ocuparse de su trabajo del día a día. Romero espera; quizás pasado más tiempo decida matar de nuevo. ¿Quién sabe? Él es la prueba viva y real de que los asesinos *pueden esperar*.

Estamos en mayo de 2003, y vamos a asistir a una muestra más de la eficacia del método más antiguo para capturar a los asesinos: la declaración ante la policía de un testigo que sabe cosas. En este caso se trata de una delación en toda regla: Yolanda, la mujer mil veces apaleada, no puede tolerar que Gustavo Romero la plante y se vaya con otra mujer, una chica rica del pueblo que, de modo igualmente inexplicable, también quiere y desea con locura al homicida múltiple. Es la fascinación por el hombre bestial y primitivo, del que se presume su peligro aunque no se tenga a ciencia cierta conocimiento de él. Yolanda sí tenía ese conocimiento, por eso, para su vergüenza, hemos de hacer constar aquí que lo traiciona porque Romero la abandona, no por conciencia o por un mínimo de piedad por sus paisanos y las familias que sufren. Es una venganza y, al mismo tiempo, un acto involuntario pero simbólico de justicia: el asesino de mujeres es entregado a la justicia por una mujer.

Yolanda dice a la policía que su marido mató a los novios, y les dice que busquen la navaja en una alberca cercana a su casa. Han pasado diez años desde que Romero mató a Ángel Ibáñez y Sara Dotor, pero en efecto, ahí está la navaja. Arrestado el homicida, niega su responsabilidad al principio, pero luego confiesa y explica que todo fue un *terrible accidente*, que lo único que hizo fue defenderse de la agresión de los jóvenes cuando él les quitó el dinero. «Me obligaron a matarlos», es su excusa, un argumento que produce desmayo al principio —por pueril y cobarde— y luego una rabia sorda, porque duele tener que escuchar tanta infamia, como su posterior confesión del asesinato de Rosana, acorralado porque su ADN coincide con el hallado en el esperma de los pantalones cortos que la chica llevaba puestos el día en que murió, y que fue recuperado dentro de la mochila hallada tres años antes. El martes 14 de octubre de 2003, Gustavo Romero llevó a la policía al pozo donde descansaban los restos de Rosana.

El pozo era pequeño. Un equipo de los GEO (Grupo Especial de Operaciones) de la policía se encargó de recuperar el cadáver de la chica y objetos relacionados: un reloj, una pulsera, un colgante. Con posterioridad, el servicio de antropología de la Policía Científica relatará el calvario de Rosana leyendo en las lesiones de su cráneo. Romero la había tratado con dureza. La fiera obró como tal. Cuando el 21 de abril de 2005 la Audiencia de Ciudad Real le condenó a 113 años de cárcel, todos respiraron aliviados.

Los asesinos en serie y sus motivos

Las nomenclaturas varían en el tiempo, y el concepto de lo que es un asesino en serie también ha cambiado con los años: actualmente se aplica este término a quien mata al menos en tres momentos y lugares diferentes, cada escenario del crimen separado con nitidez. Pero a comienzos de los años ochenta del pasado siglo, el número de víctimas y de escenarios era de dos, lo cual tiene mucho sentido si entendemos que dos crímenes bien pueden ser el inicio de una progresión homicida. Pero en todo caso, hoy muchas policías del mundo emplean una terminología desarrollada por el Departamento de Ciencias de la Conducta del FBI, que distingue entre dos tipos de homicidas múltiples: el asesino en masa *(mass murderer)*, que mata a cuatro o más personas en un solo acto de violencia y en un mismo escenario, y el asesino en serie *(serial murderer)*, que, como hemos dicho, inicia y finaliza en cada víctima un episodio discreto y diferenciado de violencia. Los perfiladores o criminólogos de la personalidad criminal —que elaboran las características de personalidad y estilo de comportamiento de asesinos múltiples desconocidos en un *perfil* para orientar la investigación policial— entienden que el asesino en serie pasa por un periodo de *enfriamiento* entre un crimen y otro.

El significado de *serie* transmite así la idea de que el asesino ha iniciado una carrera homicida que va a perdurar en el tiempo (meses o incluso años), y que presenta unos desencadenantes que, una vez en acción, generan en el individuo la preparación y ejecución de un nuevo asesinato. Esos desencadenantes pueden ser imágenes vistas o recuerdos; en todo caso, el ánimo de matar se conserva en la psicología del sujeto mediante la fantasía; ella es la caldera que alimenta la compulsión. Así, en el caso de Gustavo Romero, cuando ve a una chica joven en pantalón corto pedalear en absoluta soledad delante de su auto (Rosana Maroto), el asesino siente con toda su fuerza el deseo sexual y el poder que le confie-

re la violencia, y no hallando en su conciencia nada que le impida detenerse, se apresta a cometer el tercer homicidio.

Sin embargo, mucho más importante que el número de víctimas que elijamos para definir un tipo de asesino, es el estudio de los motivos que lo condiciona y alienta. Existen varias tipologías de motivos, pero la que más me gusta es la desarrollada por los criminólogos James Fox y Jack Levin, quienes aplican cinco categorías de motivos tanto a los asesinos en serie como a los asesinos en masa. Yo la he ampliado con otra categoría, la de «sexo/sadismo», porque su importancia no puede diluirse dentro de la categoría de «poder/control», como lo hacen Fox y Levin. Lo vemos en esta tabla.

MOTIVOS	Asesino en serie	Asesino en masa
Sexo/sadismo	Un hombre desea experimentar el goce de hacer sufrir a sus víctimas, así que las tortura y luego las mata	Un mando militar mata sádicamente a un grupo de personas indefensas.
Poder/Control	Un hombre se dedica a matar extraños con una pistola, varones o mujeres.	Un pseudo-comando, vestido con ropas militares, entra en un centro comercial y empieza una «guerra» con la policía.
Venganza	El asesino se siente humillado por las mujeres, y decide matarlas como venganza.	Un joven expulsado del instituto regresa con varias armas y dispara a compañeros y profesores.
Lealtad	Una pareja de asesinos quiere probar que son leales hasta la muerte, y cometen asesinatos para probarse mutuamente su fidelidad.	Un padre de familia y marido deprimido mata a su mujer e hijos para evitar que «sufran», y luego se suicida
Lucro	Una *viuda negra* mata sucesivamente a sus maridos.	Una banda de ladrones mata a todos los empleados para no dejar testigos.
Terror	Un paranoico se dedica a mandar bombas por correo para avisar a la sociedad de que camina hacia el desastre.	Un grupo terrorista pone una bomba en un tren para enviar un mensaje político-religioso.

Como acabo de decir, muchos autores distinguen el motivo del poder, que está orientado a exaltar el control y el dominio del homicida sobre su ambiente, de la motivación sádica, definida por el disfrute sexual provocado por el dolor y miedo que causa a la víctima. Creo que es una buena precisión a tener en cuenta cuando estudiamos una escena del crimen particular, ya que si bien el sadismo incluye la necesidad de poder y control sobre la víctima, no todo poder y control precisa del sadismo. El Asesino de la Baraja es un buen ejemplo de *necesidad de control y poder* sin un ápice de sadismo. Al mismo tiempo, ilustra también la complejidad de las razones que están detrás de un asesino en serie, puesto que si bien Alfredo Galán mató para buscar reconocimiento de su poder, no podemos descartar que hubiera en su ánimo un propósito de venganza o desquite por las pocas oportunidades que había tenido en la vida para triunfar y llegar a ser alguien respetado.

El Asesino de la Baraja

CRONOLOGÍA DE ALFREDO GALÁN
(Realizada por Patricia López)

1978: nace Alfredo Galán en Puertollano, Ciudad Real.

1998: ingresa en el Ejército.

1999-2000: vive en el cuartel de El Goloso y reside con unos amigos durante unos meses en un piso de Alcobendas, localidad madrileña cercana al cuartel.

2000: va a Bosnia en misión humanitaria, donde está seis meses.

Abril a noviembre de 2001: se va a vivir con una de sus hermanas al centro de Madrid, a la calle Alberto Alcocer.

Noviembre de 2001 a mayo de 2002: la familia se traslada a la localidad de Tres Cantos.

Mayo a noviembre de 2002: vuelve a ir de misión humanitaria a Bosnia.

Diciembre: regresa de la misión y se va a vivir con su hermana a Alcalá de Henares, aunque ese mismo mes es destinado a Galicia con motivo de la limpieza del chapapote.

18 de diciembre de 2002: se da de baja psicológica en el Ejército, tras un incidente con una mujer a la que quiso quitar el coche en Galicia.

24 de enero de 2003: matan de un disparo al portero Juan Francisco Ledesma, en la madrileña calle de Alonso Cano.

5 de febrero de 2003: asesinan entre las 4 y las 5 de la mañana a Juan Carlos Martín Estacio de un disparo en la cabeza en una parada de autobús de la Alameda de Osuna, Madrid. Junto al cadáver hay un as de copas.

5 de febrero de 2003: a las 4.30 de la tarde acribillan a balazos a la dueña del bar Rojas de la localidad madrileña de Alcalá de Henares, y matan a su hijo, Mikel Jiménez, y a una cliente, Juana Uclés.

Finales de febrero de 2003: Alfredo Galán es baja definitiva en el Ejército.

7 de marzo de 2003: un individuo intenta acabar con la vida de una pareja de ecuatorianos, Eduardo y Anahid, en la localidad de Tres Cantos. Junto al chico, el agresor deja un dos de copas.

18 de marzo de 2003: asesinan en Arganda del Rey a un matrimonio rumano, George y Donia Magda, de sendos disparos. Junto a sus cuerpos, un tres y un cuatro de copas.

Marzo de 2003: policía y Guardia Civil relacionan los seis asesinatos y los tres intentos de homicidio.

22 de mayo de 2003: la policía detiene a Fichaje, un miembro del grupo Ultras Sur y residente en Alcalá de Henares, acusado del asesinato del bar Rojas.

3 de julio de 2003: Alfredo Galán se entrega en la comisaría de la Policía Local de Puertollano y confiesa su autoría en los homicidios anteriormente reseñados.

Septiembre de 2003: cambia su declaración de culpabilidad por la de inocencia.

7 de febrero de 2005: comienza el juicio, tras el que será condenado por todos los crímenes a 140 años y 3 meses de prisión.

Alfredo Galán nació en Puertollano (Ciudad Real), en una familia acomodada, porque su padre era ingeniero y trabajaba en la refinería que Repsol tiene en esa localidad. Él y sus tres hermanos sufrieron una dura pérdida cuando murió su madre, poco antes de dar a luz a una nueva niña, a la que llamaron Dolores, en recuerdo de su madre fallecida. Tal y como relata mi colega Patricia López en sus notas preparatorias para el libro *El rastro del asesino,* en el pueblo existían muchos rumores acerca de que ese hogar no era precisamente feliz, debido al mal carácter de su padre. Quizás esto se reflejara en la actitud de Galán en el colegio. Escribe Patricia:

Era un pésimo estudiante. A pesar de su timidez y de tener pocos amigos, era de los que montaba jaleo y habitualmente expulsaban de clase,

El Asesino de la Baraja protagonizó el desafío más formidable a la policía española de la historia criminal de los últimos años. Fracasado como soldado, decidió que lo único que podía convertirlo en la persona que ansiaba era matar a víctimas de oportunidad como si fuera una misión militar.

no se cortaba en insultar a quien quisiese entrometerse en sus asuntos, incluidos los profesores. Pero los educadores, cuentan, consideraban que «el arranque de Galán era ficticio, porque el chaval era un persona frágil que se hundía con facilidad». Con esa actitud, el chico no logró el título de graduado escolar hasta los 16 años, en el curso 1994-95.

Podemos entender que este chico acumulara amargura en su interior. En la investigación que realizó Patricia López queda claro que «sacaba dos cabezas a sus compañeros, la mayoría chicas. Se sentía incómodo dentro de esas aulas, se sentía ridículo. Nunca se había relacionado con más mujeres que sus hermanas, su madre y su abuela». Así pues, los deseos amorosos que tuviera no podían expresarse en la normalidad de una relación o relaciones de juego y exploración, necesarias en la vida de los adolescentes. Por ello tiene interés su escrito sobre el amor, al desvelarnos que quien llegaría a ser uno de los asesinos en serie más peligrosos de la España moderna, al menos quería imaginar y sentir que ese profundo sentimiento también podía estar a su alcance.

En febrero, el profesor de literatura les obligó a hacer una redacción sobre el amor para el día de San Valentín. Le daba mucho apuro, pero pensó que sólo la leería el profesor y que no la publicaría en el cuadernillo de premiados. Sin embargo, en los anales del Instituto Juan de Távora se puede leer la redacción de Alfredo Galán:

«Hola, amor mío: eres tan guapa y bonita que cuando te veo no sé qué hacer, no sé que hacer, porque es como si me deslumbraran los rayos del sol al amanecer, bueno no, sí sé que hacer, sí sé que haría, seguramente te besaría, aunque la verdad no sé si me atrevería; me gusta tu pelo, me gustan tus labios, me gustan tus ojos azules, ya que me parecen un par de nubes, aparte de guapa y hermosa eres simpática y graciosa, por las mañanas no desayuno pensando en ti, al mediodía no como pensando en ti, por la tarde no meriendo pensando en ti, y al acostarme no duermo porque tengo hambre, pero no me importa porque te quiero».

Al final consiguió aprobar y, con menos ganas si cabía, se matriculó en 4.º de la ESO. Terminó el curso quedándole tres asignaturas, y decidió que con 18 años ya era hora de dejar de estudiar, para poner todos sus esfuerzos en lo que realmente deseaba desde hacía años: ser un miembro profesional del Ejército. Ya en el instituto, a los pocos amigos que tenía no hacía más que hablarles de pistolas, fusiles y ametralladoras.

Pasa el tiempo, y Galán entra en el Ejército. Desde el 25 de enero de 2001, ejerció de cabo profesional de Ejército de Tierra en este destino y participó en dos misiones internacionales en Bosnia. Su actitud allí, según desveló un abogado durante el juicio, fue de un perfecto soldado. En su libreta de tiro que guarda la Delegación de Defensa de Madrid consta que es muy apto en los ejercicios de instrucción, de gatillo rápido y buena puntería. El 7 de julio de 2001, el coronel de infantería de su regimiento escribe que la labor de Galán como conductor es buena, con una actitud psicofísica en la media de la compañía. Una televisión y una revista consiguieron imágenes de la última misión en Bosnia que Alfredo había hecho, meses antes de los asesinatos, y se le veía sonriente con sus compañeros, bebiendo y hablando, aparentemente integrado.

Pero quienes hicieron el perfil de Galán no detallaron esta historia de su vida. Los psiquiatras y psicólogos que le atendieron cuando Alfredo ingresó en la prisión madrileña de Soto del Real le definieron como un «depredador humano». Según explicaron en el juicio de febrero de 2005, su actitud se escapaba de las manos de la ciencia psiquiátrica, algo rebatido por algunos abogados de la acusación.

El estudio se llevó a cabo durante el verano. Tuvo cuatro entrevistas con psiquiatras, el 23 y el 29 de julio, el 25 de agosto y el 12 de septiembre. Entre medias hubo una entrevista con una psicóloga, ya que los encargados del informe querían tener una perspectiva diferente de la mente del Asesino de la Baraja. Además, completaron el estudio con conversaciones con las hermanas, las declaraciones del proceso, la historia clínica del hospital militar Gómez Ulla y diferentes tests y pruebas neurológicas.

Según recogen, la relación con su padre era normal. Su madre había muerto cuando él tenía 8 años y era el penúltimo de los cinco hermanos. Padeció las enfermedades propias de la infancia y a los 15 años había tenido un accidente doméstico, mientras realizaba un ejercicio práctico de química. No había tenido trastornos psiquiátricos ni traumatismos craneoencefálicos.

La muerte de su madre había sido un cambio importante en su vida, pasó de ser un niño mimado y extrovertido a ser serio. Nunca volvió a ser como antes. Había ingresado en un internado de Ciudad Real, pero sólo durante un año «porque no estaba a gusto». Se encerró en sí mismo, «era muy sensible, simpático y se hizo introvertido, apenas contaba nada de lo que le pasaba», se puede leer en el informe de los forenses.

Siempre fue un poco infantil, con 15 años le gustaban los dibujos animados —le hicieron dibujar y sus trazos seguían siendo de niño—. Le gustaban los animales, los trataba bien, se llevaba a casa los que encontraba abandonados, pero no se quería encariñar con ellos. No quería mostrar sus sentimientos en ningún caso, «me hacía el duro… no quería regalos». Contó que las relaciones con las chicas eran normales, aunque nunca ha tenido novia a pesar de tener 25 años. Pero ahora, cuando tomaba alcohol se desinhibía, «volvía a estar en mi salsa».

Después de ese cambio a los 8 años, niega que haya sufrido más, aunque sus hermanas dicen lo contrario. Al volver del primer viaje de Bosnia estuvo muy contento, hablador, le había dicho a su familia que lo había pasado muy bien y les trajo regalos. La segunda vez fue menos hablador, más serio y sin regalos.

A su regreso de la segunda misión en Bosnia en el año 2002, se fue a una fiesta para celebrarlo y le detuvo la Guardia Civil, dando positivo en el control de alcoholemia, por lo que tenía pendiente una causa judicial. Pero lo importante era que al volver de la misión él pensaba que iba a tener vacaciones y le llamaron para preparar un desfile militar. Posteriormente tuvo que hacer guardias nocturnas y apuntarse forzoso para las tareas de limpieza del chapapote que había inundado las costas de Galicia a consecuencia del hundimiento del *Prestige*.

En Galicia tuvo un grave conflicto. Llevaba unos días muy mal, descontento, en una crisis que condicionaría los siguientes pasos, y montó, según sus palabras, «un pollo». Quería irse, desertar, y cuando faltaban pocas horas para regresar se enfrentó a un mando, sacó 2.000 euros y se fue a beber. Obligó a una señora a bajarse del coche y le rompió una ventanilla con una piedra, «quería el coche para escapar». Regresó al cuartel borracho y les dijo que se iba del Ejército, que los dejaba. Lo tenía todo planeado para salir sin ser expedientado, como enfermo, así le darían la baja médica. El coronel lo trajo custodiado en el autobús, con dos agentes armados, y lo ingresaron de urgencia contra su voluntad en el hospital militar Gómez Ulla. Allí amenazó con que, antes de suicidarse, mataría a todo el mundo, según reflejó una psiquiatra en prácticas en su informe, en el que recomendaba el ingreso inmediato en la sección de agudos. Pero no le hicieron caso.

Alfredo seguía contando a los psiquiatras que no quería volver al Ejército y que tras la consulta en el Gómez Ulla pidió la baja definitiva, el día 20 de enero. La tenía que presentar en su unidad y cuando fue tuvo una «bronca» con un sargento y no regresó más. Le dieron de alta del hospital, aunque siguió de baja con tratamiento externo hasta que llegó la baja definitiva a principios de marzo. El 7 de ese mismo mes, entró a trabajar como vigilante jurado en Prosegur, tras pasar todas las pruebas, incluidas las psicológicas.

Dos días después de salir del centro médico, el 22 de diciembre, recordaba que fue a Ciudad Real y bebió compulsivamente. En la cena de Nochebuena le dio un susto a su familia, apareció en la cena con una pistola en la cintura y hacía gestos de disparar. Pero no era peligroso porque el arma estaba bloqueada. Se fue de la casa, aunque en Nochevieja montó otro número. Condujo el coche «al máximo de potencia», iba con su hermano y éste se asustó. Lo paró la Guardia Civil, le hicieron una prueba de alcoholemia, y le sancionaron.

En enero de 2003 se fue a Córdoba, a un hotel. Quería estar solo. En ese tiempo tuvo un accidente de coche. Seguía de baja y no tomaba la medicación que le prescribieron para la ansiedad, aunque iba a las revisiones en el Gómez Ulla. Se enfadó con su hermana porque se dio cuenta de que ella estaba contando muchas cosas de él al médico, informándole de las conductas extrañas que observaba, pero él le negaba al especialista todo.

Su decisión de salir del Ejército vino causada porque tenía muy pocas posibilidades de ascender a sargento. Intentó entrar en la Guardia Civil, pero le suspendieron en las pruebas físicas, si bien había aprobado las psicológicas. Entonces decidió hacerse vigilante jurado.

* * *

Las respuestas sobre su recuerdo de los meses en los que sucedieron los crímenes fueron seguras, tranquilas, con frialdad, sin explicar los motivos que le llevaron a matar. Aseguró que el estímulo que tenía era «matar por matar». La idea fue espontánea. En el caso del portero lo pensó diez minutos antes de hacerlo. «Se me ocurre y ya está… Estoy sentado frente a la tele, se me ocurre y…» Se dio cuenta de que el hecho de quitarle la vida a otra persona no le turbaba, no había sentimientos, ni conmoción ni frenos interiores de ningún tipo. La única vez que sintió «algo» como «inseguridad» fue en el metro. Estaba junto a dos personas que hablaban del Asesino de la Baraja y pensó en lo fácil que es tener muy cerca a alguien que te puede quitar la vida y tú no lo sabes: «Todos podemos ser el asesino… No sabes con quién vas en el vagón».

Sabía que estaba mal lo que hacía, siempre lo había sabido, y además no buscaba ningún beneficio al hacerlo, ni siquiera afán de notoriedad. Pensó que los asesinatos no iban a tener tanta trascendencia y estaba sorprendido. Para matar, cree Alfredo Galán, «no hace falta ser malo, puedes ser bueno. Yo soy tranquilo, seguro de mí mismo, educado y con una afectividad normal». No se arrepentía, las víctimas «me dan igual».

En *El rastro del asesino*, Patricia López y yo planteamos que Galán mataba para encontrar un control en su vida que nunca había tenido. Desde pequeño es un chico sin éxito: no es popular entre sus compañeros, no se relaciona con las chicas —es muy significativo que nunca haya tenido novia o al menos una chica con la que salir de vez en cuando—, y su rendimiento escolar es muy mediocre. Cuando por fin entra en el lugar donde puede forjarse una personalidad aceptada y así encajar entre los demás, el Ejército, su progresión se ve pronto interrumpida por su desobediencia y su conducta inadecuada. A pesar de la atracción que sentía por las armas tampoco destaca como soldado profesional, de modo que cuando regresa de su segunda misión a Bosnia su espíritu está quebrado.

Su imagen personal como soldado del Ejército coincide con la de alguien que maneja las armas con destreza y que actúa de modo intrépido en situaciones de riesgo y tensión. Pero sus tareas en Bosnia son de ayuda humanitaria, y no se parece gran cosa a una exhibición de marines, como bien pudo haber visto en la película *Black Hawk derribado*, donde un numeroso comando de la infantería de Marina interviene con enorme riesgo para secuestrar al *señor de la guerra* de Mogadiscio e impedir así que mantenga al país bajo su mando criminal.[1]

---

[1] Sus hermanos cuentan que Galán veía con frecuencia películas de vídeo de guerra y acción, así que estoy dispuesto a apostar lo que quiera el lector que ésta era una de sus favoritas. La película fue dirigida por Ridley Scott en el año 2001 *(Black Hawk Down!)*, y presentaba con gran realismo la acción de comando de los marines para capturar a su objetivo. Muchos de ellos murieron a manos de los secuaces del señor de la guerra.

Bien al contrario, cuando vuelve por segunda vez de Bosnia le asignan a la —para él— humillante tarea de recoger chapapote. ¿Pero qué mierda es esto?, debió decirse. A partir de ahí todo se precipita: el enfrentamiento con su superior, su borrachera, su agresión a la conductora, el ingreso en el hospital Gómez Ulla. ¿Qué estaba atormentando a su mente? ¿Contra qué estaba luchando? Galán avisa en el hospital: antes de suicidarse mataría a todos. Es, pues, un indicador de riesgo de *asesinato en masa*, es decir, hay una amenaza de matar a muchos en un solo acto, en esos momentos planteado como un gesto definitivo de ira y de venganza.

Sin embargo esa explosión no se produce. Galán abandona el Ejército e, incapaz de entrar en la Guardia Civil, acaba en el último escalón para toda persona que ha ansiado ser un militar de éxito o formar parte de la policía: la seguridad privada. Sin duda no es casualidad que poco más de un mes después de haber abandonado el Ejército cometa el primer asesinato, matando a sangre fría y por la espalda al portero de la calle Alonso Cano. La vileza de este crimen no puede pasar desapercibida. El hijo pequeño de la víctima está contemplando toda la escena, pero a Galán eso no le inhibe: salió a matar y lo hizo con frialdad y pulcritud. Galán ha decidido al fin triunfar como él siempre ha deseado, como un soldado diestro y astuto, que selecciona a la víctima, la ejecuta y luego desaparece sin dejar rastro. Galán ha tomado una terrible decisión: *ha optado por convertirse en un asesino en serie para reivindicarse.*

Todos sus crímenes, que se suceden en apenas tres meses, presentan el mismo modus operandi: Galán coge su auto y elige una zona; cuando circula va «escaneando» el territorio en búsqueda de una víctima propicia. Una vez la ha seleccionado detiene el coche, se acerca a la persona o personas elegidas y, sin mediar palabra, les dispara a la cabeza. Dependiendo de la fortuna, a unas las mata y a otras no. Pero consigue dejar seis cadáveres tras de sí. Quiénes sean las víctimas no le importa. Ellas no significan nada para él. En todas las ocasiones lo que realmente tiene significado para el asesino es *el modo en que mata y por qué:* sus crímenes pueden ser leídos como «acciones de mercenario», la demostración para sí mismo primero, y para todos los demás después, de que *es un soldado eficaz e implacable al que nadie puede detener.* El hecho de matar no le influye; inmerso en una anestesia moral que se ha ido forjando a lo largo de su vida, acuciado por su incapacidad de ser alguien ante cualquiera, ahora con cada ejecución Galán grita a la sociedad que *es alguien*. Busca el poder y el control que se derivan de causar miedo, de ser el centro de la opinión durante esos meses en todo el país. Galán mata para lograr reconocimiento a cualquiera, en cualquier lugar, en horas variadas del día. Españoles o extranjeros, hombres o mujeres.

Antes indiqué que en los crímenes del Asesino de la Baraja no había gesto alguno de sadismo. Y es completamente cierto. Su forma de matar es rápida; si acierta de pleno la víctima apenas tiene unos segundos para darse cuenta de lo que sucede; no sufre en absoluto. El poder que obtiene así Galán le libra de la locura y la desesperación. Ahora él controla su vida, dicta los acontecimientos. Todos están pendientes de lo que puede hacer o no cuando se le antoje. Es un cambio en su vida de una dimensión extraordinaria. En contra de lo que pudiera pensarse, a Galán no le interesa la fama porque sí. Quiere sentir el poder que le da su pistola Tokarev porque con ella en su mano huye de su yo triste y fracasado que estaba pringado por el petróleo de las playas gallegas, de su recuerdo de soldado fuera de sí en la unidad psiquiátrica del hospital donde le examinan; de la vejación de no ser nadie en el Ejército y no poder entrar en la Guardia Civil.

De forma paradójica, cuando Galán *decide* ser un asesino serial retoma el control. No puede ser de otra manera, porque en su condición de «enemigo público número uno», no puede cometer ningún error. La policía y la Guardia Civil están tras él y, aunque andan muy despistados, en cualquier momento un descuido puede condenarle. El crimen le mantiene cuerdo, es decir, pegado a la realidad. La prueba es que nadie de su entorno sospecha nada. Ese reconocimiento de su propia valía, ese grito letal que sale de su pistola por el que pregona que es alguien, se ve ayudado por lo que parece ser el hallazgo fortuito de una carta de la baraja española junto a su segunda víctima, Juan Martín Estacio, un trabajador del aeropuerto que esperaba de madrugada el autobús, en el barrio de la Alameda de Osuna. Galán obtiene así, sin pensarlo, un amplificador de su terror ante la opinión pública. Ya dispone de un apodo con el que ser reconocido: los dibujos de las cartas de la baraja son el heraldo de su poder.

Que Galán es eficaz como asesino es incuestionable. La policía cree, durante buena parte de la investigación, que los diferentes crímenes son obra de distintas personas. El doble homicidio del bar Rojas, en Alcalá de Henares —donde Galán mata al hijo de la dueña del establecimiento y a una clienta que está hablando por teléfono— es considerado en un principio como obra de un grupo de radicales de Ultras Sur, y llegan a detener a una persona por esa causa. Además, no lo relacionan con el Asesino de la Baraja, porque en este caso no hay ninguna carta en el escenario. Por otra parte, sólo hay unas horas de diferencia entre el tiroteo a Juan Martín Estacio y el asalto al bar Rojas. ¿Qué asesino en serie actúa dos veces en el mismo día, y con objetivos tan dispares?, se preguntan los investigadores. El hecho de que dos de las víctimas fueran ecuatorianas (Eduardo y Anahid, en la localidad de Tres Cantos), por otra parte, les lleva a plantear la hipótesis de que el asesino actúa motivado por la xenofobia, algo que cobrará todavía mayor fuerza cuando se descubran los últimos cadáveres de la serie, perteneciente a dos rumanos. Además, el homicidio del portero de la calle Alonso Cano en un principio no se le anota al Asesino de la Baraja, dado que de nuevo la víctima y el contexto son muy diferentes, y tampoco hay naipe alguno junto al cadáver.

Se comprenden bien los problemas de la policía. Llevados por la falsa creencia de que los asesinos en serie presentan siempre un modus operandi inflexible, y que seleccionan un mismo tipo de víctimas, los investigadores no conectan los seis asaltos. Además, está el hecho de que Galán se mueve de forma constante: Madrid, Alcalá de Henares, Tres Cantos y Arganda del Rey parecen sitios lo bastante lejos como para imaginar que el mismo asesino se esté desplazando a esos lugares para matar.

Y, sin embargo, es esto precisamente lo que está ocurriendo. Es un mito que los asesinos en serie no cambien su modus operandi. Claro que lo hacen: las circunstancias, el aprendizaje a través de cada delito y el deseo de experimentar nuevos elementos en la escena del crimen son causas habituales de esos cambios. Algunos asesinos, es cierto, no cambian sus pautas, como Berkowitz, con el que iniciamos este capítulo: siempre tiroteó con su pistola a parejas de jóvenes que estaban sentados en su coche. Pero otros muchos lo hacen. Otra cuestión es que sepamos leer el patrón subyacente que está dibujando *una misma firma* en cada escenario, revelador de la necesidad de expresarse del asesino, algo mucho más estable (el modus operandi y la firma del asesino se estudian con más detenimiento en otros capítulos de este libro).

LA FIRMA

La firma viene de «dentro» del delincuente y refleja una fantasía profunda del asesino, la que le impulsa a matar una y otra vez. Es algo que lleva a cabo para su deleite, no lo necesita para que el delito se consume con éxito. El Asesino del Parking controló de modo brutal a Maite de Diego, con mucha más violencia sostenida que a la primera víctima. Llenar su boca con papel de periódico y tapar su cabeza con una bolsa de plástico son expresiones de la firma. Su fantasía sádica impulsa su acción homicida, y cuando vemos la escena del crimen todo lo que exprese ese sadismo es propio de esa firma. La firma no cambia en su núcleo, aunque puede presentar algunas variaciones en su expresión. Y por supuesto, puede ocurrir que determinadas circunstancias externas interrumpan su ejecución. Por ejemplo, hoy creemos que el hecho de que Jack el Destripador no mutilara el cuerpo de su segunda víctima (una expresión de su firma) fue porque se acercaba en su dirección un carruaje (ver capítulo 2) y le ahuyentó.

Es cierto, por otra parte, que los asesinos en serie prefieren centrarse en un tipo particular de víctima. Muchas veces son personas marginadas de la sociedad, como las prostitutas, otras veces son seres indefensos y crédulos, como los niños o ancianos. Puedo entender el desconcierto de la policía en el caso del Asesino de la Baraja: las víctimas no tenían nada en común, ni en su edad, nacionalidad o sexo. A esto se añadía los lugares físicos donde actuaba: locales cerrados —la portería de la calle Alonso Cano y el bar Rojas— y espacios abiertos —los asaltos al trabajador del aeropuerto, a los amigos ecuatorianos y al matrimonio de rumanos— y que hacía todavía más increíble que una misma mano estuviera detrás de todo eso.

En casos como éste es necesario recordar el consejo que ofrece Hannibal Lecter a la agente del FBI Clarice Starling, en la película más famosa del género de psicópatas hecha jamás, *El silencio de los corderos* (*The silence of the lambs*, 1991). Recordemos la situación: la agente (Jodie Foster) está entrevistando a Lecter (Anthony Hopkins) en un hospital penitenciario de máxima seguridad para que le ayude a encontrar a un asesino en serie apodado Buffalo Bill. Lecter se impacienta porque Starling no parece capaz de orientar correctamente las cosas, al no entender la psicología de lo que está investigando. Entonces el psiquiatra homicida le reconviene de este modo: «Busca la simplicidad. Ve a lo básico. Piensa en Marco Aurelio. Pregúntate: ¿qué hace este individuo?».

En un artículo publicado en el periódico *El Mundo* en el mes de marzo de 2003 (edición de Madrid), meses antes de que Galán se entregara, elaboré un perfil del asesino y mantuve la idea de que todos los crímenes eran obra del mismo autor. La policía descubrió este hecho cuando comprobó, por los análisis de balística, que la misma pistola Tokarev era el arma homicida en los diferentes escenarios. Aun así, plantearon la posibilidad de que fueran varios homicidas que cambiaban de manos el arma.

Lo fundamental aquí, como recomienda Lecter, era atenerse a lo esencial. *¿Qué hace este individuo?* Lo auténticamente revelador estaba en lo errático del proceder del pistolero; cualquier víctima valía, así que *quién fuera* la persona en concreto carecía de importancia. El asesino no hacía nada con ella; eran ejecuciones, acciones impersonales. Y esto era justamente lo que teníamos que interpretar. ¿Qué necesidad psicológica está expresando este asesino? ¿Qué tipo de personalidad puede estar detrás de alguien así? Éstas son las preguntas esenciales de la técnica del perfil criminológico (ver capítulo 7), orientadas, como cualquier otra disciplina de la ciencia forense, a ayudar a avanzar la investigación policial. En el perfil que publiqué escribí lo siguiente:

En primer lugar, el Asesino de la Baraja mata a hombres y a mujeres, indistintamente. Este tipo de sujetos tiende a emplear armas de fuego y a seleccionar las víctimas al azar, y es el más compatible con el asesino en serie que de vez en cuando mata también a grupos de personas, que es justamente lo que ocurre en el caso que analizamos. Quizás el ejemplo más célebre sea el de David R. Berkowitz, el Hijo de Sam, quien disparó a trece hombres y mujeres a través de ocho asaltos, empleando un revólver del calibre 44. Cuando fue apresado, estaba planeando entrar en una discoteca con un subfusil y —según dijo— «iba a dejar tantos cadáveres que la policía se iba a pasar todo el verano contándolos».

El Asesino de la Baraja no toca a las víctimas; no es un sádico; [...] controla mucho la situación: no tiene miedo a que se le reconozca porque espera matar a la víctima, pero si ello no ocurre corre el riesgo de que le vean, algo que no le preocupa porque no deja apenas pistas. Está seguro de su superioridad, de su poder. Sus asaltos los decide en el momento en que quiere; se desplaza mucho; cree que su apariencia es la de miles de hombres. Desgraciadamente, tanto el tipo de *firma* que emplea (el naipe), como la falta de significado que tienen en sí mismas las víctimas, indican que seguirá actuando, aunque él irá controlando el *tempo*.

Mi opinión es que el Asesino de la Baraja vive solo, quizás con su padre o madre ya mayor. Ya sabemos por la descripción de las víctimas supervivientes que tiene unos 25-30 años, que es alto y fuerte. Creo que está sin trabajo, que ha tenido empleos poco cualificados, que no ha brillado en sus estudios, y que está realmente enojado con el mundo. Desea vengarse de la sociedad, desquitarse de una vida gris que le ha hurtado el reconocimiento y los placeres que ha anhelado. Sabe manejar armas; la policía hace bien en buscar entre profesiones que requieran el uso de ellas o entre ex soldados; sin embargo, no creo que se haya escapado o haya sido dado de alta de un psiquiátrico. Tampoco creo que sea un delincuente profesional. Alguien así —salvo que se vuelva «loco»— no emprende esta ristra de crímenes a modo de ejecuciones sumarias. Es más probable, sin embargo, que tenga alguna denuncia por conducta violenta o amenazas graves. Él no busca dinero, sino reconocimiento, poder, admiración. Cuando mata al portero, siente el veneno de la omnipotencia, vuelve a matar y, para que le reconozcan, deja el as de copas. Luego, en el homicidio múltiple del bar, no se entretiene a dejar su firma (quizás olvidó las cartas o la novedad de la situación le tensó demasiado), pero a partir del siguiente quiere asegurarse de que obtiene el crédito público que merece.

Creo que es alguien muy suspicaz, que controla su ambiente, que hablará con pocos; los que le conocen dirán de él que es alguien «raro», «solitario». No me extrañaría que hubiera pasado, pocos días antes de su primer crimen, por una experiencia humillante para él: un despido, un rechazo amoroso… En su mentalidad, no puede tolerar por más tiempo que se le ignore. La proliferación de películas baratas de *psychokillers* con una *firma* ha hecho que este sujeto haya adoptado un refrendo igualmente «dramático» de sus hazañas; una vez más la realidad imita al arte.

Me equivoqué en considerar que Galán seguiría matando hasta que fuera detenido, ya que él mismo se entregó. En el resto de las cosas he de decir que estuve más afortunado. Galán estaba mal viviendo como guardia jurado antes de empezar a matar, y aun en esos momentos estaba de baja. No se había escapado de ningún psiquiátrico; sólo había estado ingresado unos días en la unidad psiquiátrica del hospital Gómez Ulla, y desde luego no tenía la condición de un enfermo mental (cosa que definitivamente no es). Vivía con su hermana en Alcalá de Henares (en vez de un padre o una madre como predije, pero su madre había muerto), y no tenía novia ni amigos estables con los que tuviera una actividad social normal. Ya sabemos cómo fue su vida; algo que se plantea explícitamente en el perfil es el hecho de que era un fracasado y estaba resentido. *Matar a las víctimas que se ponían a su alcance por mera oportunidad era su modo de demostrar eficiencia y control.*

El perfil también apuntaba de modo explícito al hecho de que poco antes de iniciar los crímenes habría sufrido un golpe psicológico muy fuerte: la pérdida del empleo —lo que efectivamente ocurrió— o un grave desengaño amoroso.

Finalmente, yo planteaba que el asesino había elegido el naipe a modo de imitación de las películas de psicópatas, en un ejemplo de la influencia de los medios en la vida real. Posteriormente parece más probable que Galán se aprovechara del encuentro fortuito de la primera carta (en el crimen de Juan Martín Estacio, segundo en la lista), y se arrogara la idea; después, él dejó las otras cartas. Esto, en todo caso, no cambia la idea esencial de que Galán utiliza las cartas de la baraja española como un elemento de afirmación de su necesidad de reconocimiento, y por ello constituye una parte de su firma.

¿Por qué se entregó Galán? Yo creo que eso no lo sabe ni él. La mayoría de los asesinos en serie son muy pobres en su capacidad de introspección (ver capítulo 10). Galán recriminó en sus primeras declaraciones a la policía lo torpe que era, exhibiendo un aire de superioridad y de victoria; luego temió lo que le esperaba —treinta años a la sombra— y se echó para atrás, cambió su declaración y negó ser el autor de los hechos. El juicio dejó claro que él era el asesino, sin lugar a dudas. Luego ese cambio, como tantas otras veces (por ejemplo, el caso de Tony King, ver capítulo 6) fue debido a que la realidad del terrible castigo agudiza de nuevo el instinto de supervivencia, y cualquiera que fuera la razón por la que un asesino confesó en un primer momento, ahora parece sin importancia frente al destino implacable que le aguarda.

Tengo dos hipótesis al respecto. La primera es que ese reconocimiento que anhelaba Galán no podía tenerlo si él seguía siendo un desconocido. ¿Quién podría admirar su capacidad para jugar al gato y al ratón con la policía y su sangre fría de «soldado invencible» si nadie sabía que el Asesino de la Baraja *era él*? En esta primera hipótesis Galán decide cuándo abrir el juego y cuándo cerrarlo. Al entregarse su obra queda clausurada. Ha demostrado lo que quería. Ha ganado, por más que luego tenga pánico por lo que espera y niegue su autoría de los hechos.[2]

Mi segunda hipótesis es complementaria de la anterior. Creo que Galán entendió que ese juego no podía mantenerlo mucho más tiempo. La tensión mental que exige protagonizar una cacería humana es asombrosa. Ninguna persona puede resistir eso mucho tiempo. Sabría que, más tarde o más temprano, lo cogerían.

Ahora bien, siendo piadosos, ¿no podríamos también suponer que quizás sintió en su interior un reflejo de humanidad que le recriminaba sus terribles acciones? ¿Pudo haber ese tímido aviso de la conciencia? Tal vez; no lo podemos descartar. Pero queda constancia, en sentido contrario, de que Alfredo Galán, el Asesino de la Baraja, nunca dijo nada al respecto de una conciencia.

Matar por placer: el Asesino del Parking

Este asesino mató *sólo* a dos personas, pero para mí es un ejemplo de asesino en serie interrumpido en su secuencia. Mientras que Galán se entregó, en este caso la policía tuvo evidencias de que Juan José Pérez Rangel tenía notas en su casa que indicaban que estaba seleccionando una nueva víctima. Había aquí una necesidad expresa de sentir placer a través de lo que el homicida hacía a las víctimas. Éste es un ejemplo de motivación sexual sádica. El poder y control se hallan presentes aquí, pero mientras que en el Asesino de la Baraja bastaba el acto de matar para proporcionar la gratificación de ese afán de dominio y logro, en la moti-

---

[2] Galán inventó una absurda historia según la cual los autores de los homicidios eran una banda de nazis que se estaba entreteniendo. Según él, fueron a verle y le dijeron que se entregara y reconociera ser el autor de los crímenes, de lo contrario atacarían a su familia. Prometió contar «toda la verdad» en el juicio, pero una vez en el banquillo de los acusados, no dijo una sola palabra durante la celebración de la vista.

Pérez Rangel es un psicópata sádico. Al matar por dos veces en el mismo parking y a dos mujeres de características muy semejantes, revela cómo algunos asesinos en serie son extraordinariamente rígidos en las fantasías y anhelos que persiguen.

CRONOLOGÍA DE JUAN JOSÉ PÉREZ RANGEL
(Realizada por Patricia López)

1979: nace Juan José Pérez Rangel en Barcelona, en una familia humilde.

2000: deja de estudiar para empezar a trabajar en una empresa textil.

2001-2002: Pérez Rangel se muda de casa de sus padres en el barrio de la Mina a un piso en la calle Musitu, en el barrio de alto standing del Putxet.

Abril de 2002: alquila una plaza en un garaje del barrio del Putxet, entre la calle Musitu y la calle Beltrán. No la paga ni la utiliza, pero no devuelve las llaves al dueño. Regresa al barrio de la Mina, a vivir con sus padres.

Finales de 2002: acaba una relación de nueve meses con una joven latinoamericana, y se pone en contacto con una empresa de relaciones personales para traer a una chica rusa.

Enero de 2003: deja de trabajar en la empresa textil en la que llevaba empleado dos años y se mantiene cobrando el subsidio del paro.

11 de enero de 2003: asesina a Ángeles Ribot en un parking del barrio del Putxet, esquina a la calle Musitu y Beltrán.

11 de enero: llega la mujer rusa contactada por la agencia de relaciones personales.

22 de enero: vuelve a matar a otra mujer, Maite de Diego, en el mismo garaje.

25 de enero: la joven rusa se marcha tras no funcionar la relación con Pérez Rangel.

30 de enero: la policía detiene a Juan José Pérez Rangel.

9 de diciembre de 2005: le juzgan en la Audiencia Provincial de Barcelona. Es condenado a 25 años por cada asesinato.

vación sádica el poder ha de materializarse a través de infligir dolor psicológico y físico a la víctima. Es ésta la definición del sadismo. Hablar de *sadismo sexual* es redundante, puesto que el sádico siempre *siente placer sexual* cuando tortura, sin que sea necesario que se produzca una agresión sexual explícita.

Por otra parte, y como ocurriera en los crímenes de Galán, también se halla presente en el Asesino del Parking una motivación de venganza. En su caso, sin embargo, este rencor se dirige a las mujeres de clase alta que simbolizan para él el desprecio de una clase social a la que no podía aspirar a pertenecer. Un motivo secundario no presente en Galán era el robo, lo que configura una vez más la complejidad de motivos que puede darse en un asesino en serie. Pero no cabe duda, como vamos a ver, que el núcleo esencial del relato homicida de Pérez Rangel era su sadismo.

Este sadismo está mucho más configurado que en los crímenes de Gustavo Romero. Éste es más primitivo en su obrar homicida, las muertes de los jóvenes son en buena medida el resultado de una escena del crimen en la que el asesino no quiere dejar testigos. Aunque tanto en la muerte de Sara Dotor como en la de Rosana Maroto hay un intenso sufrimiento, tenemos más dudas de que ése fuera el núcleo de las agresiones. Vemos más bien una furia sexual en la que el miedo y el dolor de las chicas aumentan su placer.³

En Pérez Rangel, sin embargo, ese sadismo está presente en los dos homicidios. El primero de ellos tiene fecha de 11 de enero de 2003. Ángeles Ribot, casada, madre de cuatro hijos, residente en el acomodado barrio del Putxet, en la parte alta de Barcelona, no vuelve a mediodía a comer a su casa, ni acude a su trabajo en la inmobiliaria Asinsa por la tarde. Se sabe que salió a su hora de su oficina, pero nada más. La familia se inquieta. El esposo, Antonio Melero, llama a la Policía Local para averiguar si su mujer ha sufrido un accidente, pero no hay ningún registro a nombre de ella. De hecho, descubren que su coche está en su sitio, en el parking de la calle Beltrán, junto a su domicilio. A última hora de la tarde dos de sus hijos se dirigen a la comisaría a poner una denuncia, y cuando regresan deciden dar una vuelta por el garaje.

Allí encuentran, debajo de la escalera del sótano quinto y último, un cadáver tapado con una bolsa de basura. Es su madre. La policía cree que el responsable es un ladrón, porque faltan su bolso y las tarjetas de crédito, pero se asombra al comprobar que no se llevó un valioso anillo de brillantes que portaba la víctima. Sin embargo, el cuerpo de Ángeles cuenta una historia bien distinta. Tal y como Patricia y yo describimos en *El rastro del asesino*:

> La agresión había sido brutal. El cuerpo estaba sobre un gran charco de sangre. Parecía que la habían abordado en la escalera de la salida principal del aparcamiento, la de la calle Beltrán, e intimidándola con una navaja la obligaron a ir hasta la escalera de salida de la calle Musitu. El asesino la había empujado al hueco y después la había arrastrado por los escalones, pues había marcas de deslizamiento. Empleó al menos dos armas, además de la sorpresa y la indefensión de la víctima, para cometer lo que aparentemente podía ser un robo. En las manos, M.ª Ángeles tenía señales de defensa, lesiones producidas al esquivar el cuchillo de su atacante. Eran claros los fuertes cortes en los dedos que le habían dejado la mano completamente

---

³ Se trata, no obstante, de un punto controvertido. En las declaraciones de Romero en el juicio se desprende que éste pudo estar disfrutando cada segundo de cautiverio de Rosana, al conocer que ella presentía su destino y rogaba por su vida.

ensangrentada. Una herida penetrante en el abdomen y otra en la zona costal, también producidas con una navaja, además de una lesión con forma de círculo en la ingle izquierda, que le había causado una extracción de masa orgánica, mostraban la absoluta indefensión a la que había sido sometida. Todas estas puñaladas las había recibido en vida y hacía ya algunas horas, porque la sangre estaba coagulada. *Era obvio que había sufrido y tardado en morir, porque esas lesiones no le habían causado el fallecimiento, sino otras en las que se había empleado un objeto contuso.* La cabeza había quedado destrozada. Le habían propinado al menos una docena de golpes con un objeto de base cuadrada y redonda, que también le causaron pérdida de masa encefálica. Ésa había sido la lesión que acabó con su vida. Por las señales que éste dejó en el cuerpo, días después sabrían que el objeto contundente era similar a un martillo de encofrador, empleado por albañiles.

Nadie había visto nada. Sin embargo, la propia estupidez del asesino vino en ayuda de los investigadores, ya que Rangel llamó a Antonio, el marido de la víctima, para pedirle dinero a cambio de darle información sobre el suceso. Queda en llamar al día siguiente del crimen, y somete a Antonio a un absurdo ir y venir por diferentes lugares con objeto de asegurarse de que no le sigue nadie. La policía, por supuesto, no tiene mayor problema en vigilar todo ese deambular. Eso será la perdición de Rangel en pocos días, porque a pesar de que el asesino no llega a hacer realidad la cita porque no se identifica, la policía anota sus datos cuando, siguiendo las instrucciones que éste da a Antonio para que acuda a un bar, pide el carné de identidad de todos los presentes, entre los que se encuentra Pérez Rangel. Además disponían de una foto no demasiado nítida de un varón joven, moreno, de unos 25 años, sacando dinero con la tarjeta de la víctima en un cajero de la Caixa de Catalunya.

Pero mientras la policía sigue la pista de esas llamadas, Pérez Rangel continúa vigilando el garaje donde mató por vez primera. En realidad, nunca se ha ido de allí desde ese 11 de enero. Los vecinos le ven, pero por alguna razón a la policía no le llega esa información. Rangel toma notas de quien entra y sale: el tipo de coche, ciertos rasgos de sus ocupantes, descripciones que van llenando una libreta donde anotar aspirantes a ser la víctima de un nuevo asesinato.

Lo cierto es que Rangel conocía bien ese lugar, y en verdad todo ese barrio. En el año 2002 había alquilado un piso en la calle Musitu, justo al lado del parking, y lo había pagado religiosamente antes de devolver las llaves y regresar de nuevo a casa de sus padres, el marginal barrio de la Mina, que tantos ilustres delincuentes ha brindado a la centenaria cárcel Modelo de Barcelona. Pero si había dejado de vivir en su barrio favorito, no había querido romper del todo con el glamour de su ambiente, y decidió mantener el vínculo al menos con algo que en un principio podría costear, así que decidió hacerse cliente del parking, y alquiló allí una plaza, aunque a lo sumo sólo pudo pagar un mes de alquiler o dos. Pero las llaves las seguía teniendo: a pesar de los requerimientos del dueño de la plaza, nunca las había devuelto. Así pues, mientras la policía le seguía buscando, él estaba acechando de nuevo. Era cuestión de decidirse. Los habitantes del Putxet y sobre todo los usuarios del parking estaban aterrorizados, pero no podían dejar de hacer sus obligaciones, y preferían pensar que el asesino no volvería a actuar en el mismo sitio. Sin embargo, eso justamente fue lo que ocurrió. Maite de Diego, otra mujer rubia en los cuarenta y tantos, dueña de un gimnasio, con esa belleza que da la cultura y una vida desahogada —un perfil idéntico al de Ángeles—, volvió a entrar en su garaje el 22 de enero, a pesar del mucho temor que le producía caminar sola hasta donde estaba su coche. Nunca más volvería a salir. La policía recibió una llamada a las siete de la tarde: en el parking de la calle Beltrán se había cometido un nuevo asesinato.

El cadáver de Maite de Diego estaba en el mismo sitio en el que se había hallado a Ángeles, en el hueco de la escalera que daba al último sótano del garaje. Los investigadores dijeron que «había gotas de sangre que no se sabía si eran de un fallecimiento o de otro». Pero esta vez el asesino se había superado en crueldad. Había mucha sangre, el cuerpo estaba rodeado de ella. Se había ensañado. Había restos óseos y proyecciones de sangre por la pared, la mayor cantidad a unos 25 centímetros de la víctima, pero también encontraron vestigios a unos 90 centímetros (esta diferencia en la distancia se relaciona con el movimiento cada vez más rápido y contundente al golpear).

El cuerpo de Maite estaba semisentado, boca arriba, debajo del hueco de la escalera. Al lado del cadáver, un tubo de refrigeración que dificultaba el acceso al hueco, por lo que había que saltar la barandilla de la escalera, como en la anterior ocasión. La escena parecía casi un calco del crimen de Ángeles, aunque había algunas diferencias relevantes. En el caso de Maite la cabeza estaba apoyada en el tubo y las manos sujetas a la espalda con unas esposas metálicas *made in China* —para las que no era necesario llave, algo que no podía saber Maite—; además, las muñecas estaban atadas también con una cuerda con nudo doble, y el asesino había amarrado uno de los pies a la barandilla con el cordón de las zapatillas que llevaba la fallecida. Una bolsa negra de basura sin asas le tapaba la cabeza, y otra cuerda similar a la de las muñecas ataba la bolsa alrededor del cuello. Pérez Rangel había acabado de asfixiar a Maite con unas bolas de periódico que llenaban su boca. La indefensión había sido total. La bolsa tenía varios desgarros que coincidían con los golpes que la mujer había sufrido en la parte posterior del cráneo, los cuales, como en el caso anterior, habían sido la causa de la muerte.

Todo era terriblemente angustioso y sádico. Maite había muerto medio asfixiada con el papel de periódico en la boca, sofocada su cabeza con la bolsa, al tiempo que recibía los martillazos. La mujer sufrió lo indecible. *El asesino había refinado su modus operandi,* y había añadido elementos que mejoraban el dominio total de la víctima: el papel, las esposas, las cuerdas, todos éstos eran objetos llevados a la escena del crimen por Rangel para desarrollar su fantasía y prolongar el placer de su posesión absoluta de la vida y cuerpo de la mujer. Ángeles, su primera víctima, había sido atacada con un cuchillo y un martillo; las heridas cortantes la habían herido, pero el martillo la había matado. Él se había recreado en esa muerte, ya que los forenses dijeron que había tardado en morir. Pero ahora todo el segundo ataque mostraba el perfeccionamiento. Decidido de nuevo el escenario para poder estar tranquilo sin interrupciones, Rangel se había asegurado de que la mujer no le diera problemas, de ahí que llevara los aparejos necesarios para inmovilizarla al máximo mientras explayaba su sadismo en un tiempo infinito para la pobre mujer.

* * *

¿Qué impulsaba a Rangel a matar a esas mujeres? A diferencia de Galán, que accedió a hablar con los forenses al principio, Pérez Rangel desconfía de todo el mundo, cuenta poco. Pero sus hechos hablan por él. Semanas antes de cometer el primer asesinato, acude a una agencia de relaciones personales y pide conocer a una chica rusa. En la encuesta que realiza presenta una imagen que no se corresponde con la realidad: no tiene estudios universitarios ni un apartamento propio. Hace tiempo tuvo una novia latina —que en el juicio aseguró que el acusado era alguien cariñoso y educado— pero eso no es suficiente para él. Cualquiera puede tener una novia de Sudamérica, piensa él, pero una chica alta, rubia y rusa es otra cosa. Pérez Rangel quiere alejarse de su lugar de nacimiento, la Mina, pero no lo logra. Vive un año en el elegante barrio del Putxet, pero es todo lo que consigue. Cuando acaba el año de arrendamiento intenta tener al menos una plaza de garaje —que no necesita para nada, puesto que está bien lejos de los lugares que constituyen su vida ordinaria—, pero el dinero escasea, y al poco no cumple con el alquiler.

Pérez Rangel acaba de dejar su humilde trabajo en una fábrica textil, cansado del agotador turno de noche. Vive del paro, en espera de una posible cantidad que le deben del trabajo, pero no tiene donde caerse muerto, salvo la casa de sus padres. Cuando llega la chica rusa acude con retraso a la cita, porque había estado ocupado asesinando a Ángeles Ribot. Se inventa una excusa cualquiera para justificar su aspecto desaliñado (un accidente de coche) y luego lleva a la chica a un hotel. Con ella en Barcelona se revela la auténtica naturaleza del comportamiento de esos días de enero de Rangel: todo es una fantasía, una brutal huida hacia adelante, un querer escapar de lo que es y lo que siempre será: un obrero sin mucha cultura. Lo que no es anatema para nadie lo es para él.

Pero Rangel no puede escapar a la contradicción: viene la chica rusa, y ante ese hecho que supuestamente tanto había anhelado, la deja sola la mayor parte del tiempo en el hotel, no se acuesta con ella, ni la toca. Pasa el tiempo en su bar favorito, bebiendo cerveza y jugando al billar. No obstante ya ha iniciado un camino que no puede dejar. Es una venganza hacia la gente guapa de ese barrio donde él no encaja. Y como ocurre con los psicópatas que no son homosexuales, su venganza se centra en las mujeres, y allí, en ese parking que tan bien conoce, explota todo su odio de impotencia vital de modo sádico hacia esas rubias elegantes y acomodadas que *nunca se interesarían por él.*

Al final la policía capturó a Pérez Rangel. Un investigador observó la foto que había tomado la cámara de televisión en el momento en que retiraba el dinero en el cajero automático, y le reconoció como uno de los sujetos a los que pidió la identificación en el bar que Rangel había establecido como lugar de cita con el marido de Ángeles. No tardaron mucho, es cierto, sólo 19 días, pero quizás es demasiado si tenemos en cuenta que en ese intervalo pasó mucho tiempo en el parking donde había matado una vez, había repetido en una segunda ocasión y estaba en espera de hacerlo de nuevo.

Las otras motivaciones de los asesinos en serie

Éstos son los temas dominantes de los asesinos en serie: sexo y sadismo y poder y control. A esto podemos añadir la venganza, también una razón frecuente, aunque suele ir acompañando como motivación secundaria a las causas anteriores. En el capítulo 10, cuando nos ocupemos en detalle de la psicología de los asesinos en serie, descubriremos que, en un sentido amplio, todos los asesinos de este tipo persiguen influir en la vida de un modo señalado, memorable, porque en el fondo *quieren ser otra cosa de lo que son*. Por ello podemos decir que el fin último de todo asesino múltiple es tener el poder suficiente para imponer su fantasía sobre una realidad que les disgusta profundamente, y que encuentran difícilmente tolerable.

Pero no adelantemos acontecimientos. Como comentamos al principio de este capítulo, hay otras motivaciones por las que podemos clasificar a los asesinos en serie. Nos queda repasar las otras categorías. En *la motivación del terror* hay asesinos paranoicos que buscan una meta absurda, como es reprender a una organización o castigar a la sociedad entera. Los que envían o ponen bombas para matar a una persona que se encuentra con el artefacto, bien porque la recibe en el correo o bien porque estalla a su lado, entran en esta categoría. Hay dos famosos asesinos de este tipo, ambos en Estados Unidos. El primero, George Metesky, fue la primera persona detenida gracias a un perfil psicológico desarrollado por el doctor Brussel a petición de la policía. Le apodaron el Loco de las Bombas, porque durante cerca de 20 años (1940-1957) estuvo poniendo bombas de potencia moderada en la ciudad de Nueva York para protestar por la iniquidad que la compañía Edison había mostrado al no darle una indemnización a la que creía que tenía derecho.

El otro famoso asesino serial que utilizó las bombas fue el célebre Unabomber, Theodore Kaczynski, quien todavía aterrorizó al público más tiempo que Metesky, desde mayo de 1978 hasta abril de 1995, ya que hemos de considerar que éste se abstuvo de poner bombas durante el periodo en que su país permaneció en guerra, por «responsabilidad», se-

George Metesky en la cárcel. Sonríe como si supiera que su caso iba a hacer historia, al inaugurar la ciencia del perfil criminológico como disciplina integrante de la ciencia forense para capturar a homicidas múltiples y otros delincuentes violentos.

gún él mismo anunció en una carta. El apodo de Unabomber le vino de que al principio enviaba sus bombas postales a universidades y a aerolíneas.[4] En total mató a tres personas e hirió a otras veintitrés en nueve estados diferentes. Sus víctimas predilectas eran profesores de universidad y científicos que trabajaban aplicando tecnología, lo cual tenía un claro significado de acuerdo con su paranoia: para Kaczynski la sociedad se estaba corroyendo por una tecnología que deshumanizaba al hombre, y sus bombas pretendían ser una llamada de atención y un acto de intimidación contra las instituciones y personas que favorecían el desarrollo de las máquinas y no se preocupaban por el bienestar del ser humano.

Ahora bien, como suele ser habitual, ese terror inspirado por una paranoia también perseguía una agenda oculta: aliviar la frustración del asesino en una sociedad en la que se sentía excluido. De hecho en una carta que envió a su madre la llamó «perra», y con su hermano hacía tiempo que había roto todo contacto, cuando éste fundó una familia y se dedicó a su vida personal y profesional. Unabomber era un hombre brillante que durante todos esos años se había dedicado a vivir en una cabaña, retirado del mundo. En verdad nunca había trabajado en nada parti-

---

[4] En inglés, universidad es *university* (UN) y línea área es *airline* (A)

cularmente interesante, y por ello podemos pensar que su extraordinaria repercusión en los medios le había conferido un orgullo de «criminal importante». De hecho, cuando las Torres Gemelas sufrieron el primer atentado terrorista en 1993, él reaccionó inmediatamente enviando dos bombas, después de haber estado inactivo durante seis años. En su carta se expresaba con claridad: «Puede que hayan cogido a esos aficionados, pero yo todavía estoy aquí, después de todos esos años».

Así pues, junto a la motivación del terror nos hallamos de nuevo con la venganza por agravios que el asesino considera imperdonables: cuando sus bombas amputaban las manos de los científicos (o los mataba), estaba atacando a personas que habían hecho algo que él no era capaz de hacer: obtener reconocimiento por su labor y conocimientos. Así que Unabomber decidió ganar ese reconocimiento mediante el crimen, y forzó a un periódico (el *Washington Post*) a publicar su *Manifiesto,* donde exponía sus ideas, bajo la amenaza de redoblar sus envíos letales.

Ese escrito del Unabomber, al cabo, fue fatal para él, ya que su hermano reconoció muchas semejanzas entre algunas cartas que recibió de su parte y las ideas contenidas en lo publicado por el periódico. El FBI, avisado por el hermano, lo capturó en 1996. El juicio fue breve. El jurado lo encontró culpable de los diferentes cargos, aunque los forenses lo consideraron un esquizofrénico paranoide, es decir, alguien mentalmente enfermo que no podía ser considerado responsable ante la ley. Fue condenado a cadena perpetua. Hoy continúa encerrado en su celda. Él asegura que no está en absoluto loco.

* * *

El asesino en serie que busca un lucro con sus crímenes también es poco frecuente, aunque en el caso de las mujeres ese motivo es mucho más relevante (ver capítulo 9). De nuevo tenemos que recordar que puede haber una motivación de lucro junto a razones más poderosas. Hemos visto que Pérez Rangel robaba a sus víctimas, aunque el objetivo primigenio de sus crímenes era el sadismo y la venganza. Quizás los ejemplos más evidentes de este tipo no sean considerados como seriales por los criminólogos y los medios, ya que incluyen a los profesionales del robo que matan a los testigos para que no los identifiquen. Sin embargo, al darse las circunstancias de víctimas, lugares y momentos diferentes que establece la clasificación tradicional de «asesino en serie», sin duda que estos individuos podrían integrarse en esa categoría.[5]

Un ejemplo muy reciente de esta categoría lo constituyen los Asesinos de la Autopista o del Tarot. Esta pareja de francotiradores *(snipers)* estaba compuesta por John Allen Muhammad, de 42 años, y el hijo de una ex amante suya, un chico jamaicano de 17 años llamado Lee Malvo.

Su propósito era conseguir dinero rápido, y para ello pensaron que lo mejor era demostrar a la policía que podían matar a quienes se les antojara; si querían evitar más muertes, tendrían que darles 10 millones de dólares. Muhammad había servido en la primera guerra del Golfo, y había conseguido el grado de «experto» por sus habilidades como tirador.

Los Asesinos de la Autopista o del Tarot decidieron declarar la guerra a toda la policía de varios estados de Norteamérica, matando indiscriminadamente con un rifle de precisión.

---

[5] Sin embargo, el terrorista tradicional (un etarra, por ejemplo), aunque podría lógicamente ser incluido en esta categoría, habitualmente se descarta en los estudios académicos al uso. El asesino en serie motivado por el terror actúa de modo aislado, con un objetivo particular (vengarse, por ejemplo), y no en nombre de ninguna organización terrorista. En general hay más consenso en calificar a los terroristas que buscan causar con sus acciones el mayor número de muertos como asesinos en masa.

Cuando abandonó el Ejército su vida se vino abajo. No prosperó ninguno de los negocios que emprendió (como una escuela de kárate), y tuvo que afrontar la demanda de divorcio de su mujer y la pérdida de sus hijos. En una ocasión no los devolvió a su madre después de pasar unos días con él, y huyó. En otra ocasión fue detenido por robar en tiendas. Todo ello nos lleva a la conclusión de que ese dinero solicitado mediante la extorsión a las autoridades también estaba preñado de resentimiento y odio.

La primera víctima fue un hombre que regresaba a su coche después de comprar en una tienda de comestibles, en el estado de Maryland. Fue el comienzo de un frenesí de tres semanas de tiroteo que afectó a Washington D.C. y ciudades de estados colindantes. Diez personas murieron y otras tres resultaron heridas.

Lo más terrorífico de todo es que los disparos eran impredecibles; podían suceder en cualquier momento del día y en cualquier sitio adonde un fusil con mira telescópica pudiera alcanzar. Niño o adulto, mujer u hombre, cualquiera estaba en riesgo. Las víctimas murieron haciendo cosas tan dispares como salir de una tienda, pasear, llenar el depósito del coche o cortar el césped. Para asegurar su impunidad, los tiradores habían construido una plataforma para afirmar el rifle en la parte de atrás, además de perforar con dos agujeros la chapa del auto: uno para que saliera el cañón y el otro para la mira telescópica.

Inicialmente la policía había dirigido bien sus pesquisas, buscando el modelo de coche que llevaban los asesinos (un viejo Chevrolet), pero dejaron esa pista para buscar una furgoneta blanca debido a los numerosos testigos que dijeron que en varios de los tiroteos se había visto una furgoneta de ese color.

En una de las escenas del crimen, Muhammad y Malvo dejaron una carta de tres páginas en la que exigían 10 millones de dólares para dejar de matar, así como la orden de que el jefe de policía encargado de la investigación leyera a los medios la siguiente frase: «Hemos cazado al tirador como a un pato con un lazo», que aparece en un cuento popular de Estados Unidos. A la pareja no cabe duda de que no les molestaba salir en los medios, ya que en otra escena del crimen habían dejado una carta del tarot con la inscripción siguiente: «Yo soy Dios».

Al fin, 22 días después del primer homicidio, fueron capturados cuando dormían en un área de descanso dentro de su coche, en el estado de Maryland. La policía tenía su descripción sólo desde hacía tres horas. Lo que ocurrió es que estos dos mismos hombres habían tiroteado a dos mujeres para robarles el 21 de septiembre de 2001, en la ciudad de Montgomery, estado de Alabama. Una de ellas había muerto. Por alguna razón Muhammad mencionó ese hecho en una de las llamadas de teléfono que hizo a la policía. Como la policía de ese estado les había identificado por unas huellas dactilares que dejaron, la propagación de su identidad fue la más rápida y masiva que se recuerda en la historia moderna del crimen en América. En el juicio posterior, Lee Malvo fue condenado a cadena perpetua, y John Allen Muhammad a morir mediante inyección letal.

* * *

La categoría que nos queda es la del *asesinato por lealtad y amor*. Resulta extraño emplear estas palabras nobles junto a los personajes sobre los que versa este libro, pero es quizás el modo más económico de describir una relación basada en la camaradería para perpetrar vejaciones y crímenes. Por supuesto que no hay amor auténtico; lo que existe es una aceptación tácita y recíproca de que juntos pueden compartir una experiencia única, aunque sea teñida de sangre. Por lo demás, tampoco podemos descartar la presencia en esa complicidad homicida de otros argumentos como la búsqueda del placer del control, el desplazamiento de una ira desarrollada por causa de otros hacia seres más débiles (las víctimas), o el puro sadismo.

Hay varios ejemplos donde podemos seleccionar, pero no les prestaremos mucha atención porque es una modalidad extremadamente inusual, en particular en Europa. Es cierto que muchos asesinos cuentan con el beneplácito de su esposa o compañera (Marc Dutroux, el asesino pederasta belga es un buen ejemplo), pero la lealtad de la que hablamos exige una participación activa de la pareja en el acto homicida, no el mero encubrimiento o una ayuda muy secundaria.

Quizás uno de los casos más conocidos es el de Fred y Rosemary West, en Gloucester, Inglaterra, quienes abusaron sexualmente y mataron al menos a 10 niñas y jóvenes (¡incluyendo a su propia hija!), entre el periodo comprendido entre 1971 y 1987. Rosemary sigue en prisión y él se ahorcó poco después de ser encarcelado. En Estados

Unidos me gustaría destacar a Charlene y Gerald Gallego. Ella disponía de un cociente intelectual de 160 (superdotada) y tenía un gran talento para tocar el violín, además de ser licenciada e hija de una familia rica. Él era un delincuente sexual, cuyo padre había sido ejecutado en la cámara de gas por matar a dos policías. Se conocieron en un club, y se casaron enseguida. Ambos compartían la fantasía de violar a chicas jóvenes vírgenes. Entre 1978 y 1980 mataron al menos a 10 de ellas. Charlene salió de la cárcel en 1997 y Gerald murió de cáncer en 1999, en prisión. Al salir, Charlene dijo que «comparado con vivir al lado de Gerald, estar en la cárcel era como gozar de la libertad». Quería decir con ello que ella había vivido toda esa época en un estado de «lavado de cerebro», porque Gerald la había aislado de su mundo y la había introducido en el suyo, lleno de muerte y perversión. Quizás fuera así, pero he aprendido a desconfiar de esas revelaciones cómplices de crímenes incalificables a cargo de la que se supone que era la parte «más débil».

Locos, psicópatas y asesinos en serie

Al comienzo del capítulo señalaba la pulsión o tensión interna que anida en la psicología de los asesinos en serie, a modo de inquietud o estremecimiento que se acentúa cuando su fantasía se desboca e imaginan escenas de control y violencia sobre la víctima. Cuando el asesino logra su objetivo (Gustavo Romero después de estrangular a Rosana Maroto, o Pérez Rangel al dejar abandonado el cadáver atado y esposado de Maite de Diego) se produce, junto a un profundo sentimiento de placer psicológico por la experiencia brutal de ese dominio, un alivio muy pronunciado de esa tensión. Todo ello acontece a lo largo de una secuencia de actos que ha sido planificada en mayor o menor medida por el autor del asalto y, por consiguiente, con pleno conocimiento por su parte de la naturaleza criminal de los hechos. Por ejemplo, cuando la policía interrogó a Lee Malvo (uno de los asesinos del tarot) acerca de cuál era el objetivo de los tiroteos realizados a los desprevenidos viandantes, él contestó: «Se trataba de seguir un plan. Hay que mantenerse en lo que dice el plan. No te desvías de él, ni lo cambias».

Sea cual fuere la motivación última de estos asesinos (esos 10 millones de dólares o el deseo de venganza del mentor de Malvo, Muhammad, por haber perdido a sus hijos y estar desempleado y en la indigencia) lo último que podemos decir es que estas personas «no sabían lo que estaban haciendo». Esto mismo podemos afirmarlo de los otros casos analizados en este capítulo. Gustavo Romero va al parque Cervantes de Valdepeñas decidido a violar y matar; lleva su navaja, merodea, y cuando asalta a los novios los lleva a la parte más alejada del lugar, junto a las vías del tren. Una vez consumados los crímenes, toma todo tipo de precauciones para evitar ser descubierto. Al día siguiente de asesinar a Sara Dotor y a Ángel Ibáñez, se marcha a Canarias, y sólo regresará cuando han pasado varios años y tiene el convencimiento de que las cosas se han enfriado en la ciudad manchega. Después de matar a Rosana Maroto la oculta en un pozo y arroja su mochila al río. Esos mismos actos de plena conciencia y premeditación se hallan igualmente presentes en Pérez Rangel (quien se pasa horas espiando a los usuarios del parking) y en Alfredo Galán, quien comete cada asesinato como si se tratara de una acción propia de un soldado de élite.

Demostrada la plena conciencia con que los asesinos cometen los hechos, nos queda preguntarnos *qué tipo de locura* les embarga, pues el hombre normal y corriente no puede entender que tales personas obren de un modo racional. Ahora bien, antes de contestar esa pregunta, quizás sería mejor detenerse un poco en ella. ¿Está bien formulada? Quiero decir, ¿debemos asumir desde el principio que se trata de una locura, que esos asesinos están enajenados del mundo y la realidad? Francis Ford Coppola, el afamado director de la trilogía de *El Padrino*, dijo una vez que «la forma ideal de empezar un proyecto es hacerse una pregunta cuya respuesta se desconoce». Estoy de acuerdo; sin embargo, la pregunta tiene que ser la correcta, de lo contrario la respuesta estará totalmente equivocada.

Creo, en efecto, que la pregunta tiene que ser planteada de otro modo. En vez de ¿qué tipo de locura?, podemos hacer la pregunta de si ciertamente estos sujetos están «locos». Porque, en verdad, ¿qué significa la locura? Voy a pedir al lector que realice un pequeño ejercicio de memoria. Quiero que recuerde la película de Alfred Hitchcock *Psicosis* (*Psycho*, 1960), en la que Anthony Perkins interpreta el papel de Norman Bates, un joven que tiene a su madre en una mecedora en estado de cadáver, y con la que todavía habla en sus habitaciones y en el sótano, donde la lleva a pasar la noche.[6] Bates no deja de resultar un tipo extraño, pero atiende a los clientes de su motel con bastante normalidad. Es cierto que se muestra perturbado ante la belleza de Marion Crane (Janet Leigh), cuando comparte con él la soledad del motel de una noche de lluvia y frío, pero nadie de los que se relacionan con él a lo largo de la película (ni el detective que busca a Marion después de que ella muera a manos de Bates, ni su hermana y su novio cuando siguen los pasos del detective) sospechan nada. ¿Y qué es lo que deberían sospechar? Ésta es la cuestión: *Norman Bates está loco*. Es un asesino en serie que vive un delirio: cree que su madre vive, y que todavía ejerce sobre él esa tiranía que le llevó —es la tesis de la película, influida mucho por el contexto psicoanalítico de la época— a ser un joven enajenado y sexualmente reprimido. De hecho, cuando Bates ve a Marion desnudarse y prepararse para la celebérrima ducha a través de un agujero de la pared estratégicamente situado en la habitación número 1, siente en su interior la voz de su madre que lo acusa de ser un pervertido por interesarse por mujeres «sucias», y ello le incita a matarla asumiendo la personalidad de su madre.

Pero volvamos a este punto: *Bates está loco*. A pesar de que da la apariencia de normalidad, en su cerebro hay voces e imágenes que no existen, que sólo oye y ve él. Vive una realidad que sólo tiene sentido para él, que no es en verdad realidad, sino delirio, puesto que eso es lo que significa esta palabra: vivir un argumento —conjunto de creencias o ideas acerca de lo que está pasando— privado, de tal modo que si el que tiene el delirio muere, la realidad *suya* muere con él. Cuando mata Norman Bates ese delirio toma el mando; la tensión que siente motivada por lo que *le dice* su madre ha de ser liberada mediante el sacrificio de la mujer; es más, en la película vemos que es el propio Bates quien *deja su yo* para que lo asuma su madre. La propia madre, que reprimió brutalmente la sexualidad de su hijo, se encarga de castigar a las *rameras* que vienen a seducirlo. Por eso cuando al día siguiente del homicidio en la ducha Bates «se encuentra» con su cadáver, actuará como un hijo solícito para proteger a su madre y hará desaparecer el cadáver de Marion en el maletero de

---

[6] Para este ejercicio sirve también el lamentable *remake* llevado a cabo en 1998, dirigido por Gus Van Sant, quien se limitó a copiar plano a plano la película del maestro.

su propio coche hundido en el pantano. Después del crimen viene el abatimiento, la depresión, porque Bates sabe —en su papel de hombre no poseído en esos momentos por el delirio de creerse su madre— que ha encubierto un asesinato, uno más de los que ha protagonizado *ella*.

Compare el lector a Norman Bates con Buffalo Bill, el asesino en serie que Clarice Starling —con la ayuda del mismísimo Hannibal Lecter— está intentando detener. En este exitoso film, *El silencio de los corderos*, vemos que Bill tiene secuestrada a la hija de un senador; la vemos insultar y suplicar desde el interior de un pozo que el asesino ha construido en su casa. Ella es la próxima suministradora para la misión que se ha propuesto Buffalo Bill, que es hacerse un vestido de piel de mujer con el que asumir su auténtica identidad sexual. Cualquiera ve que lo que se propone este hombre es algo macabro e irracional. Sin embargo, a diferencia de Bates, Buffalo Bill no tiene delirios; no oye voces en el interior de su cabeza ni ve a nadie que ha muerto como si estuviera vivo. Su fin es sentir placer sexual y el poder que le va a dar tener un vestido hecho de piel humana. Con ello, además —se supone en el argumento de la película—, intentará resolver la cuestión de su identidad sexual. Si Bill está loco, su locura es diferente a la de Bates. Lo que nos parece demencial es que asesine a mujeres para hacerse un vestido con su piel. Si el vestido lo hiciera con papel, o con piel de serpiente, nos parecería algo excéntrico, pero no lo llamaríamos loco. Porque, pensándolo bien, y volviendo a los Asesinos del Tarot, ¿qué sentido tiene matar a diez personas al azar para pedir mediante la extorsión a las autoridades una fortuna? ¿Alguien podría pensar que habría lugar en el mundo donde estos asesinos hubieran podido disfrutar de ese dinero? ¿Y dónde está *lo racional* en el proceder de Pérez Rangel? ¿No podría mostrar su desprecio a sus orígenes y su rechazo a las mujeres inalcanzables para él de otro modo?

Lo que quiero plantear aquí es que lo que puede determinar si algo es obra de locos o de cuerdos no es si ese algo *nos parece racional* o no, sino el contacto con la realidad del sujeto que realiza las acciones. No importa lo que él quiera conseguir. Lo importante es el modo en que lo hace. Si alguien quiere ser capaz de volar y construye un aparato siguiendo las leyes de la física, no lo consideraremos un loco aunque perezca en el intento; «temerario» sería un adjetivo mucho más probable. En cambio, si se viste con un atuendo de Superman y se arroja al vacío diremos que está ciertamente «mal de la cabeza». Abundando en esto, hemos de concluir entonces lo siguiente: si cuando realiza un crimen el asesino es del todo consciente de que está arrebatando una vida humana sin ninguna justificación (como puede ser la defensa propia), y no hay nada que le obliga a hacerlo (por ejemplo, otra persona que le amenaza con matarle a él), el sujeto en cuestión está cuerdo.

En definitiva, ésta es la diferencia entre un *psicópata* y un *psicótico*. Buffalo Bill, Gustavo Romero, Alfredo Galán, Pérez Rangel, y los otros personajes presentados en este capítulo son psicópatas; Norman Bates es un psicótico. El psicópata controla la realidad, y la pone a su servicio mediante trucos y engaños para conseguir sus propósitos. El psicótico tiene alterado su sentido de la realidad, y construye un mundo propio donde sus actos homicidas son el producto de su cerebro dañado y de las experiencias que han coloreado y dado sentido al argumento de su enfermedad.

Un ejemplo de homicida múltiple en un solo acto es Noelia Mingo. La locura puede verse con más nitidez en el asesinato de varias personas en un mismo lugar y momento que cuando es serial. El asesino en serie, aunque loco, ha de cuidarse un poco de lo que hace si quiere tener la oportunidad de volver a matar. El asesino en masa, en cambio, puede permitirse exhibir la violencia en una única ocasión, porque no habrá más. Esta médico residente del hospital Jiménez Díaz de Madrid mató a cuatro personas con su cuchillo en una furia homicida que tenía como fin castigar a todos aquellos que se habían encargado —en su mente desquiciada— de perseguirla con sus calumnias y amenazas. En su delirio, Noelia tenía miedo y estaba llena de ira; así pues, se defendió de un peligro que para ella —y sólo para ella— era real. Aunque los intelectuales y diletantes gustan de provocar sugiriendo que los locos pueden estar más cuerdos que los que nos creemos sanos (y crea el lector que puedo apreciar el valor metafórico y práctico de esta afirmación), lo cierto es que esta separación entre *controlar* la realidad y vivir *bajo el yugo* de una realidad inventada es fundamental, ya que de este modo podemos distinguir al psicópata del loco.

¿Y por qué es importante esta distinción? Lo es por varios motivos, pero destacaré dos. En primer lugar, el psicópata es *el ser humano más peligroso que existe*. La mayoría de las veces está integrado en la sociedad, y no es un delincuente, al menos no uno notable o peligroso, aunque es frecuente que sea autor de irregularidades contables o de índole administrativa. El lector ha de entender que la psicopatía es un modo de ser, una personalidad *especial*, pero no una enfermedad mental o psicosis. Por tanto, si bien los rasgos de la psicopatía hacen que el sujeto que la presente sea un tipo miserable y despreciable, nada le exige que sea un delincuente, y menos un asesino en serie. Pero si el psicópata alcanza el poder político (Sadam Husein, Stalin, Bokassa) su capacidad de destrucción no tiene límites. También es una clara amenaza si lidera empresas o tiene puestos de responsabilidad en la policía, hospitales o escuelas.

La segunda razón es que cuando la violencia del psicópata se desata y no dispone de un puesto de poder en el que liberar esa tensión de modo que parezca legítimo (como cuando ostenta un cargo de autoridad), entonces tiene muchas opciones de ser un criminal muy violento, y en ocasiones un asesino en serie. La mayor parte de los asesinos en serie son psicópatas, y muchos de éstos son psicópatas sexuales, como Romero o Rangel (también Tony King, que se analiza en el capítulo 6), *y no están locos.*

Ahora bien, *sí existen asesinos en serie psicóticos,* pero son poco frecuentes (en torno al 10-20 por ciento) en comparación con los psicópatas. Francisco García Escalero, que mató a 12 indigentes en el Madrid de los años noventa del pasado siglo, es un buen ejemplo de ello. Escalero es el producto de un abuso de drogas continuado y de una vida que transcurre en la mayor parte en la miseria del vagabundeo. Oye voces. Se cree perseguido. Es un esquizofrénico paranoico, como Unabomber, como Noelia Mingo (entre los asesinos en masa los psicóticos son más habituales).

Los psicópatas no tienen conciencia; por ello no sienten el dolor de la culpa. No tienen vínculos emocionales reales con nadie, aunque en ocasiones respetan a una novia o amiga mientras matan a otras muchas (Ted Bundy, en el capítulo 8), o se ocupan con fruición de una mascota. El dolor ajeno no les afecta; su empatía profunda o emocional está ausente o, dicho de otro modo, invertida: el sufrimiento de los otros no les conmueve, sino que les produce en el mejor de los casos indiferencia, y en el peor, placer. Por encima de todo está su ego, lo que ellos piensan que les hace felices. Y eso hace que en muchas ocasiones tomen riesgos que, aunque a la larga pueden llevarles a la perdición, sin embargo en el presente les llenan de vida. Como el asesinato en serie (más sobre este tema en el capítulo 10).

* * *

Volvamos ahora a la magia de Hitchcock y *Psicosis*. Estamos llegando al final de la película. Lila Crane (Vera Miles), la hermana de la fallecida Marion, está caminando sola por la planta baja de la mansión de Bates. De pronto vislumbra la puerta que conduce al sótano. El público se estremece con ella, y tiene sentimientos encontrados acerca de lo que la protagonista de la acción ha de hacer. El primero le dice: «¡Anda, baja y mira qué diablos hay ahí de una vez por todas!». Pero el segundo le grita: «¡No, por amor de Dios, no bajes, ahí hay algo pavoroso!». Es el sello del maestro del cine y de todo buen *thriller*: el argumento nos empuja a la angustia de la decisión ambivalente. Sin embargo, por muy terrorífica que sea la escena, todo termina al acabar la proyección. Al salir del cine estamos satisfechos de haber sufrido de modo placentero.

Lo auténticamente terrible, no obstante, es que Hitchcock basó su personaje de Norman Bates en un asesino en serie real, Ed Gein, un granjero de Wisconsin, Estados Unidos, que actuó en los años cincuenta.[7] Gein no sólo mató a varias mujeres, sino que saqueaba tumbas para construir adornos con restos humanos, lo que incluía sillas cubiertas con piel humana y pilares de cama coronados con calaveras. Se le encontró una caja que contenía nueve vulvas de mujeres. Lo que sirvió a Hitchcock de inspiración para la película *Psicosis* es que Gein solía pasear en las noches de luna llevando una máscara y vestidos hechos con piel de mujer... y que guardaba el cuerpo de su madre en el sótano. Una madre que lo reprimió ferozmente y que le explicó que todas las mujeres eran unas golfas.

Así, el terror de *Psicosis* fue posible porque Hitchcock transformó con su arte un hecho real de por sí terrorífico. Por ello, el asesino en serie *no desaparece* cuando abandonamos la oscuridad de la sala cinematográfica. Bien al contrario, lo que nos da terror es saber que él puede estar esperándonos ahí fuera. Porque es un ser completamente real.

---

[7] La huella de Ed Gein (y de Hitchcock) también se encuentra en la película de Tobe Hooper de 1974 *La matanza de Texas* (*The Texas Chain Saw Massacre*) y en *Vestida para matar* (*Dressed to kill*), de Brian De Palma, de 1976. *Psicosis* también ejerció una clara influencia en el ciclo de asesinatos catalizado por *La noche de Halloween*.

CAPÍTULO 2
JACK EL DESTRIPADOR Y EL NACIMIENTO
DE LA CIENCIA FORENSE

Es tal la red de leyenda y engaños que se ha ido tejiendo en torno al caso del Destripador a lo largo de más de cien años, que tenemos que resignarnos, como primera actitud, antes de estudiar sus pormenores y arrojar algo de luz. Aquí se aplica con toda justicia lo que escribió Matthew Pearl, el afamado autor de *El Club Dante*: «Una de las peculiaridades de la vida es que, por lo general, las historias de quienes ya no están entre los vivos son las que encierran la verdad...». Y en efecto, a pesar de que periódicamente aparecen «nuevas y asombrosas revelaciones», y que una y otra vez se promete al lector la solución «definitiva» al enigma del Destripador, lo cierto es que todas las personas que tuvieron que ver con el primer asesino en serie conocido de la historia moderna, hace mucho tiempo que murieron, y la verdad murió con ellas.

El caso del Destripador fue cerrado oficialmente en 1892, sin que se detuviera al asesino. En 1901 moría la reina Victoria, y con el nuevo siglo llegarían avances importantes en la ciencia forense que hubieran sido de gran valor en la captura del homicida implacable: la identificación de las huellas dactilares, la clasificación de los grupos sanguíneos, el análisis de ADN, la información computarizada... La grabación de las entrevistas y la comunicación por radio hubieran sido también de inestimable ayuda en la tarea de vigilancia de la policía en las zonas calientes de los crímenes. Pero sin nada de todo eso para auxiliar a la investigación, es justo reconocer que el distrito de Whitechapel constituía un inmenso granero en el que había que buscar una aguja que sólo brillaba de forma muy esporádica, en forma de hoja de cuchillo: la que el asesino hendía inmisericorde en el cuerpo de las desafortunadas chicas de la calle. Era un reto que la policía de aquellos años no podía ganar, y la dificultad de la tarea que el inspector Abberline —el investigador que siguió a pie de calle la caza del asesino— llevaba entre manos se comprende mejor cuando, casi cien años después, Scotland Yard tuvo que enfrentarse al nuevo Destripador: Peter Sutcliffe, el llamado Destripador de Yorkshire. Este hombre mató entre 1975 y 1980 a 13 mujeres, la mayoría prostitutas. Cuando fue detenido en 1981, se supo que los investigadores le habían interrogado varias veces, y en ninguna de ellas se sospechó que tuviera algo que ver con los crímenes, lo que demuestra que aunque se cuente con modernos métodos criminalísticos, la captura de un asesino en serie cuidadoso puede ser algo muy complicado. Como ha escrito Patricia Cornwell, la famosa autora de novelas policíacas, ella misma antigua analista informática en el Instituto de Medicina Legal de Richmond (y que tiene un lugar destacado en este capítulo, como luego veremos), «la ciencia forense no puede ni podrá reemplazar las facultades humanas de detección, deducción, experiencia y sentido común, como tampoco un trabajo diligente».

En este capítulo nos ocupamos de Jack el Destripador porque con él la policía y la ciencia forense se encontraron a un enemigo antes de tiempo. Este asesino era metódico y cruel, y su forma de proceder con la policía y otras personas (a las que supuestamente envió cartas) se asemeja mucho a como varios decenios después han hecho otros homicidas múltiples célebres. Es el caso, por ejemplo, del Asesino del Zodíaco, que enviaba cartas egocéntricas a los periódicos de San Francisco, o de David Berkowitz, el Hijo de Sam, que desafiaba a todos mediante misivas (ver cuadro 1). Pero claro está, la criminalística estaba en mantillas en los años finales del siglo XIX. Por eso digo que fue un desafío desigual.

CUADRO I
DAVID BERKOWITZ

Por espacio de 13 meses, en los años 1976 y 1977, David Berkowitz, el Hijo de Sam, llevó a Nueva York a un estado de terror colectivo, al igual que hiciera la familia Manson en Los Ángeles en 1968, cuando asesinaron en dos orgías de sangre a siete personas, entre las que se hallaba la actriz Sharon Tate, entonces esposa del director de cine Roman Polanski.

Berkowitz tiroteó a 13 personas, hombres y mujeres, y mató a seis. Su modus operandi consistía en acercarse a parejas que estaban en el interior de su vehículo y, sin mediar palabra, dispararles con una pistola del calibre 44. Todo empezó el 29 de julio de 1976, cuando una pareja de jóvenes estaba hablando tranquilamente en el interior de su coche. Berkowitz salió de entre las sombras y les disparó cinco veces a través del parabrisas. En el asalto del 17 de abril de 1977, el asesino dejó su primer mensaje dirigido al jefe de policía encargado de su captura, el capitán Joseph Borrelli, junto a los cadáveres de otra pareja muerta: «Querido capitán Borrelli: estoy profundamente disgustado porque me llamara públicamente un "tipo lleno de odio a las mujeres". No odio a las mujeres, pero soy un monstruo. Soy el Hijo de Sam […]. Me siento como un descarriado. Estoy en una onda diferente a la de los demás: programado para matar. Para detenerme deben matarme. ¡Atención a toda la policía: disparen primero a matar o apártense de mi camino si no quieren morir! […]. Me encanta cazar. Merodear por las calles buscando un juego justo: carne sabrosa. Las mujeres de [el barrio de Nueva York] Queens son las más bonitas de todas». La carta finalizaba con las siguientes palabras: «Os digo adiós y buenas noches. Policía: déjenme que les amenace con estas palabras: ¡volveré! ¡Volveré! Esto ha de interpretarse como: ¡¡BANG, BANG, BANG, UGH!! Suyo en el asesinato. Mister Monstruo».

El asesino se había puesto previamente el apodo del Hijo de Sam en unas cartas que dirigió al periodista neoyorquino James Breslin. Todavía le quedaban dos acciones homicidas más. En junio de 1977, disparó a otras dos personas a través del parabrisas, a las que hirió de gravedad. Y finalmente en julio, en el distrito de Brooklyn —adonde se había desplazado para huir del cerco policial—, disparó cuatro veces a una pareja, matando al chico y dejando ciega a la chica. En ese caso cometió el grave error de dejar el coche mal aparcado, por lo que fue multado. Cuando la policía revisó los movimientos de todas aquellas personas que estaban en esos momentos en los alrededores de la escena del crimen, reparó en el boleto de la infracción e interrogó a Berkowitz, a quien finalmente asociaron con los crímenes. Cuando fue arrestado el asesino exclamó: «¡Finalmente me cazaron!». De hecho, había dejado varias pistas durante meses a través de una serie de notas amenazadoras dirigidas a su vecino, Sam Carr. Éste había informado a la policía de que Berkowitz quería vengarse de él porque su perro ladraba demasiado. El 27 de abril ya había iniciado su venganza matando al perro con su pistola del calibre 44.

La captura del Hijo de Sam fue providencial, ya que había planeado matar a mucha más gente. Al comienzo aseveró que sus asesinatos los cometió porque unos perros poseídos por el diablo le ordenaron que lo hiciera, pero años más tarde admitió que esa historia era un puro invento para perjudicar a su vecino Sam Carr, dejando entrever que éste le había forzado a matar mediante el empleo de los perros como un médium. Fue condenado a cadena perpetua.

Con el tiempo, la figura de Jack el Destripador ha venido a simbolizar el terror primitivo e instintivo que los seres humanos sentimos ante el extraño que nos quiere destruir, sin ninguna otra razón que su perversión. Frente a la figura del ser invisible que en cualquier momento puede hacerse realidad en medio de la oscuridad, no podemos oponer resistencia alguna, sólo resignarnos a una muerte segura y suplicar para que sea rápida. Se trata del mismo miedo ancestral que han explotado hasta la saciedad las películas de terror para adolescentes con sus personajes del tipo de Freddy Krueger, capaces de llegar ante nosotros cuanto menos preparados estamos, a través de nuestros sueños. Todos estos asesinos son remedos de Jack el Destripador, con la diferencia de que Jack fue un ser real, y el terror y la impotencia de los pobres habitantes de Whitechapel un grito sordo al que la policía o las autoridades fueron incapaces de responder.

Por ello, en el terrible año del Destripador, la policía y la ciencia forense estaban sin capacidad de reacción, y la escena del crimen sólo producía estupor y rabia, pero escasas pruebas o indicios que seguir. En esos días, aún se ganaban o perdían procesos porque las conclusiones se basaban en las descripciones de los testigos y no en las pruebas materiales. Por otra parte, aunque los investigadores hubieran estado al tanto de los escasos descubrimientos forenses, no los habrían podido emplear, ya que la policía carecía de los laboratorios necesarios. En aquellos años, los médicos que realizaban las autopsias eran médicos generalistas, y nadie esperaba que estuvieran formados en disciplinas como lesiones o venenos, o que emplearan siquiera un microscopio. Todo lo que se les pedía era determinar si la víctima estaba realmente muerta y una estimación acerca de la hora de la muerte. Por ello este libro ha de partir de aquí, de la época en que un asesino que sólo era una sombra en las callejuelas de Whitechapel puso en evidencia de modo dramático la insuficiencia de la policía tradicional y sus métodos primitivos.

Jack el Destripador: los hechos que se consideran más fidedignos

Una parte importante del misterio que siempre ha rodeado al asesino de Whitechapel ha descansado en el extravío de muchos de los documentos originales de la investigación, como fotografías e informes de la policía. Esto ha alimentado a los teóricos de la conspiración, que vieron en esas pérdidas el esfuerzo intencionado de Scotland Yard para ocultar pruebas que incriminaban a personas influyentes, como miembros de la realeza. Patricia Cornwell es de otra opinión, y entiende que la realidad de todos los errores de la investigación se debió a una «ignorancia supina». Jack el Destripador era un asesino moderno, nacido en el siglo antes de que pudieran atraparlo, y en el transcurso de las décadas los documentos se extraviaron, se archivaron mal o se esfumaron como por arte de magia. Algunos acabaron en manos de coleccionistas.

El hecho de que el Ministerio del Interior británico prohibiese durante un siglo el acceso a los informes sobre el caso, sólo sirvió para alimentar las sospechas de los defensores de la teoría de la conspiración. Incluso en la actualidad —según explicó la archivera de Scotland Yard a Patricia Cornwell— la documentación sobre los casos de asesinatos notorios se mantiene como información reservada durante 25, 50 o 75 años, dependiendo de la naturaleza del crimen y de si es preciso proteger la intimidad de la familia de la víctima.

A pesar de todo, existe lo que podríamos denominar la investigación «ortodoxa» sobre Jack el Destripador, la cual le atribuye cinco asesinatos, todos ellos caracterizados por su forma de matar, consistente en degollar a sus víctimas con un cuchillo. Tales crímenes acontecieron entre el 31 de agosto y el 9 de noviembre de 1888, comprendiendo el así llamado «otoño de terror» en el barrio londinense de Whitechapel. Durante un tiempo se pensó que el asesino misterioso podía haber sido también el autor de otros dos homicidios de mujeres, acaecidos en julio de 1889 y febrero de 1891, pero posteriormente fueron descartados. No obstante, debido a que algunos cadáveres que no fueron atribuidos oficialmente al Destripador aparecieron descuartizados, o en estado avanzado de descomposición, resulta también complicado determinar el número exacto de sus víctimas, lo que sin duda ha contribuido no poco a aumentar las conjeturas acerca de la duración del periodo de sus crímenes y, desde luego, del número de víctimas que habría que contabilizar por su mano.

Las cinco víctimas reconocidas eran prostitutas, y con excepción de una de ellas —probablemente porque Jack tuvo que huir por la presencia inminente de gente—, todas sufrieron diversas formas de mutilación. De nuevo con una excepción —la última víctima, Mary Kelly, que fue atacada en su casa—, todos los crímenes ocurrieron en la calle.

Esos cinco asesinatos otorgan a Jack el Destripador el dudoso honor de ser el primer asesino en serie de la era moderna, ya que de acuerdo con la criminología actual más aceptada los asesinos seriales matan *al menos a tres víctimas en periodos diferentes de tiempo*, y suelen progresar en su violencia a medida que avanza la furia homicida, lo que se cumple en esta terrible historia de misterio y crimen en la Inglaterra victoriana. Sin embargo, el homicida se detuvo después del quinto asesinato, de acuerdo con el canon más aceptado (en este capítulo veremos que no todos los analistas están de acuerdo con este aserto), lo que no es habitual entre los asesinos seriales. ¿Por qué? De acuerdo con uno de los estudiosos más relevantes en el caso del Destripador, Robin Odell, es improbable que el asesino se abstuviera de seguir matando por propia voluntad, sino que es más lógico suponer que «se abocara a un fin abrupto e inesperado, como resultado de que le sucediera alguna catástrofe, como un accidente, el suicidio o que enfermara hasta fallecer».

A continuación podemos ver un resumen de los hechos sobresalientes de cada uno de los cinco asesinatos. Es digno de resaltar que todos ellos acontecieron en fin de semana: dos en viernes, uno en sábado y otros dos en domingo, en horas de la madrugada. El inspector Frederick Abberline estuvo detrás del asesino, y al mando de la policía se encontraba Charles Warren. Abberline era un buen investigador, conocedor de su oficio y paciente, que se tuvo que enfrentar a un caso que le superaba. Warren, en cambio, era un general que había servido en África, amante de los uniformes extravagantes y con una psicología muy poco preparada para lo que se le venía encima.

Aspecto a considerar	Víctima 1, 31 de agosto	Víctima 2, 8 de septiembre
Nombre	Mary Ann Nichols	Annie Chapman
Edad	45	47
Ataque	Degollada, con una importante mutilación en el abdomen.	Degollada y destripada.
Sospechoso	El judío polaco y zapatero John Pizer. Parece que la policía tenía noticias de que maltrataba a las prostitutas	Jacob Issenschmid, un carnicero que solía llevar consigo cuchillos. Murió en 1910, con reingresos periódicos en instituciones mentales.
Investigación	El informe oficial no se conserva.	El médico dijo que el asesino tenía conocimientos anatómicos; se llevó el útero de la víctima.

Aspecto a considerar	Víctima 3, 30 de septiembre	Víctima 4, 30 de septiembre
Nombre	Elizabeth Stride	Catherine Eddowes (también conocida como Kate Kelly)
Edad	45	46
Ataque	Degollada, sin mutilaciones, probablemente porque se acercó un carro de caballos y ahuyentó al asesino.	Degollada y destripada. Cortes en la cara. El asesino se llevó el riñón izquierdo y parte del útero.
Sospechoso	Israel Schwartz se dirigía a su casa cuando vio a un hombre peleando con una mujer, y a un segundo hombre más alejado.	La víctima había estado en el calabozo por ebriedad, y cuando salió fue asesinada. Un viandante que la vio poco antes de morir, junto a un hombre, dio a la policía la descripción de éste.
Investigación	La descripción del primer hombre visto por Schwartz fue utilizada por la policía en sus pesquisas. La policía se reafirmó en la idea de que el asesino tenía conocimientos de anatomía notables.	Una hora y media después, la policía halló un texto escrito con tiza en un muro, no muy lejos del lugar del crimen. Debajo, en el suelo, se encontraba un trozo de tela ensangrentado perteneciente a la ropa de la víctima.

El lector puede observar que los asesinatos 3 y 4 se cometieron el mismo día, en verdad en el transcurso de una hora, lo que apoya la creencia de que el Destripador no pudo acabar su tarea en el cuerpo de la Stride y, rabioso, decidió revertir su frenesí en otra mujer, Catherine Eddowes. En este último crimen apareció uno de los hechos más celebres de todo el caso: el mensaje escrito en el muro, que ha sido interpretado hasta la saciedad, y que decía: «Los judíos son los hombres a los que nunca se les acusará de nada» (*«the Juwes are The men That Will not be Blamed for nothing»*).[1]

Tras esta última muerte los acontecimientos se precipitaron y, en medio de la indignación popular, Charles Warren, el jefe de la policía, tuvo que soportar además la ironía de la prensa acerca de su eficacia cuando la Agencia Central de Noticias de Londres le remitió una carta (27 de septiembre) y una postal (1 de octubre) dirigida a él. La carta saludaba a Warren como «querido jefe», y estaba firmada del siguiente modo: «Sinceramente suyo, Jack el Destripador» (*«Yours Truly, Jack the Ripper»*). El asesino era la primera vez que había utilizado el apodo con el que pasaría a la posteridad, Jack el Destripador, y en la postal hacía referencia a los dos asesinatos del 30 de septiembre.

Pero los gestos del asesino no quedaron ahí. El 16 de octubre, George Lusk, presidente del Comité de Vigilancia de Whitechapel, recibió en su casa de manos del servicio postal una pequeña caja de cartón. Dentro había parte de un riñón humano y una carta en cuyo remite ponía «desde el infierno» (*«from hell»*). Casi dos semanas después, el director del museo de patología del London Hospital, el doctor Thomas Openshaw —uno de los especialistas que examinó el riñón y determinó que era humano—, recibió una carta firmada por Jack el Destripador en la que le notificaba que había enviado el riñón izquierdo de una de sus víctimas.

---

[1] Debemos señalar, mejor, que *parece que decía*, porque para no ofender a los judíos el jefe de la policía mandó borrarlo después de anotarlo, algo que le fue criticado de modo cruel (y con justicia, diría yo), pues no podemos estar seguros en verdad de que dicha transcripción fuera fidedigna, además de otras averiguaciones que se podrían haber realizado con el texto original. Por ejemplo, no tenemos constancia real de que la palabra *judíos* estuviera escrita mal, como figura en el mensaje. ¿Fue un error del que lo copió *(jewes en vez de jews)*? Este hecho aparece fielmente narrado en la película *Desde el infierno,* de los hermanos Hughes (2001).

Aspecto a considerar	Víctima 5, 9 de noviembre
Nombre	Mary Jane Kelly
Edad	24
Ataque	Degollada, su cuerpo había sido salvajemente destrozado, su cara estaba desfigurada. Sus ropas estaban colgadas de una silla; no había signos de lucha.
Sospechoso	George Hutchinson, un jornalero, dio la descripción de un hombre al que vio junto a la víctima dos horas antes del crimen.
Investigación	Además de la descripción de ese hombre, la policía se interesó por el compañero de Mary Jane, Joseph Barnett, con quien compartió la habitación hasta el 30 de octubre, cuando se pelearon y él se mudó a vivir a otro sitio.

Mary Jane Kelly es la última víctima *oficial* del Destripador, pero es notable por otras dos razones. En primer lugar, era mucho más joven que sus cuatro desafortunadas compañeras en la lista del asesino. Y en segundo lugar, es la única que fue atacada dentro de un inmueble, en concreto en su mísero cuarto de una casa de huéspedes. El jefe de policía Warren dimitió al día siguiente de encontrarse el cadáver de Mary Kelly.

Una lucha desigual

En su libro *Retrato de un asesino: Jack el Destripador, caso cerrado*, Patricia Cornwell ha explicado con detalle por qué el Destripador y Scotland Yard no estaban en igualdad de condiciones. Eran muchas las sombras que no podían aclararse mediante la investigación. Por ejemplo, cuando murió en el distrito del Destripador, el 20 de diciembre de 1888, Rose Mylett, una mujer de 30 años —una víctima que no se atribuyó oficialmente al mítico asesino—, su ropa estaba intacta, pero alguien le había atado un pañuelo alrededor del cuello. La autopsia reveló que la habían estrangulado con una gruesa cuerda de embalar, pero el médico quedó desconcertado por el hecho de que Rose tenía la boca cerrada y la lengua dentro cuando la encontraron. «En aquel entonces —señala Cornwell— se ignoraba que en la mayoría de las estrangulaciones a lazo, la ligadura se tensa alrededor del cuello y comprime las arterias carótidas o las venas yugulares, impidiendo el paso de la sangre al cerebro. En cuestión de segundos se pierde la conciencia y sobreviene la muerte. A menos que se comprima la laringe, como ocurre en la estrangulación manual, la lengua *no asoma* entre los labios».

Otro tanto podríamos decir de la sangre. En 1888 se sabía muy poco sobre el comportamiento de la sangre. Ésta tiene una naturaleza distintiva y una conducta que obedece a las leyes de la física. No es como cualquier otro líquido, y puesto que circula a alta presión por las arterias de una persona, no se limita a gotear o a caer poco a poco cuando se corta una arteria. Por supuesto, en el Londres victoriano era imposible analizar los fluidos corporales para determinar el grupo sanguíneo o el ADN, y en las investigaciones criminales ni siquiera se intentaba distinguir entre la sangre animal y la humana. Debemos esperar hasta 1900 para que Karl Landsteiner descubra los grupos de sangre humanos AB0, y hasta 1915 para que el italiano Leon Lattes desarrollara un test fiable y práctico para determinar esos grupos sanguíneos que pudiera ser empleado en el ámbito forense. Por la misma razón, aunque en los crímenes del Destripador hubiera habido indicios de actividad sexual reciente, el semen hallado no hubiera tenido ningún valor forense.

Tampoco solía registrarse la temperatura corporal del cadáver ni la atmosférica en el escenario del crimen, la cual incide en la rapidez de la descomposición del cuerpo.

Muchos de los médicos que asistían a la escena del crimen carecían de conocimientos de antropología forense. Desconocían qué eran los modernos criterios antropológicos, que se usan para clasificar a los individuos en grupos de edad, como «infante», «entre 15 y 17», o «más de 45 años». Desconocían, por ejemplo, qué eran las epífisis, o centros del desarrollo del hueso, que son conexiones como las que unen las costillas con el esternón, y en la etapa de crecimiento están formadas por cartílago flexible. Con el tiempo se calcifican.

Tampoco tenían suficientes medios científicos para calcular el momento de la muerte basándose en el grado de descomposición de un cadáver. No sabían nada de *entomología forense*, que es la ciencia de la interpretación del desarrollo de los insectos como indicador del momento de la muerte y del proceso de descomposición del cadáver.

Con respecto a los crímenes del Destripador, no hay forma de saber cuántos datos se confundieron por completo ni cuántas pruebas se perdieron, pero podemos estar seguros de que el asesino dejó indicios de su identidad y su estilo de vida. Estarían en la sangre del cadáver y en el suelo. También se llevó consigo pruebas como cabellos, fibras y la sangre de la víctima. En 1888 no era habitual que la policía y los médicos forenses buscasen estas cosas, ni otros rastros minúsculos que habrían requerido un examen microscópico. Tampoco se examinaban las huellas dactilares como hoy en día: se llamaban «marcas de dedos», y se limitaban a demostrar que una persona había tocado un objeto, como el cristal de una ventana. Todavía no se consideraba que las crestas inequívocas presentes en la huella que pertenecen sólo a un individuo podían ser tan útiles para enfocar a un culpable como una fotografía que se hubiera podido tomar en el escenario del crimen. Scotland Yard no crearía su primer departamento de huellas dactilares hasta el año 1901, y no descubriría a un asesino con el auxilio de las huellas hasta el doble crimen de los Stratton (ver capítulo siguiente).

En la época victoriana, el método principal para identificar a una persona y vincularla con un crimen era la *antropometría*, fundada en 1879 por Alphonse Bertillon, quien creía que era posible identificar y clasificar a las personas mediante una descripción detallada de sus rasgos faciales y una serie de mediciones corporales, tales como la estatura, el alcance de la mano, el ancho de la cabeza y la longitud del pie izquierdo (ver cuadro 2).

CUADRO 2
BERTILLON Y EL NACIMIENTO DE LA CRIMINALÍSTICA

Alphonse Bertillon había nacido en París en 1853, y era el segundo hijo de una familia de distinguidos antropólogos. Muy problemático en su infancia y adolescencia, durante las cuales fue expulsado hasta tres veces de los colegios, llegó a los 20 años con una sólida cultura porque sus propios padre y abuelo se encargaron personalmente de educarlo. Atendiendo a los sistemas de diagnóstico actuales en materia de comportamiento, hubiéramos podido describirle en esa época como un chico «antisocial».

Pero éstas son las paradojas con que, de vez en cuando, nos regala la historia: quien fuera casi un delincuente juvenil será el encargado de crear el primer sistema para identificar delincuentes reincidentes del mundo. En esa conversión intervino —para satisfacción de los románticos— el amor de una mujer. Después de unos años en Francia e Inglaterra, con trabajos de poco relieve, en 1879 se enamora de una noble sueca y decide que tiene que triunfar para poder aspirar a su amor. Así que le pide a su padre que le consiga un trabajo donde pueda prosperar.

Es así como Bertillon entra, como escribe el historiador Colin Beavan, «en las salas de ambiente carcelario de la oficina de identificación de la Prefectura de Policía de París». Allí se encontró con el caos. Miles de papeles mal clasificados y de fotos heterogéneas aspiraban a poder identificar a los delincuentes reincidentes, ya que éstos recibían una condena superior si tenían antecedentes penales. ¿Cómo diablos alguien podía encontrar el nombre de un delincuente, en particular si daba un nombre falso? Bertillon vio con horror que la búsqueda de un nombre, como por ejemplo Martin Pierres, podía dar como resultado ¡300 fichas!

A los cuatro meses, concibió el sistema que le daría fama mundial: sirviéndose de la antropometría que había aprendido de su padre y abuelo, empezó a tomar medidas de los prisioneros, y comprobó que podía diferenciarlos con once medidas distintas como las siguientes: longitud y anchura de la cabeza, talla, altura del busto, longitud de la oreja derecha y del dedo medio derecho. En un informe que envió al prefecto de policía el 1 de octubre de 1879, explicaba que su sistema se basaba en los estudios del famoso científico social Adolphe Quételet (1796-1874) sobre el físico humano, quien llegaba a la conclusión de que no había dos hombres con medidas exactamente iguales (Quételet es el autor de la célebre reflexión «la naturaleza nunca se repite»). Apoyándose en este principio, Bertillon aseguraba que podría identificar a cualquier delincuente reincidente, sin que importara el medio que empleara para modificar su apariencia física. Escribió, entusiasmado, que la probabilidad de que dos hombres tuvieran las mismas once medidas físicas era de una entre 4.191.304. Por ello aseveró que su sistema era infalible.

Pero el prefecto de policía no quería escuchar nada de esos nuevos métodos, que le sonaban a superchería (no hacía mucho había oído cosas relativas a supuestas huellas que podrían también determinar quién había cometido un delito). Así que Bertillon tuvo que esperar a la llegada de un nuevo responsable, mucho más receptivo, llamado Jean Camecasse, quien le dio dos ayudantes y tres meses para que probara su sistema. El ultimátum era complicado: a contar desde mediados de noviembre de 1882, en sólo 90 días tenía que capturar al culpable de un delito y demostrar que ya había pasado antes por los tribunales.

Pero lejos de amilanarse, Bertillon se entrega enfebrecido a tomar las medidas corporales de cada nuevo detenido. A comienzos de enero de 1883 ya tenía archivadas 500 mediciones de presos. «El 20 de febrero —escribe Beavan— mientras tomaba las medidas del sexto Dupont del día, tuvo una inspiración. Este Dupont parecía familiar. Consultó sus medidas en las fichas, y las encontró. Su nombre real era Martin, y le habían arrestado dos meses antes, el 15 de diciembre, por robar unas botellas de leche. Cuando Bertillon le interrogó, confesó quién era en realidad.»

Fue un triunfo. Había nacido la criminalística científica. En febrero de 1888, unos pocos meses antes de que irrumpiera la furia del Destripador en la vecina Inglaterra, Bertillon fue nombrado director de la Oficina de Identificación Judicial. Su fama fue inmensa, y su método se extendió por Europa y las dos Américas. Pronto sería superado por la dactiloscopia, pero la antropometría fue el primer sistema científico que penetró en la policía. Había nacido la ciencia forense.

¿Quién fue Jack el Destripador?

Tiene mucho sentido pensar que el Destripador fuera un matarife. Alguien así tendría mucha práctica en el arte de cortar gargantas, y podría llevar y manejar cuchillos sin tener que dar explicaciones por ello. Al vivir o trabajar en Whitechapel se mezclaría sin dificultad en las coloridas y abigarradas calles, y conocería los lugares y las casas de huéspedes donde podría contactar fácilmente con las prostitutas. Sin duda tendría un aspecto y maneras que en nada le distinguirían de cualquiera de los habituales de la zona, y su presencia sería plenamente aceptada, sin que nadie sospechara de él. Además, conocería perfectamente la geografía local.

En verdad, la policía se estaba enfrentando a un asesino como nunca antes se había encontrado. Aunque es seguro que los especialistas persiguieron esta línea de investigación (buscando a carniceros o matarifes), el asesino lo tenía muy fácil, ya que le resultaría muy sencillo refugiarse en un matadero después de sacrificar a su rebaño humano, pues, ¿dónde mejor que allí podría esconder las vísceras extraídas como trofeos y el arma homicida?

Esta hipótesis, sostenida por Robin Odell, representa una de las más aceptadas entre los expertos en el Destripador. Odell concreta que este matarife sería judío, ya que el modus operandi del asesino podría beneficiarse en gran manera de la habilidad con que los matarifes de esta confesión sacrificaban (y sacrifican) a los animales de acuerdo con su ritual, en el que la sangre ha de ser separada de la carne. Esta hipótesis toma en consideración la opinión de los médicos que examinaron los diferentes cadáveres, quienes coincidieron en que el asesino era conocedor de la anatomía humana. Además, la extracción de un riñón del cuerpo de una de las víctimas sin duda requiere de ese tipo de habilidad, ya que se trata de un órgano que está detrás del peritoneo y debajo del estómago y de otros órganos.

La teoría de la realeza

La teoría de que la realeza estuvo implicada en los crímenes del Destripador se debe en primer lugar al doctor Thomas Stowell, un médico de empresa y gran aficionado a la investigación de este personaje, quien en 1970 señaló veladamente al duque de Clarence, formalmente conocido como el príncipe Alberto, el nieto de la reina Victoria, como el asesino. La razón para que esta ilustre figura fuera el Destripador se hallaría en la sífilis que habría contraído de las prostitutas: la muerte de cinco de éstas sería el resultado del frenesí de venganza con que respondió ante este infortunio. Sin embargo, pronto se pudo comprobar que en diversas fechas clave asociadas con los asesinatos de Whitechapel el duque de Clarence estaba fuera del país, y por consiguiente era imposible que él fuera el Destripador.

Una variante de esta teoría de la realeza es la teoría de la conspiración, que señala que fue el médico personal de la reina, el doctor William Gull, el que ejecutó personalmente los asesinatos, para tapar el hecho de que el príncipe Alberto se había casado con una prostituta y que había tenido un hijo de ella. Los fallecimientos violentos de las desgraciadas mujeres de la calle de Whitechapel tendrían como objeto eliminar testigos de esa improcedente unión y librarse de posibles chantajes que en el futuro pudieran verse tentadas a hacer. Esta versión de la teoría de la conspiración real fue popularizada en el año 2001 por una película que tenía como protagonista a Johnny Deep, dirigida por los hermanos Hughes, titulada *Desde el infierno (From Hell)*, en alusión a la carta antes mencionada que Jack envió a George Lusk, presidente del Comité de Vigilancia de Whitechapel.

Son pocos los que hoy en día conceden crédito a la figura del viejo doctor Gull como Jack el Destripador, particularmente en razón a la avanzada edad que tenía cuando se supone que cometió esos brutales homicidios con mutilación. Ahora bien, es cierto que el doctor Gull tenía más que suficientes conocimientos en anatomía, habilidad que generalmente se destaca como algo propio del asesino. Este hecho, y el glamour de que una reina esté detrás de Jack, explica por qué es una de las favoritas del público, como veremos a continuación.

El perfil del FBI

En 1981 se puso en marcha un nuevo intento de arrojar luz sobre el caso de Jack el Destripador. La Universidad Estatal de Wichita, en el estado de Kansas, patrocinó el «Proyecto Destripador», un esfuerzo para aplicar los métodos modernos de la ciencia forense con objeto de revelar la identidad del asesino. Entre el grupo de expertos que participó se hallaban los policías del Departamento de Ciencias de la Conducta del FBI Robert Ressler y John Douglas, famosos por sus perfiles psicológicos orientados a la captura de los asesinos en serie (ver capítulo 7). En esencia, el equipo de expertos concluyó que Jack el Destripador «era un hombre blanco, entre 28 y 36 años, que vivía o trabajaba en el distrito de Whitechapel. Su ocupación era […] posiblemente la de carnicero. Su aspecto no levantaría sospechas, y probablemente fue interrogado por la policía y excluido como sospechoso». Los perfiladores creyeron que el asesino provenía de una familia perteneciente a un estrato social bajo, y que sufriría de algún tipo de incapacidad. También era probable que tuviera «una gran ira hacia las prostitutas».

Fue decepcionante comprobar que los perfiladores no añadieron nada nuevo a lo que ya se había escrito muchas veces por incontables seguidores y analistas del caso a lo largo de los anteriores cien años. Quizá por ello afinaron más en un programa de televisión que se realizó en 1988, coincidiendo con el centenario de los crímenes. Tal y como relata en su libro *Sueños oscuros*, Roy Hazelwood —otro de los perfiladores clásicos del FBI— se unió a John Douglas para intentar mostrar a la audiencia cómo se podría desarrollar un perfil criminológico del asesino a pesar de la barahúnda de datos e informaciones existentes en el caso del Destripador. Su propósito fue «desarrollar un perfil basado exclusivamente en los hechos», aunque justamente el problema con los crímenes de Whitechapel es que se perdieron (o nunca se descubrieron) muchos hechos relevantes. En todo caso, los sabuesos del FBI razonaron que:

El Destripador fue un asesino sexual *desorganizado*. Es cierto que llevaba el arma del crimen consigo (algo propio de los asesinos organizados), pero en general los homicidios eran claramente impulsivos. Aparentemente atacaba y dejaba a sus víctimas expuestas a que la gente las viera, y no hacía ningún esfuerzo para ocultar los cadáveres. Debido a que no hay evidencia de que violara a sus víctimas, debemos concluir que era su cuchillo el instrumento que le proporcionaba la gratificación sexual [...]. John y yo supusimos que la mutilación que realizaba después de matar a las mujeres constituía una manifestación física del miedo y odio cerval que Jack sentía hacia las mujeres, un elemento común en los asesinos sexuales.

La opinión de los perfiladores era claramente discordante con los investigadores que daban por sentado que las cartas del Destripador enviadas a Charles Warren, el jefe de Scotland Yard, que estaban encabezadas con la fórmula de «querido jefe», eran verdaderas, porque en su opinión esto no es un hecho típico de los asesinos sexuales, aunque sí de otros asesinos seriales. Además, alguien como Jack buscaría la menor publicidad posible. Y también estaba el hecho de que esas cartas mostraban un nivel de cultura e inteligencia que no eran propios de un habitante loco de esas callejuelas miserables. Esto les llevó a concluir que «alguien de inteligencia superior estaba intentando asumir la personalidad de Jack». Como se discutirá más adelante, Patricia Cornwell dará toda credibilidad a esas cartas justamente por lo contrario, al identificar a Jack el Destripador con el culto e inteligente pintor William Sickert.

Finalmente, el programa de televisión tenía como plato fuerte que los perfiladores y el resto de especialistas invitados (entre los que estaban forenses y otros conocedores de la criminología de la época victoriana) eligieran de los cinco sospechosos más citados en la tradición literaria de los crímenes del Destripador el que, a su juicio, era el temible asesino. Aunque la mayoría del público favoreció la opción de que Jack era el médico privado de la Reina, el doctor William Gull, lo que avalaba la teoría de la conspiración, todos los especialistas invitados, incluyendo a los perfiladores, se decantaron por Aaron Kosminki, un inmigrante polaco esquizofrénico que vivía en Whitechapel y que era conocido por su odio a las mujeres. Argumentaron que Kosminki encajaba con el perfil de asesino desorganizado. Además, estaba también el hecho de que poco después de que fuera hospitalizado los crímenes cesaran.

Kosminki fue un personaje tardío en la historia del Destripador. Su nombre no apareció hasta 1987, cuando el periódico inglés *The Daily Telegraph* sacó a la luz unas notas tomadas por uno de los responsables de la investigación policial, donde se le describía como una de las personas vistas cerca de la víctima Elizabeth Stride poco antes de que fuera asesinada. Sin embargo, lo cierto es que las pesquisas posteriores realizadas por los estudiosos del Destripador han revelado que Kosminki es simplemente uno más de los sujetos *que podría* haber sido el asesino, y del que existe muy poca información fiable.

El diario del Destripador

En 1993 salió a la luz una nueva historia que despertó una vez más el interés mundial por Jack el Destripador. Se trataba de un manuscrito de 63 páginas escritas por el mismísimo Destripador, encontrado por el electricista Mike Barrett mientras estaba en obras de remodelación de su vieja casa, en Liverpool, en 1992. En ese diario el asesino relataba a modo de confesión sus crímenes, y terminaba con la siguiente leyenda: «Sinceramente suyo, Jack el Destripador. Fechado el tercer día de mayo de 1889». El supuesto autor del diario era James Maybrick, un hombre de negocios de Liverpool que alcanzó notoriedad cuando en 1889 fue, de acuerdo con la sentencia, envenenado por su mujer, Florence. El juicio de Florence Maybrick tuvo una enorme repercusión. Era una chica norteamericana que conoció a su futuro marido en un viaje que éste hizo al estado de Alabama en 1881 para negociar con algodón.

Florence siguió a su esposo a Liverpool, e inició un matrimonio desdichado, ya que la familia de James no la veía con buenos ojos, y el propio cónyuge distaba mucho de ser un marido solícito, ocupado como estaba habitualmente con sus aventuras extramaritales y sus obsesiones hipocondríacas. Florence buscó el consuelo en los brazos de un amante, y cuando James la descubrió, la excluyó de su testamento.

James Maybrick se encontró indispuesto el 3 de mayo de 1889, y falleció ocho días después. Florence fue arrestada por el asesinato de su marido cuando se descubrió que éste había sido envenenado por arsénico, y que la propia Florence había comprado días antes en diversas farmacias papel matamoscas, que contenía arsénico, y que, de acuerdo con la viuda, tenía el propósito de ayudarla a preparar diversos cosméticos.

En el juicio, sin embargo, no se pudo determinar con certeza la causa de la muerte de Maybrick, en particular porque se reveló el hecho de que el hipocondríaco difunto tenía la costumbre de administrarse dosis variadas de arsénico y estricnina para sus numerosas (y muchas de ellas imaginarias) dolencias.

El juez del caso, sir James Fitzjames Stephen, consideró con gran animosidad el adulterio de Florence, y la condenó a muerte, en medio de grandes protestas del público a ambos lados del Atlántico. El veredicto fue más tarde conmutado por cadena perpetua por el Ministerio del Interior. Florence salió de prisión después de 15 años y regresó a Estados Unidos, donde murió en 1941. Su juez en cambio se volvió loco y fue internado en un manicomio, donde falleció en 1894.

Fue tal la expectación que suscitó la aparición de ese diario, que en septiembre de 1998 la Universidad de Liverpool incluyó una sesión de su Congreso de Psicología de la Investigación para realizar un perfil psicológico del supuesto Jack el Destripador. ¿Correspondía el contenido del diario a lo que la criminología forense sabía acerca de los asesinos en serie? ¿Tenía veracidad psicológica el contenido del diario?

Desafortunadamente, los más de cien expertos que asistieron a la conferencia no pudieron alcanzar un acuerdo. La única conclusión a la que llegaron fue que el documento había sido escrito por alguien que tenía «una mente perturbada» y que resultaba «fascinante», incluso aunque el diario no fuera auténtico. David Canter, el responsable del congreso y una de las autoridades mundiales en perfiles criminales, dijo que «era plausible que el diario *fuera en verdad obra* de Jack el Destripador. La forma en que está escrito, el estilo de pensamiento que manifiesta, revela unos componentes notablemente sutiles».

Todavía no se ha dirimido si este diario es auténtico o una estafa —a pesar de que Patricia Cornwell lo considera sin lugar a dudas esto último, como no podría ser de otra manera, ya que ella misma es la autora de la otra «solución definitiva» al caso, como veremos más adelante—. El historiador Keith Skinner planteó que el diario era en verdad muy antiguo, pero falso. Daba como argumento que existían errores de ubicación temporal. Por ejemplo, el que dice ser Jack el Destripador menciona un pub llamado *Post House*, pero dicho pub, según Skinner, no se llamó así hasta después de 1888, año de sus crímenes, y una vez que Maybrick había fallecido en 1889.

Sencillamente, los expertos no se ponen de acuerdo. Es cierto que la letra del diario no corresponde con la letra de Maybrick, pero los partidarios de su autenticidad señalan que éste pudo haberlo dictado. Por otra parte, el papel y la tinta parecen ser de la época del diario, pero sus detractores respondieron que el papel es relativamente fácil de encontrar en las tiendas especializadas, y que la tinta puede ser envejecida artificialmente.[2]

En un libro escrito en 2003, David Canter se hizo eco de la conferencia que tuvo lugar en 1998, y volvió a plantear el caso del diario en su li-

---

[2] Otra vuelta de tuerca en torno al debate del diario fue el hecho de que su *descubridor*, Michael Barrett, declaró en 1994 que él lo había falsificado, pero al año siguiente se retractó, y lo que es todavía más intrigante, cuando dijo que todo era un montaje fue incapaz de demostrar cómo había organizado esa falsificación; es decir, *cómo se había hecho el truco*.

bro titulado *Cartografía del asesinato (Mapping Murders)*. Allí Canter concluyó que el autor del diario, además de tener grandes conocimientos de los hechos del Destripador y del Londres de la época, fuese quien fuese, escribía con admirable penetración acerca de lo que era la psique de un asesino múltiple: «Si James Maybrick fue el vil asesino de tantas mujeres, el diario que nos legó es uno de los documentos más valiosos de que disponemos acerca del modo de pensar de un asesino en serie. El diario es muy preciso en este punto, y nos dice mucho al respecto: sus obsesiones, su confusión interior; la planificación cuidadosa de los crímenes que llega a convertirse en una narración del carácter perverso». Canter no puede concluir que el diario *es auténtico*, pero su análisis del mismo da a entender que el modo en que el autor explica la ejecución de sus crímenes (incluyendo los lugares y las víctimas seleccionadas), así como los motivos y razonamientos que aduce, son totalmente característicos de la mentalidad de lo que hoy conocemos que es propio de un asesino en serie.

Robin Odell concluye que, a tenor de las pruebas esgrimidas por una y otra parte, no se puede decir ni que es auténtico ni que es una estafa, sino que debería pronunciarse el veredicto de «autenticidad no probada».

El último sospechoso: el pintor William Sickert

William Sickert (1860-1942) fue un famoso pintor de la época victoriana que solía alquilar habitaciones en el East End londinense (donde se halla Witechapel) para sumergirse en el anonimato y pintar. Fue amigo del duque de Clarence, el príncipe Alberto, al que conocimos anteriormente como uno de los protagonistas de la teoría de la conspiración. Patricia Cornwell se sintió atraída por la personalidad de este hombre, al que sedujo de modo extraordinario el ambiente sórdido de las calles donde operó el Destripador y los propios crímenes de éste.

De acuerdo con la escritora, el origen de la furia homicida de Sickert tendría que ver con las operaciones a causa de una fístula[3] en el pene que

---

[3] Una fístula es un conducto estrecho y antinatural que une una cavidad natural del cuerpo al exterior.

sufrió, lo que causaría un profundo desequilibrio emocional en el artista. Estas operaciones fueron tres, todas muy dolorosas, y se realizaron cuando Sickert era un niño. La escritora supone que la malformación del pene podría ser una hipospadia, en la que la uretra se abre no en la punta del pene, como sería lo normal, sino por detrás. Cornwell retrata con gran dramatismo el horror que debió de sentir Sickert al ver parte de su pene amputado, y las secuelas psicológicas que ello probablemente le causó.

Por supuesto, había algo particular en la psicología del pintor que en opinión de Cornwell reaccionó de modo brutal al sufrir esa malformación. Esa peculiaridad sería una personalidad psicopática. Tal y como ella escribió:

> Sickert sólo tenía poder sexual cuando conseguía dominar y causar la muerte. Quizá no sintiese remordimientos, pero debía de sentir odio por lo que no podía poseer y lo que no podía ser. No podía poseer a una mujer. No había sido un niño normal, y nunca sería un hombre normal. No conozco un solo episodio en que demostrase valor físico. Atormentaba a la gente sólo cuando tenía ventaja.

Según el crítico Clive Bell, famoso en su época, después de describirlo como un tipo camaleónico, que adoptaba los modales y la apariencia de quien le convenía para su negocio o disfrute, Sickert «era un hombre sin principios, y no sentía apego ni afecto por nada que no formase parte de sí mismo». Después de estudiar estas y otras fuentes, Patricia Cornwell concluye que Sickert era un psicópata. «Los psicópatas —señala— son tan distintos entre sí como el resto de las personas [...]. Las combinaciones posibles de conductas antisociales son infinitas, aunque la característica más distintiva y profunda de todos los psicópatas es su incapacidad para sentir remordimientos. No tienen sentimientos de culpa. Carecen de conciencia».

En contraposición a los perfiladores del FBI, Cornwell deduce que Jack el Destripador era un *asesino organizado*. «Observar —espiar, acechar y acosar— es una característica dominante de los asesinos psicópatas, a diferencia de lo que ocurre con los asesinos desorganizados, que obedecen a sus impulsos o a supuestos mensajes del espacio exterior o de Dios».

Cornwell gastó mucho dinero en obtener objetos que pertenecieran a Sickert, incluyendo obras originales suyas, con el único propósito de encontrar muestras de ADN que pudieran vincular al pintor con el asesino. Cuando se habla de aplicar el análisis de ADN a la investigación de crímenes o a los conflictos de paternidad se suele hacer referencia al ADN nuclear, que está presente en casi todas las células del cuerpo y procede de ambos padres. Sin embargo, también existe ADN fuera del núcleo de la célula, el llamado ADN mitocondrial. Imaginen un huevo: el ADN nuclear estaría en la yema, por así decirlo, y el mitocondrial se hallaría en la clara. Este último se transmite sólo por vía materna. Aunque la región mitocondrial contiene miles de copias de ADN más que el núcleo, los análisis de ADN mitocondrial son muy complejos y costosos, y los resultados son menos concluyentes, ya que este ADN proviene sólo de un progenitor. Así explica Patricia Cornwell el modo en que pudo encontrar la prueba que ella consideró más importante, aunque no definitiva, en la que basar su teoría de que el pintor William Sickert era en realidad no sólo un gran artista, sino el mismísimo Jack el Destripador.

La escritora mandó analizar 55 muestras de ADN de diverso material relacionado con el caso, entre las cuales figuraban muestras de las cartas que el Destripador escribió a Scotland Yard a lo largo de varios años,[4] y muestras de las cartas y sellos empleados por William Sickert en su correspondencia. Esto era necesario, porque el cadáver de Sickert fue incinerado, lo que imposibilitaba por completo sacar una muestra de ADN directo del artista victoriano. Los análisis los realizó la misma empresa que se encargó, entre otras, de analizar los restos de las víctimas del atentado de las Torres Gemelas de Nueva York el 11 de septiembre de 2001. El resultado fue negativo en cuanto a encontrar muestras de ADN nuclear, pero hubo más suerte cuando se procedió al examen del ADN mitocondrial.

Las muestras del caso de Jack el Destripador podrían compararse con 55 hojas de papel blanco llenas de miles de combinaciones de números,

---

[4] Se conservan en total 211 cartas del Destripador en los archivos municipales de Londres, pero los investigadores tienen opiniones muy diferentes en torno a cuántas de éstas pueden considerarse auténticas.

nos explica Cornwell. La mayoría de estas páginas tiene manchas, números ilegibles y distintas series de cifras que indican que proceden de diferentes personas. Sin embargo, en un trozo del sello de la carta que el Destripador escribió al doctor Thomas Openshaw, el director del museo del London Hospital, se encuentra una secuencia (compuesta de tres marcadores) que aparece en otras cuatro muestras (u «hojas de papel blanco», de acuerdo con la metáfora empleada anteriormente). Los resultados son impresionantes, aunque no concluyentes:

> Las cinco muestras que contienen esta secuencia son: el sello de la carta del Destripador dirigida a Openshaw; un sobre de Ellen Sickert [su primera esposa]; el sobre de una carta de William Sickert; el sello de una carta de William Sickert, y el sobre de una carta del Destripador [...]. Los resultados de la carta de Ellen Sickert se explicarían si ella mojaba los sobres y los sellos con la misma esponja que su marido, suponiendo que usaran una esponja. O puede que Sickert tocara o lamiera el adhesivo de la solapa o el sello, quizá porque enviara la carta de su esposa.
>
> [...]
>
> Alguien podría —y debería— alegar que, ante la ausencia de una fuente de referencia fiable, en este caso el ADN de Sickert, no existen pruebas científicas concluyentes para suponer que la secuencia específica hallada en la carta de Openshaw la depositó allí William Sickert, alias Jack el Destripador [...]. Aunque desde el punto de vista estadístico, una coincidencia en una secuencia específica excluye al 99 por ciento de la población.

También es notable que Sickert empleara cartas con la filigrana A. Pirie & Sons, la misma que figura en la carta del Destripador al patólogo Openshaw.

Frente a este sorprendente hallazgo, los investigadores *de raza* de Jack el Destripador contestaron con un gran escepticismo. Uno de los más respetados, y al que hemos mencionado más de una vez en este libro, Robin Odell, no puede evitar adoptar una cierta pose de superioridad de «experto reconocido» en el mundo del Destripador al revisar la aportación de Cornwell, cuya autoridad como novelista de ficción y autora del popular personaje de la analista forense doctora Scarppetta no parece impresionarle en absoluto. Los seis millones de dólares de presupuesto con los que contó para su investigación no parece que le ayudaran a tenerle más estima, ni la publicidad que generó su proyecto.[5] Por ello revisa los principales argumentos de la escritora para proponer al pintor William Sickert como el responsable de los crímenes del Destripador e intenta desacreditarlos.

Por lo que respecta a la teoría de la malformación del pene como origen o desencadenante de su furia homicida, la opinión al respecto de Odell es que no hay ningún registro médico que demuestre que Sickert padecía esa malformación, aunque es cierto que uno de sus biógrafos lo menciona. Y en cuanto a las coincidencias del ADN, no las toma en consideración porque se hace eco de la opinión de los críticos que puntualizan que si bien el test de ADN realizado por Cornwell dejaba fuera al 99 por cien de la población de Inglaterra, en verdad eso aún permitía mantener como posibles sospechosos al menos a varios cientos de miles de personas de esa época.

Otro hallazgo impactante de Cornwell se relaciona con un cuadro pintado por Sickert en 1908, muy poco conocido, y que se hallaba en el almacén de la Galería de Arte de la ciudad de Manchester. De modo sorprendente este cuadro se llama *El dormitorio de Jack el Destripador (Jack the Ripper's Bedroom)*, e ilustra bien la sordidez de los estudios que solía alquilar en el distrito del Destripador y una extraordinaria afinidad psicológica con el mundo de terror que creó el asesino. Curiosamente este hallazgo sí parece sorprender a Odell, quien no tiene más remedio que reconocer que «el cuadro deja claro la bien conocida fascinación que el pintor sentía hacia el Destripador».

Otros escritores reconocidos por su afición al crimen victoriano se alinearon también en contra de Cornwell. Quizás el más famoso fuera Caleb Carr, quien se hizo muy popular con su best seller *El alienista*. Caleb Carr criticó a su compañera de profesión que «hiciera cargar a Sickert con el peso de demostrar su inocencia, cuando lo que debería hacer es

---

[5] Sirva de ejemplo este comentario: «La fama de Cornwell, conseguida por sus novelas de crímenes, le permitieron disfrutar de una publicidad y una atención que difícilmente se hubieran dispensado a un investigador usual del caso del Destripador», escribe Odell (p. 211).

demostrar que él era el culpable». Otros comentaristas del libro de Cornwell se apresuraron a puntualizar que ella ni siquiera pudo demostrar que el artista estaba en Londres en los meses en los que se cometieran los asesinatos.

De acuerdo con la escritora, Sickert pudo asesinar a 15, 20 o 40 personas antes de morir pacíficamente en la cama de Bathampton el 22 de enero de 1942, a los 81 años. Tras la muerte de Mary Kelly, Jack el Destripador se desvaneció, convertido en una pesadilla del pasado.

> Al parecer, el Destripador dejó de escribir cartas en 1896. Su nombre no se asociaba con los crímenes recientes, y la documentación de sus casos permanecería precintada durante un siglo […]. William Sickert se estaba convirtiendo en una figura de culto como artista y como *personaje*. En su vejez llegó a ser el artista vivo más grande de Inglaterra. Dudo que alguien le hubiera creído si hubiese confesado que era Jack el Destripador.

Yo creo que la meta que se propuso Patricia Cornwell cuando se embarcó en la aventura de descubrir al Destripador era del todo imposible: han pasado más de cien años desde los asesinatos, y las pruebas recogidas, según hemos visto ya, eran, en general, insuficientes, y en el peor de los casos muy deficientes. Para acabar de complicar las cosas, muchos documentos oficiales se han perdido o fueron robados por especuladores del interés universal que existe por el Destripador, o por esos mismos aficionados entusiastas, capaces de condenar su alma por poseer fetiches pertenecientes a la investigación de Whitechapel. Cornwell *no podía probar* que Sickert era Jack el Destripador, salvo que la prueba del ADN hubiera dado resultados concluyentes. Sin embargo, el hecho de que el cadáver del pintor fuera incinerado alejaba mucho esa posibilidad. Así las cosas, lo que tenemos es una historia de arqueología forense fascinante, y un nuevo relato con el que alimentar la leyenda del asesino.

Una vuelta de tuerca final

Terminando este libro leo en los periódicos la última *revelación sensacional* acerca del bueno de Jack, al que parece que nunca van a dejar descansar en su lugar ganado a pulso en el infierno. La moderna tecnología ha permitido recrear el «auténtico» rostro del Destripador. Se trata de un dibujo hecho mediante un programa informático de acuerdo con los trece testimonios «más fidedignos del caso», a partir de los cuales se tuvo constancia del aspecto físico del asesino. Esta nueva investigación, en la que han participado inspectores de Scotland Yard y otros expertos en los crímenes de Whitechapel, mantiene la teoría de que esa apariencia completamente normal del sospechoso fue una de las razones fundamentales para que la policía no pudiera capturarle, ya que esperaban encontrar a un hombre de aspecto siniestro y bestial, es decir, alguien que tuviera un físico que estuviera acorde con la deformidad de su psicología.

A estas alturas el lector hará bien en no prestar demasiada atención a la última vuelta de tuerca al caso del Destripador. Pero quisiera aprovechar la noticia para ilustrar algo que probablemente tenga mucho de cierto. Lo que más me interesa de lo que les acabo de contar es la expectativa que tenía la policía de la época victoriana consistente en esperar que el asesino tuviera una cara y una figura propias de un hombre de *aspecto bestial* correspondiente a épocas donde la civilización y el paso del tiempo todavía no habían dulcificado el rostro humano.

Esto tiene mucho sentido, porque la criminología de la época está gobernada por las teorías de Cesare Lombroso, el considerado por muchos fundador de esta ciencia. El médico nacido en Verona pero turinés de adopción había publicado en 1876 (por consiguiente, sólo doce años antes de los asesinatos del Destripador) *El hombre delincuente,* donde exponía su tesis de que el criminal más peligroso e irrecuperable procedía de una anomalía de la evolución; era el producto de un salto en el tiempo, un vestigio *atávico* (es decir, propio de periodos anteriores de la evolución humana) que no tenía el suficiente desarrollo psicológico y moral para comportarse con las elevadas normas y principios propios de la sociedad *civilizada* de la época. Éste era, pues, *un criminal nato*, que podía ser reconocido por su aspecto de salvaje, con signos físicos que revelaban esa degeneración: una depresión en la fosa occipital del cráneo, mandíbula ancha, mentón prominente, arcos supraciliares marcados, orejas en forma de asa, brazos muy largos...

90

Otra cuestión es que *ésa* hubiera sido la razón por la que Jack el Destripador no fue capturado. Como he intentado mostrar en este capítulo, esa apariencia de hombre civilizado, que es común, por otra parte, a la mayoría de los asesinos en serie, no fue sino un elemento más que hacía del asesino un rival excesivo para la primitiva policía de la época.

Pero pronto ese escenario iba a cambiar.

CAPÍTULO 3
LA HUELLA DEL CRIMEN

El profesor Francisco Antón Barberá, maestro de criminalistas y colega mío en el cuadro de profesores de Criminología de la Universidad de Valencia, empieza así su primera lección referida al dactilograma o impresión de la huella digital:

> No precisamos ser expertos en esta materia para darnos cuenta, cuando examinamos nuestros dedos […], que en ellos aparecen una serie de líneas agrupadas de un modo que nos parece caprichoso y que adoptan multitud de variadas formas. Entre cada dos de estas líneas, llamadas *crestas papilares*, existen unos espacios o depresiones denominados *surcos papilares*. Quizás la manera más gráfica de imaginar estas prominencias y depresiones sea la de un campo labrado. El caballón o lomo de la tierra arada sería la cresta papilar y la depresión o surco, por donde discurrirá el agua, el propio surco papilar.

La suma de crestas y surcos constituyen el dactilograma, la huella dactilar cuando la examinamos bajo el microscopio y la guardamos en una ficha para cotejarla cuando sea necesario. Antón reseña en su obra *Iniciación a la dactiloscopia y otras técnicas policiales* una afirmación tomada del poema de Job que puede entenderse como una pista puesta por Dios para los futuros policías del mundo. Y así, uno de los personajes dice de Yahvé que «sobre la mano de todos pone un sello, para que todos conozcan su obra».

Exacto, ésta es la clave: Dios nos dice que busquemos el *sello* de quien ha hecho algo mirando en sus manos. Cuando, a finales del siglo XIX, los científicos empezaron a comprender que las huellas dactilares eran únicas para cada individuo, perennes e inmutables, empezó la aventura de la dactiloscopia, la rama de la criminalística que se ocupa de las huellas dactilares, y con ella la policía de todo el mundo estuvo más cerca de lo que nunca había estado de describir el sello del que habla la Biblia.

Las huellas dactilares se dividen en tres tipos básicos: latentes, visibles y moldeadas. Las más comunes son las huellas latentes, invisibles al ojo, que están formadas por el sudor, el cual puede provenir directamente de la mano o bien porque el sujeto ha tocado inconscientemente con sus dedos la cara u otras partes del cuerpo donde existen las glándulas sebáceas. Incluso si un criminal se lava las manos y luego se las seca a conciencia puede dejar todavía una huella latente en un objeto si ha tenido la imprudencia, por ejemplo, de tocar su cabello.

Las visibles se encuentran rara vez en la escena del crimen, y se obtienen cuando los dedos se manchan de sangre, tinta u otro medio similar. Sin embargo, como se describe en este capítulo, uno de los hitos esenciales en la aceptación de la dactiloscopia como parte de la criminalística proviene de una huella dactilar provocada por la sangre (ver cuadro número 2). La tercera categoría de huellas, las plásticas o moldeadas, son incluso menos frecuentes. Son el resultado de impresiones en superficies blandas como el queso, el jabón o la masilla.

La duración de una huella latente es variable, dependiendo de diversos factores, pero si la impresión se realiza en una superficie dura y protegida, es virtualmente permanente, como lo prueban las huellas latentes que se han encontrado en tumbas muy antiguas.

El nacimiento de la dactiloscopia es apasionante, pero antes de irnos al túnel del tiempo hemos de revisar el que quizás sea el mayor éxito de esta disciplina de la ciencia forense en el ámbito del asesinato serial: la captura de Richard Ramírez, el Acechador Nocturno. Si tuviera que buscar un sucesor de Jack el Destripador entre la infausta galería de homicidas del siglo XX, elegiría a Ramírez. El primero encierra el miedo ancestral al exterminador de las callejuelas oscuras; el segundo lleva esa sombra maligna junto a nuestra cama, y de este modo convierte en insoportable realidad la pesadilla magistral de Augusto Monterroso, plasmada en su célebre relato de una sola línea: «Cuando despertó, el dinosaurio todavía estaba allí».

Richard Ramírez, el Acechador Nocturno

La primera vez que asesinó Richard Ramírez, que con el tiempo sería llamado «el asesino que acecha en la noche» *(the nightstalker murderer)*, fue en junio de 1984, cuando una mujer de 79 años fue acuchillada en su propia casa, en Los Ángeles. El responsable del crimen obró con ferocidad, pero no dejó huellas ni rastros que lo inculparan, así que se dispuso a esperar unos meses y, una vez que comprendió que su acción había quedado impune, en marzo de 1985 emprendió una terrible carrera homicida en la que doce personas más pagarían con su vida la codicia y, sobre todo, el apetito de sadismo y control que la motivaban.

El Acechador Nocturno es un buen ejemplo de cómo los asesinos en serie no empiezan siempre a matar con un patrón claro de víctima o de procedimiento de ejecución. Algunos de ellos precisan probar diferentes cosas *antes de decidir qué es lo que más satisface* sus necesidades más íntimas. Richard Ramírez empezó matando a una anciana y para ello empleó un cuchillo, pero más adelante tenderá a llevar un revólver y atacará con frecuencia a mujeres o parejas de cualquier edad. También abusó sexualmente de niños pequeños, aunque no los mató.

No obstante, sí podemos aseverar que, mediada su cuenta de asaltos, Ramírez encontró un modus operandi que se convirtió en su predilecto. El asesino atacaba en la madrugada, aprovechando una ventana abierta de la casa. Después cortaba la línea de teléfono, y se disponía a actuar. Si había hombres en casa, éstos eran rápidamente despachados con un balazo en la cabeza. Las mujeres eran violadas, generalmente junto al cadáver de sus esposos o acompañantes. La primera vez que puso en práctica su *sistema* fue la mañana del 27 de marzo de 1985, en la ciudad de Whittier, California. Peter Zaara llamó a casa de sus padres varias veces, pero nadie contestó. Su

El Acechador Nocturno es un ejemplo de asesino en serie implacable, con una gran amplitud para variar de víctimas y de método de matar. Aunque desarrolló un modus operandi favorito, su voracidad por matar hacía de él alguien muy difícil de capturar, porque asaltaba de noche cualquier tipo de domicilio, y manejó diferentes tipos de armas.

padre tenía 64 años y era dueño de una pizzería; su madre, 20 años más joven, era abogada. Cuando entró en casa, Peter vio a su padre tumbado en el sofá de su gabinete, con un tiro en la cabeza. Su madre estaba en la cama del dormitorio, boca arriba y desnuda. Las cuencas de sus ojos estaban vacías. Su cuerpo presentaba múltiples heridas de cuchillo, repartidas entre la cara, el cuello, el abdomen y la ingle. El asesino había dibujado con el arma una T en el pecho izquierdo de la mujer. La autopsia reveló que esas heridas fueron post mórtem, ya que había muerto instantáneamente de un disparo en la cabeza. Antes de dejar la escena del crimen, Ramírez había registrado la casa y robado lo que encontró de valor.

Y de este modo el Acechador Nocturno encontró el modus operandi que llevaba al límite sus fantasías de sexo y control. Seis semanas más tarde, en Los Ángeles, penetró en casa de Harold y Jean Wu, un matrimonio de 66 y 63 años, respectivamente, se aproximó a la cama donde dormían y disparó a la cabeza de Harold. A continuación golpeó con sus puños a la mujer, conminándola a que dijera dónde guardaba el dinero. Ramírez ató las manos a su espalda, fue a recoger el dinero y finalmente regresó a la cama donde estaba Jean junto al cadáver de su marido y la violó. Luego se marchó.

Dos semanas más tarde, el 30 de mayo, Ruth Wilson, de 41 años de edad, se despertó bruscamente al sentir una linterna en su cara; enfrente había un arma apuntándola a la cara. Después de que Ramírez esposara a su hijo de 12 años y lo encerrara en un armario, ató las manos a la espalda de Ruth, la desnudó y la violó vaginal y analmente. Ella dijo luego a la policía que su aliento era tan hediondo que casi tuvo que vomitar. Pero el asesino fue generoso por esta vez, y después de que la mujer le dijo que «debe de haber tenido una vida muy infeliz para hacer una cosa así», él le respondió que había matado a mucha gente pero que esta vez la iba a dejar con vida. Antes de marcharse sacó al chico del armario y lo esposó junto a su madre.

Las violaciones, asaltos y homicidios siguieron. Su frenesí de violencia era insaciable e increíblemente variado. En lo que llegó a ser el séptimo asesinato de su cuenta sangrienta, Ramírez atacó con un martillo a una pareja de hermanas que superaban los 80 años. Aquí dejo por vez primera constancia de su fe en la religión de Satanás, y dibujó con lápiz el signo del diablo, el Pentagrama, en la pared del dormitorio de una de las mujeres, así como en el muslo de la otra. Sólo una de ellas sobrevivió.

Los sobrevivientes habían descrito al asaltante como un hombre de etnia hispana, alto y delgado, de aspecto bestial, desaliñado y sucio, con una dentadura en muy mal estado y un aliento fétido. La carrera de este asesino múltiple acabó en agosto de 1985, en la ciudad de Misión Vieja, 80 kilómetros al sur de Los Ángeles. Un joven ingeniero de 29 años dormía junto a su novia cuando recibió varios disparos en la cabeza. De inmediato Ramírez cogió del pelo a la chica y la llevó a otra habitación, donde ató sus tobillos y muñecas con unos lazos. Después de buscar dinero y objetos valiosos en la casa se acercó a ella, enojado porque no había encontrado nada que llevarse, y la violó dos veces. Finalmente, por indicación suya, encontró algo de dinero en un cajón, después de que la chica jurara «por Satanás» que allí lo encontraría. Pero la pesadilla no había terminado. Ramírez obligó una y otra vez a la chica a que dijera: «Amo a Satanás». Llevado por su paroxismo, el Acechador Nocturno la cogió de nuevo del cabello y la obligó a arrodillarse. «¡¡Di que amas al Señor de la Noche, dilo!!», al tiempo que la obligaba a practicarle una felación.

Al finalizar el asesino se quedó mirándola fijamente a los ojos. Ella, todavía atada, presintió que iba a morir; sin embargo, de manera sorprendente, él se echó a reír y se marchó. Ella demostró un coraje y una lucidez fuera de lo común, se deshizo de las ataduras y corrió hacia la ventana justo a tiempo para fijarse en el coche del asesino antes de que desapareciera de su vista: un Toyota ranchera color naranja. Esta descripción fue corroborada por un adolescente que había estado arreglando su moto en el garaje de su casa y que, lleno de suspicacia al ver merodear el auto, había anotado la matrícula. A la mañana siguiente llamó a la policía.

La policía averiguó de inmediato que la matrícula correspondía a un coche robado, y dos días después fue localizado en un parking. La vigilancia del vehículo por espacio de 24 horas no dio resultado, ya que Ramírez no apareció. Entonces los investigadores decidieron retirarlo para examinarlo en el laboratorio criminalístico, lo que resultó providencial, ya que se halló una huella dactilar parcial.

Todos sabemos que en Los Ángeles la tasa de criminalidad es muy elevada. En sí mismo un universo de lujo y de estrellas de cine y de la canción, también es un sumidero de alienados y fracasados que vagan por calles donde es difícil ver a alguien caminando. La ciudad sólo da cobijo a quienes tienen un coche con el que poder llegar siempre a algún destino, y en algunos casos ni siquiera el hogar es lugar seguro, como Ramírez puso en claro al asaltar a sus moradores en la noche. Por eso cuando en 1985 el departamento de policía instaló un sistema informático para cotejar las huellas dactilares tomadas en una escena del crimen con las almacenadas en la base de datos del ordenador, capaz de realizar 60.000 comparaciones por segundo, la suerte de la que disfrutaba Ramírez había terminado.

El ordenador reveló que la huella encontrada en el coche le pertenecía, porque él estaba, efectivamente, en esa base de datos como autor de una sustracción de vehículo. Este hombre ahora era buscado como responsable de al menos trece asesinatos y cinco violaciones. Los policías describieron ese acierto como un milagro, porque sólo hacía unos días que se había instalado el sistema computarizado. Y por otra parte, en la base de datos únicamente estaban incluidos los delincuentes que habían nacido en fecha posterior al 1 de enero de 1960: Ramírez había nacido en febrero de ese año.

Con toda rapidez la foto y nombre del asesino se pusieron a disposición de los medios de comunicación, algo que desconocía el propio interesado, que regresaba de un viaje desde Fénix, Arizona, donde había ido a comprar droga. La comunidad hispana, muy numerosa, no estaba precisamente feliz de que uno de sus miembros se dedicara a asesinar, así que se dispuso a colaborar con la policía en su captura. Ramírez, con su vuelta, se había metido en la mismísima boca del lobo. No podía confiar en nadie, estaba acorralado. Después de intentar sin éxito varias veces robar un coche, fue capturado por los ciudadanos hispanos, que lo persiguieron al grito de «¡es el matador!» y finalmente le dieron caza, golpeándolo con saña, y reteniéndolo hasta que la policía se hizo cargo de él. Pocos días después era formalmente acusado de matar a trece personas.

Ramírez es un ejemplo de libro del psicópata asesino en serie (ver capítulo 1). Por ello no debemos extrañarnos al saber que fue capaz de demorar el juicio por espacio de tres años, en los cuales puso especial cuidado en cambiar de modo drástico su aspecto, mediante la ortodoncia, el ejercicio físico y un cuidado esmero en su forma de vestir y su higiene. Así que, cuando finalmente apareció ante el tribunal y los medios, lo que el público tenía delante no era un asesino repulsivo, sino un joven de rasgos latinos e inquietantes, capaz de erizar la piel debido al miedo y al deseo que suscitaba a partes iguales. Tal y como revela el documental realizado para televisión *Mujeres enamoradas de asesinos*, los policías pudieron comprobar, atónitos, cómo algunas mujeres, en el transcurso de la vista judicial, procuraban dejar ante los ojos de Ramírez sus partes íntimas al descubierto, llenas de deseo por el monstruo. En ese documental también somos testigos del amor irredento de su esposa, una mujer de 41 años que lo había conocido por las imágenes de televisión, y que negaba tajantemente que ese hombre fuera el Acechador Nocturno. De acuerdo con el periodista Jim Doyle del *San Francisco Chronicle*, que describió la boda entre los muros de la prisión de San Quintín, la novia, Doreen Lioy, «era un editora independiente con una licenciatura en inglés y un cociente de inteligencia de 152 [que equivale a la superdotación]. Por su parte, el acicalado novio era el asesino serial Richard Ramírez, que estaba en el corredor de la muerte, esperando la ejecución».

Sin embargo, las pruebas eran irrefutables. No sólo estaba la huella dactilar —que aunque insuficiente para determinar su culpabilidad, relacionaba el coche con una de las escenas del crimen—, sino que en su casa se hallaron joyas pertenecientes a las víctimas, y la pistola empleada en los asesinatos fue localizada en el apartamento de uno de sus amigos. Entre las trece personas asesinadas estaban las parejas masculinas de las mujeres violadas, pero también varias de ellas; algunas de las que sobrevivieron pudieron declarar en su contra. Todas las edades estaban representadas entre sus víctimas, desde una niña de seis años hasta hombres y mujeres jóvenes, maduros y ancianos. Ramírez era la personificación del fantasma asesino que entra en un hogar, cuando estamos durmiendo, y nos hace presa de la peor pesadilla. Si Jack el Destripador simbolizó el asesino que acecha en la sombra cuando estamos solos, desvalidos en la noche fría y fuera de nuestro hogar, Ramírez llevó su espíritu hasta el interior de los hogares, lo que le hizo ser todavía más terrible. Además, su proselitismo a favor del diablo —sincero o fachada para impresionar, o quizás mitad y mitad— permitía nutrir sus declaraciones y explicaciones de un halo de esoterismo que contribuyó a hacer de él una figura más siniestra.

La sentencia no podía ser otra que la pena capital. Todavía espera en el corredor de la muerte. Las huellas dactilares le delataron, pero la informática aceleró su captura. Unos años atrás ésta todavía no se había desarrollado lo suficiente para ser de ayuda práctica en la captura de Ted Bundy, el asesino en serie por excelencia (ver capítulo 8). Pero con Ramírez cumplió su misión en pocos segundos.

El caso de los hermanos Stratton

En efecto, una vez que la policía tuvo la huella de Ramírez y la pudo cotejar con la existente en su base de datos, todo fue ya rodado. La policía sabe que no hay dos huellas iguales, y que si se produce una coincidencia entre dos huellas, éstas ineludiblemente pertenecen al mismo individuo. Nos basta con tener la impresión de un solo dedo, e incluso puede ser suficiente con una parte de ésta (huella parcial), con tal de que existan suficientes puntos característicos para individualizarla. ¡Qué gran diferencia entre este ordenador y las pesadas mediciones de Bertillon en el París de finales del siglo XIX! Todo parece tan sencillo ahora, y sin embargo llegar hasta aquí costó mucho esfuerzo e ingenio, porque la dactiloscopia no sólo dependió de que los pioneros descubrieran la capacidad forense de las huellas dactilares, sino de que existiera una forma rápida y fiable de encontrar al propietario de una huella dentro de un archivo donde se podían llegar a guardar —en esos tiempos pioneros— miles y luego cientos de miles de impresiones pertenecientes a los individuos que eran detenidos.

Es, pues, momento de rendir homenaje a esos primeros tiempos heroicos, y asistir al auténtico nacimiento de la dactiloscopia como instrumento aceptado y ampliamente reconocido para luchar contra el crimen. Es cierto que en Argentina, en 1892, ya se esclareció un asesinato con ese método, pero Londres va a ser la partera de la nueva disciplina, en fecha de 1905, como unos años antes, en 1888, alumbró al primer asesino en serie de la era moderna: Jack el Destripador.

Los esposos Forrow regentaban una tienda de pinturas en el pueblo, próximo a Londres, de Deptford, junto a la orilla sur del Támesis. Su vivienda estaba en el piso de arriba, así que Thomas Farrow, el marido, siempre tenía el establecimiento abierto cuando llegaba William, el empleado, sobre las 8.30 de la mañana. Pero esa mañana William lo halló cerrado. Pensó que quizás el matrimonio estaba enfermo (71 años él, 65 ella), pero cuando vio a través de los cristales de la puerta que había un mueble tumbado, pensó lo peor. Era lunes, y ése es el día que se llevaba al banco el dinero recaudado durante la semana. Así que junto a otro hombre, William decidió acceder al inmueble por la parte de atrás, saltando por el muro que lo separaba de la tienda vecina. Lo que vieron está rigurosamente descrito por el historiador Colin Beavan (cuya descripción del caso seguimos), el cual escribió:

> Vieron que la puerta de la cocina estaba abierta; entraron y se quedaron inmediatamente horrorizados por lo que vieron. Bajo un sofá estaba el cuerpo de Thomas Farrow, bocabajo, hecho un grotesco amasijo de sangre. Su cabeza calva, apoyada en una pantalla de metal que rodeaba la chimenea, estaba abierta a golpes. Por la chimenea se extendía un charco de sangre oscura que llegaba hasta las cenizas apagadas. La escena era tan horripilante que William no se paró a considerar que, en algún otro lugar de la casa, la señora Farrow quizás necesitara ayuda desesperadamente.

El médico que acudió dictaminó que el señor Farrow había fallecido una hora u hora y media antes, probablemente a consecuencia de seis terribles golpes administrados con una palanca u objeto similar. A las 11 de la mañana ya se encontraba en la escena del crimen el responsable del Departamento de Investigación Criminal de Scotland Yard, Melville Macnaghten, un hombre brillante y concienzudo que tuvo siempre en su mesa las fotos del caso de Jack el Destripador. A pesar de que había ingresado en la policía en 1889, un año después del *otoño de terror* en Whitechapel, Macnaghten nunca pudo olvidar ese infausto episodio, así como tampoco la ira y el miedo sin precedentes que la población había experimentado. Este honesto investigador sabía que los efectos sobre los agentes de la ley habían sido igualmente devastadores, al ser el blanco de críticas crueles por no haber detenido al Destripador.

Así pues, Macnaghten no tenía ninguna intención de que ese doble crimen quedara impune. Junto con sus subordinados, reconstruyó en su mente los sucesos sangrientos de esa mañana:

> Dado que la entrada no presentaba señales de haber sido forzada, que a Farrow le habían encontrado aún en pijama, y que había dos charcos de

sangre, los detectives dedujeron que los malhechores habían llamado a primera hora de la mañana, despertando al anciano sin levantar sospechas; le habían dicho desde fuera que les hacía falta material de pintura. Una vez dentro, mientras Farrow se ocupaba de buscar lo que supuestamente querían, le habían machacado la cabeza desde atrás, lo cual explicaba el charco de sangre de detrás del mostrador.

Los ladrones registraron la tienda y el saloncito del fondo en busca de la caja de caudales pero, al no encontrar nada, se encaminaron a las escaleras. Farrow, que se había vuelto a poner en pie, embistió a los intrusos, en una lucha desesperada por impedir que subieran al segundo piso, donde su mujer dormía indefensa. Los nuevos golpes que éstos le dieron en la cabeza, rompiéndole el cráneo, le tumbaron, sangrando, al pie de las escaleras, donde se había encontrado un segundo charco de sangre. En el piso de arriba acallaron los gritos de la señora Farrow con unos cuantos puñetazos brutales. Registraron el dormitorio, encontraron la caja fuerte y la vaciaron.

Al bajar, los ladrones vieron estupefactos que el señor Farrow se había levantado una segunda vez, así que tuvieron que golpearlo de nuevo y lanzarlo al suelo, volcando muebles. Esta vez no se volvería a mover. Los asaltantes se lavaron las manos ensangrentadas en una jofaina, y se quitaron unas medias que llevaban en la cabeza a modo de máscaras, porque con ellas en la calle sólo conseguirían llamar la atención. Cuando salieron de la tienda dejaron a dos personas muertas (la señora Farrow moriría poco después de llegar la policía) y se llevaron un botín de 10 libras (equivalente a 900 euros actuales).

No había muchas pistas: la entrada no había sido forzada, así que no podían reconocer a los culpables por la forma de reventar las puertas; las medias para las máscaras las cogieron de la propia casa de las víctimas, lo que implicaba que no se podían rastrear para averiguar su comprador. Y tampoco había testigo alguno que presenciara nada de lo que había ocurrido dentro del inmueble. Macnaghten era consciente de lo que estaba en juego, y decidió él mismo hacer la inspección ocular y mirar cada metro de la casa. Subió al piso de arriba y taladró con su mirada cada rincón, cada palmo de suelo y paredes... hasta que sus ojos repararon en un objeto que sobresalía de debajo de la cama de la señora Farrow: la caja de caudales y su bandeja interior. Macnaghten tomó su pañuelo y recogió la caja y la bandeja, porque en su departamento llevaban un tiempo almacenando huellas dactilares de las escenas de los delitos, con la esperanza de que algún día pudieran probar ante un tribunal que el dueño de una huella era el culpable del crimen. Para que el nuevo método fuese aceptado, había que convencer a los cuerpos de policía de que era práctico, y a los jueces y a la opinión pública de que era justo. Macnaghten llevaba algún tiempo esperando con impaciencia un caso que llegase a los titulares y que probase esos supuestos. Pensó que el caso Farrow podía ser lo que buscaba.

Macnaghten vio en la superficie de la bandeja una mancha ovalada, pequeña, sucia. Después de ordenar que la envolvieran en papel dijo que se la llevaran al inspector Collins, su hombre de confianza en el departamento creado en 1901 para guardar y clasificar las huellas. Ese departamento había sido creado por Edward Henry cuando Londres lo reclamó desde la India para que repitiera en la capital del imperio los éxitos en la identificación de los delincuentes que había obtenido allá. Posteriormente Henry fue promovido al puesto de comisario, y dejó el flamante nuevo departamento de dactiloscopia a cargo de otros dos hombres, uno de los cuales era Collins (ver cuadro 1).

CUADRO 1
LOS GRANDES NOMBRES DE LA DACTILOSCOPIA

Es posible perdernos en la historia si buscamos ejemplos aislados de identificación de personas a través de las huellas de dedos y manos. Así, tenemos ejemplos de que los babilónicos y más tarde los chinos señalaban la propiedad o la autoría de ciertos textos mediante las marcas dactilares o de las palmas de las manos. Sin embargo, está claro que hay que esperar al final del siglo XIX para que los científicos vieran la utilidad de las huellas digitales para establecer la identidad certera del individuo y, como consecuencia, para la resolución de los delitos.

Dos nombres importantes de esta historia reciente de la criminalística son Henry Faulds, un médico escocés que trabajaba en Japón, y sir William Hershel, un oficial británico que estaba asignado al servicio civil de la India. Hershel había estado empleando las huellas dactilares desde mediados del siglo XIX con un doble propósito: en primer lugar, como sustituto de la firma en sujetos analfabetos, y en segundo lugar para verificar las firmas de los documentos (adjuntando las huellas de los dedos junto a la firma, se aseguraba de que no se pudiera reclamar la falsedad de la firma). Sin embargo, fue Faulds quien reconoció las posibilidades de las huellas dactilares en la escena del crimen para identificar al culpable, y así lo dejó escrito en lo que se considera la primera publicación oficial de la historia sobre dactiloscopia, aparecida en la revista *Nature,* en 1880.

Un nuevo avance sustancial se produjo cuando Francis Galton, primo de Charles Darwin, reunió la información disponible y explicó con claridad las estadísticas y el significado de las huellas dactilares en 1888, y más adelante publicó el primer libro que ponía de manifiesto la enorme importancia de la dactiloscopia como una disciplina para identificar reincidentes y resolver la autoría de los delitos: *Finger Prints* (*Huellas dactilares*, 1892), donde sin embargo quitaba crédito a los hallazgos de Faulds para ensalzar a Hershel.

Pero si Faulds, Hershel y Galton son los personajes que descubrieron la importancia forense de las huellas dactilares, otros dos nombres ilustres han de añadirse a esta corta lista, porque crearon los sistemas de clasificación de las huellas que permitía que su consulta fuera ágil y práctica, marcando con ello una clara ventaja con respecto al pesado y lento método de la antropometría. Se trata de Juan Vucetich, al que conoceremos en breve, que creó el sistema que prosperó en América Latina y en España, y de Edward Henry, un inglés que desempeñó los cargos de juez en Bengala y luego de inspector general en la India, cuyo sistema fue adoptado en Europa y Norteamérica.

Antes de ocuparse de esa nueva tarea, Collins no había tenido más remedio que emplear su tiempo en los métodos anticuados de identificación de delincuentes, como la antropometría de Bertillon, las fotografías de los rostros y el registro de marcas y otros hechos distintivos de los delincuentes. Su oficina estaba dominada por un enorme mueble de madera que albergaba 1.024 casilleros, para cada una de las clasificaciones que se pueden hacer a partir de una muestra de las diez huellas dactilares de una persona.

Ahora bien, no era su misión atrapar a un asesino, sino la de pasarse el día archivando las huellas tomadas a recientes inculpados para cotejarlas con las ya archivadas y así comprobar la identidad de los que acababan de ser arrestados. Su objetivo principal era identificar a los reincidentes que se hacían pasar por delincuentes primerizos adoptando pseudónimos, con la esperanza de ocultar sus condenas previas y obtener así una pena menor para el nuevo delito.

Collins se apresuró a inspeccionar la bandeja de la caja de caudales. Las huellas dactilares pueden quedar impresas en cualquier superficie, pero aquélla, como la mayoría de las encontradas en el lugar de un crimen, estaba impresa en sudor. Tenía el dibujo de un arco y procedía del pulgar de una mano derecha. Collins a continuación consultó sus archivos, buscando en particular entre las huellas de los allanadores de morada que presentasen un arco en el pulgar derecho. Pero no tuvo suerte, y al día siguiente informó a Macnaghten de que la impresión de la huella en la bandeja de la caja fuerte no se correspondía con ninguna de las archivadas. Ahora bien, ya que no correspondía tampoco con las huellas de los esposos Farrow, muy probablemente pertenecía a uno de los asesinos. Así pues, había que encontrarlo.

Sin embargo, a diferencia de lo que sucedió en los crímenes del Destripador, la suerte esta vez se iba a aliar con Scotland Yard. Los policías empezaron a interrogar a todas las personas que pudieran haber visto u oído algo. Así, una ciudadana llamada Ellen Stanton iba de camino a coger el tren la mañana de los crímenes cuando vio a dos hombres que salían corriendo por la calle principal del pueblo de Deptford. Y lo mejor fue que reconoció a uno de ellos, llamado Alfred Stratton, el cual tenía un hermano, Albert. No tenían antecedentes penales, pero se sabía que vivían de las prostitutas. Aunque no tenía más pruebas, Macnaghten ordenó arrestarlos, en la esperanza de que la huella de la bandeja les incriminara.

Seis días después de los asesinatos los hermanos Stratton fueron detenidos. En Scotland Yard no había mucha confianza en que la resolución del caso fuera adelante, ya que dos lecheros que habían visto salir a dos personas de casa de los Farrow la mañana del crimen no fueron capaces de identificarlos entre un grupo de prisioneros. El fiscal le dijo a Macnaghten que necesitaba «algo sólido» para llevarlos a juicio, ya que no iba a consentir que la prensa se burlara de la justicia de su graciosa majestad.

Pero dos horas después, Collins, visiblemente emocionado, le comunicaba a su superior que la huella impresa en la bandeja correspondía a Alfred Stratton. Sin embargo, había un gran obstáculo que salvar: a ningún jurado inglés le habían pedido nunca que mandara a un acusado a la horca con la única evidencia de una mancha de sudor en forma de huella.

Los impulsores de la dactiloscopia discrepaban acerca de si cada huella era única y particular en cada sujeto. Muchos creían que era necesario cotejar las diez huellas de las manos para tener la seguridad de que un criminal era identificado de forma fiable. Por ejemplo, uno de los grandes impulsores de esta disciplina, Henry Faulds, había cotejado varios miles de muestras para demostrar que diez huellas no podían repetirse en dos personas distintas. Insistía en que hasta que no se demostrase que cada huella era única, nadie debería ser enviado a la horca sobre la base de una única impresión.

Macnaghten sabía todo esto, por eso consideró que lo más apropiado era que el creador del departamento de huellas de Scotland Yard, Edward Henry, tomara la decisión de si debía llevar a juicio a los hermanos Stratton. «A lo largo de la historia —escribe Colin Beavan—, la única prueba admitida en un juicio había sido el testimonio de los testigos oculares. Se consideraba que el empleo de pruebas físicas en la reconstrucción de acontecimientos era demasiado vulnerable a la manipulación. Los procesos judiciales habían ido avanzando lentamente, pero un jurado aún estaba más habituado a escuchar lo que otros habían visto con sus propios ojos que lo que un experto aseguraba ser capaz de deducir por otros medios».

Todo esto lo sabía Edward Henry, y se lamentaba de que el mundo del Derecho todavía no fuera permeable a los avances de la ciencia. Sin embargo, o quizás por eso mismo, consciente de que el juicio de los hermanos Stratton podía cambiar más de mil años de tradición jurídica, Henry aceptó la apuesta. Los Stratton —y con ellos la dactiloscopia— irían a juicio.

* * *

La fecha del 5 de mayo de 1905 va a ser definitiva en la historia de la ciencia forense. Se va a decidir si la dactiloscopia tiene un futuro en Gran

Bretaña y, por extensión, en muchos países que miran los progresos de esa nación como corresponde a quien representa el último gran imperio que ha visto el mundo.

Ya están en el tribunal criminal inglés el célebre Old Bailey,[1] el fiscal, el abogado, los testigos y los acusados, los hermanos Albert y Alfred Stratton. El fiscal es famoso por el alto número de condenas que consigue. Se llama Richard Muir, y sabe que ese día va a marcar un antes y un después en las paredes de ese imponente edificio. Por vez primera, su principal baza no es un testigo, ni siquiera un arma hallada entre las pertenencias del culpable. Toda la fuerza de su razón, todo el peso de la justicia, va a depender de una huella.

Pero a pesar de su formación y habilidad, Muir tiene razones para estar preocupado, ya que como testigo de la defensa va a estar nada menos que uno de los grandes descubridores de la dactiloscopia, el mismísimo Henry Faulds. Esto encierra una terrible paradoja: Faulds, quien ha peleado incansable porque la policía de su época adopte el sistema de las huellas dactilares para la identificación de los delincuentes, va a esforzarse por desacreditar ese método que él ha ayudado a crear. Cansado del rechazo con que Scotland Yard le ha obsequiado, ahora quiere probar que él es el mayor experto, poniendo en evidencia lo que cree que es un uso abusivo de su método.

Pero no adelantemos acontecimientos. Lo primero que hace Muir es poner ante el jurado las pruebas circunstanciales que sitúan a los Stratton en la escena del doble crimen. Así, con voz poderosa interroga a diversos testigos, quienes van poniendo cada vez más cerca de los hermanos el cadalso. Sus declaraciones demuestran que Alfred y Albert Stratton se habían escondido en las proximidades de la tienda regentada por los esposos Farrow, esperando la hora acordada para el crimen; que les habían visto salir de la tienda después de cometer el doble homicidio; y que des-

---

[1] El lector puede visualizar el lugar si tiene buena memoria y recuerda dos películas clásicas, en las que la mayor parte de la trama se desarrolla en ese lugar: *Testigo de cargo*, de Billy Wilder, con Tyrone Power, Charles Laughton y Marlene Dietrich (1958), y *El proceso Paradine*, de Alfred Hitchcock, con Alida Valli, Gregory Peck y Louis Jourdan (1948). Old Bailey en 1905 era diferente del mostrado en esas películas, pero la solemnidad y distribución de espacios se mantuvieron en las reformas posteriores.

pués estaban en posesión de más dinero del que podían justificar. Muir expone con brillantez cómo los hermanos crueles llevaban ganzúas de hierro para forzar la puerta de la tienda, pero que no las llegaron a utilizar porque el dueño les dejó entrar al pensar que iban a buscar pintura. Y finalmente concluye deduciendo lo inevitable de todas las circunstancias anteriores: que por su codicia, por querer apropiarse del dinero que guardaba el anciano matrimonio en la caja fuerte, los mataron de modo brutal, a golpes con las herramientas de su oficio, a la sazón un escoplo, un gancho y un destornillador. El cirujano de la policía horroriza al jurado con las descripciones de las heridas que Farrow tenía en la cara y de los cráneos fracturados de los esposos, y concluye que esas terribles heridas fueron hechas, con mucha probabilidad, por las herramientas antes descritas.

Muir sigue imparable; sabe que es la némesis de los asesinos, y que la única forma en que la justicia no va a ser burlada ese día memorable en Old Bailey es si el veredicto del jurado supone la horca para los Stratton. Frente al jurado, con ojos sin cólera pero con una dureza que revela una extraordinaria determinación, expone que lo que une inextricablemente a los acusados con el lugar del crimen son las pruebas que dejaron: tres máscaras hechas con medias y la marca de un dedo en la caja de caudales.

Primero las máscaras. La casera de Albert explica que encontró debajo de su colchón la parte de arriba de unas medias con agujeros para los ojos. Muir le enseña las máscaras halladas en el lugar del crimen. ¿Eran las máscaras de debajo del colchón como las encontradas junto a los cuerpos ensangrentados? Sí, testifica la casera.

Todo parece que conduce al desenlace de la condena de los acusados, pero cuando llega el turno de los abogados defensores, su pericia no va a la zaga de la implacable habilidad del fiscal, en particular el abogado de Alfred, el muy reputado H. G. Roth. Cada testimonio acusador de los testigos es rebatido por la defensa, señalando alguna inconsistencia o duda. Frente a una deducción que concluye que los Stratton tenían la oportunidad y el móvil para cometer los crímenes, los abogados suscitan alternativas exculpatorias razonables. Gracias a Roth, Muir ya no parece tan fiero, así que el abogado pensó que Alfred podía subir al estrado y dar su versión, sin temor a las preguntas que el fiscal pudiera realizarle. Y en efecto, mientras que Alfred explica al jurado con aplomo que todos sus movimientos en la noche de autos eran perfectamente razonables e inocuos, la amenaza que podría representar Muir parece cada vez más lejana.

Sin embargo, Muir todavía no estaba vencido: tenía una bala letal preparada. El fiscal llama al estrado a Williams Gittings, un carcelero de la comisaría de Tower Bridge, donde ambos acusados habían pasado una tarde, mientras esperaban ser llevados a una de las sesiones preparatorias del juicio. Gittings había oído unas palabras que Albert quizás lamentaría para siempre.

—¿Cree usted que saldré de ésta? —le preguntó Alberto.

—No lo sé —dijo el carcelero.

—¿Nos oye? —preguntó Albert, refiriéndose a su hermano, que estaba en la celda de al lado.

Gittings miró y vio que Alfred leía un periódico.

—No, está leyendo el periódico —le dijo.

Según dijo Gittings al jurado, Albert respondió:

—Supongo que a él le colgarán, y que a mí me caerán unos diez años… Él me metió en esto.

Desde luego, era una frase comprometedora para ambos, en particular para Alfred, pero no constituía una prueba. Podría ser una estratagema urdida por su hermano, para librarse de la peor parte, y en todo caso esa afirmación estaba lejos de ser una confesión. Así que Muir tenía que llegar hasta el final, y eso significaba recurrir a la huella dactilar hallada en la caja fuerte. Convencer al jurado de que una sola huella podía identificar a un hombre iba a ser uno de los retos más grandes en su carrera.

El fiscal llamó al estrado al inspector Collins. Éste, señalando a la caja fuerte, que estaba frente al jurado, dijo: «No hay ninguna duda de que la huella de esta caja de caudales, que era del asesinado señor Farrow, es del pulgar derecho del acusado Alfred Stratton». Si el jurado creía a Collins, entonces todas las otras pruebas serían igualmente aceptadas. Los hermanos irían a la horca, y la dactiloscopia sería considerada como una herramienta de identificación forense de primer orden en Gran Bretaña. Pero si no lo creía los hermanos quedarían libres, y el futuro de esta incipiente técnica de investigación criminal quedaría encallado en el limbo.

La clave estaba en convencer al jurado de que esa minúscula huella llevaba en sus trazas el nombre del asesino. Por ello, el testigo debía dar a sus miembros la oportunidad de entender el sistema y llegar a una decisión por sí mismos. Collins les mostró los aparatos para tomar las huellas, enseñó un modelo de hoja donde se imprimían, y demostró cómo se comparaban dos distintas. Expuso que la decisión final sobre la identidad dependía de la correspondencia de características minúsculas —finales, bifurcaciones, islas— de las crestas dactilares. A continuación llegó el momento de la verdad. Collins sacó una foto ampliada de la huella recogida en la caja fuerte, y la puso al lado de otras dos que representaban las huellas de los esposos asesinados. El jurado pudo ver inmediatamente que las crestas describían unos dibujos muy diferentes de la impresión de la caja. Collins confirmó el hecho de que ninguna de las dos se correspondía con la huella incriminatoria.

Entonces el inspector puso una nueva impresión ante los ojos del jurado, correspondiente al pulgar derecho de Alfred Stratton.

—He marcado con líneas rojas y números las once características en que coinciden las dos huellas —dijo Collins. Siguió exponiendo cada una de esas características y señaló al jurado las correspondencias.

—¿Hay alguna posibilidad de que estas huellas procedan de dos dedos distintos? —preguntó el fiscal.

—Según mi experiencia, ninguna —contestó Collins.

La sala estaba sobrecogida: Muir, con la ayuda del inspector, acababa de demostrar que Stratton era la persona cuya huella había marcado la caja fuerte. En un último intento, el defensor, aleccionado por el eminente Henry Faulds —quien no creía que una única huella pudiera servir para identificar a un sujeto—, llama a declarar a su último testigo, el doctor Garson, un experto en huellas que había sido profesor del propio Collins a lo largo de los cuatro años en que Scotland Yard estaba recogiendo en sus ficheros las huellas dactilares de los delincuentes. En su opinión, declara, las huellas son diferentes. ¿En qué se basa?, pregunta el abogado Roth. Garson explica que se fundamenta en la diferencia de la curvatura de las crestas de los puntos, y en las disparidades de la distancia medida entre ellas. En diferentes regiones, las huellas eran más largas o comprimidas. Rechazó cada uno de los once puntos de identificación de Collins, y su testimonio propagó el escepticismo por la sala.

Pero Muir no se iba a rendir tan fácilmente. Tenía dos triunfos más, y resultaron ser decisivos. En primer lugar, minó la credibilidad de Garson, porque tenía en su poder una carta escrita de puño y letra por el testigo en el que se ofrecía tanto a la acusación como a la defensa para declarar a su favor, sin que pareciera que el resultado del análisis de las huellas fuera un hecho relevante. El segundo triunfo fue la nueva declaración de Collins para refutar las discrepancias que había mencionado Garson entre la huella de Stratton y la encontrada en la caja fuerte. Su experiencia le había demostrado que tales diferencias se debían a la distinta presión con la que las yemas de los dedos se posan en los objetos. Para demostrar su tesis, tomó dos impresiones del dedo de un miembro del jurado, una con poca presión, otra con mucha, y mostró los resultados. Los dibujos de las crestas eran un poco diferentes, pero los detalles en los que Collins había basado las identificaciones seguían siendo los mismos.

Tras apenas dos horas de deliberación, el jurado declaró a los Stratton culpables de doble asesinato. Esos hermanos habían contribuido con su crueldad a un éxito formidable de la ciencia aplicada al castigo del crimen, al igual que unos pocos años antes había hecho en Argentina Francisca Rojas, como veremos a continuación. El 23 de mayo de 1905, acudieron a su cita con el cadalso, y la dactiloscopia entraba triunfante en el arsenal de los científicos forenses, cambiando la historia legal de Gran Bretaña y del mundo.

Juan Vucetich y el caso de la madre enamorada

El mismo año que Galton publica su obra clásica *Huellas dactilares* (1892), en un pueblo humilde de la costa de Argentina, Necochea, cerca de La Plata y a 400 kilómetros de Buenos Aires, iba a acontecer otro eslabón fundamental en la cadena de hechos que alumbraron la dactiloscopia como la más formidable arma de la ciencia forense en su lucha contra el crimen.

La noche del 29 de junio, Francisca Rojas, una madre soltera, salió corriendo de su mísera casa gritando, enloquecida, que alguien había matado a sus dos hijos, un niño de seis años y una niña de cuatro. Un vecino mandó a su hijo a buscar a la policía al tiempo que encontraba a los niños muertos con los cráneos aplastados, encharcados en su sangre, como si todavía estuvieran prolongando el sueño en su cama.

Francisca acusó de inmediato a un pretendiente despechado, un trabajador de un rancho llamado Velásquez, quien lleno de ira le había dicho que si ella no lo aceptaba, sería capaz incluso de matar a sus hijos.

Francisca jura que vio a Velásquez salir de su casa corriendo cuando ella regresaba del trabajo.

El jefe de policía sometió al sospechoso a un duro interrogatorio y a muchos golpes, e incluso le hizo pasar la noche junto a los cuerpos mutilados de los niños, calentados únicamente a la luz de unas velas, para que al menos la culpa de su miserable acción le corroyera las entrañas y le hiciera confesar. Pero todo fue en vano. Mientras tanto, el investigador tuvo noticias de que había otro amante, esta vez más joven, a quien Francisca sí amaba desesperadamente. El problema era que este hombre no quería saber nada de ella por culpa de los niños, a quienes aborrecía. ¿Qué hacer? De pronto entendió que esa madre *destrozada* podía haber matado a sus propios hijos. En su apresuramiento para detener a Velásquez, el policía había dado mucho tiempo a Francisca para que ocultara el arma del crimen y borrara los rastros que pudieran incriminarla.

Una semana después acudió a Necochea el inspector de policía Eduardo Álvarez, procedente de La Plata. Álvarez comprobó indignado lo mal que había llevado la investigación la policía local: descartó tanto a Velásquez como al otro amante; el primero —que era débil mental— había estado en compañía de otras personas en la hora estimada de los homicidios, sólo que no lo había dicho a la policía. Y el segundo estaba fuera del pueblo en la tarde del suceso.

Álvarez fue a casa de Francisca y, sin grandes esperanzas, la registró con todo cuidado, pero no encontró nada hasta que, en un momento determinado del día, el sol iluminó la puerta entreabierta y Álvarez vio una mancha en la madera. Era una mancha de sangre que había dejado un dedo pulgar. Al acercarse, reconoció de inmediato los detalles de crestas dactilares que había visto en la Oficina de Identificación y Estadísticas de La Plata. El jefe del departamento, Juan Vucetich, un emigrante nacido en la antigua Dalmacia del Imperio Austro-Húngaro, llevaba haciendo uso de las huellas desde julio del año anterior, 1891. Si bien empezó tomando las medidas que Bertillon había establecido para su sistema de antropometría, pronto se entusiasmó con la dactiloscopia, al leer un artículo recién publicado por Galton donde hablaba de su extraordinaria utilidad para la identificación de los criminales reincidentes. Vucetich estaba harto de las imperfecciones de la antropometría. En su obra de 1904 *Dactiloscopia comparada*, escribió: «Ahí está el punto vulnerable de la antropometría, el lugar de sus errores fundamentales. La medición hecha por distintos operadores arroja siempre resultados diferentes y contradictorios, no sólo en la talla, el busto y la oreja, sino en todas las medidas, lo que hace problemática la identificación». Ahora por fin disponía de un sistema preciso, donde la medición era rápida, certera y sin errores, una vez que el personal encargado de realizar el examen hubiera recibido el entrenamiento adecuado, por lo demás simple. En su primer día operativo, gracias al sistema de clasificación de las huellas para los diez dedos que había inventado, fue capaz de identificar nada menos que a 23 reincidentes.

Pero un año después, cuando Álvarez contempla esa huella, la dactiloscopia todavía no había convencido a los responsables de la policía argentina. Por eso cuando este escrupuloso policía corta el trozo de madera donde está la huella, a continuación hace que Francisca imprima sus huellas en un tampón, y finalmente con una lupa comprueba que la huella de la puerta es igual que su pulgar derecho, está escribiendo una página de la historia de la criminalística. Porque Francisca confiesa llorando que mató a sus hijos con una piedra porque no podía vivir sin el amor de su amante, y la noticia de ese terrible crimen llega a Vucetich, quien escribe a un amigo: «Casi no me lo puedo creer, pero [el caso de Francisca Rojas] ha probado mi teoría [...]. Ahora tengo un as en mi juego, y espero pronto tener más». Sin embargo, aunque en efecto ese «as en el juego» lo recordamos ahora como un hito deslumbrante de la ciencia forense, Vucetich tuvo que esperar todavía hasta 1916 para disponer de un Registro General de Identificación dedicado a almacenar y cotejar las huellas dactilares de toda la población. Otras dificultades surgieron hasta su muerte en 1932, pero su legado quedó para siempre cuando con el tiempo toda América Latina abrazó la dactiloscopia y el sistema de clasificación que él creó.

* * *

Las huellas dactilares como instrumento privilegiado para identificar al culpable de un crimen, en esta época en que el análisis de ADN parece deslumbrar al público por su asistencia en la resolución de casos complicados, parece haber perdido el protagonismo del que ha gozado en estos últimos cien años. Nada más lejos de la verdad. La consulta en el sistema informatizado de una coincidencia de huellas que realiza cualquier policía del mundo es cuestión de segundos, mientras que en muchos casos no hay un ADN disponible para cotejar la muestra hallada en el escenario del crimen, comparación por otra parte mucho más costosa en tiempo y en dinero. Hoy por hoy, son muchos más los criminales que pagan su deuda a la justicia en virtud de la dactiloscopia que del análisis del perfil genético del ADN. No obstante, en ocasiones ambos procedimientos se suman para capturar a un asesino en serie. Es el triunfo de la criminalística más moderna sobre los seres humanos más peligrosos que existen. Como aconteció en Lleida en 2005, en el caso del Monstruo de Machala. Lo vemos en el siguiente capítulo.

CAPÍTULO 4
EL MONSTRUO DE MACHALA

Una cosa que me gustó de Gilberto Chamba Jaramillo, a quien la prensa de su país bautizó como el Monstruo de Machala, es que no quiso acusar a sus padres de nada, a diferencia de otros asesinos.[1] Cuando mi colega Montserrat Salvador y yo le entrevistamos días antes de ser juzgado por el asesinato de Isabel Bascuñana, una estudiante de la Universidad de Lleida de 21 años, fue muy amable y colaborador, y no tuvo reparos en asegurar que fue un niño querido por su familia.

Recordé luego lo que contaba al respecto de los malos tratos infantiles Truman Capote, el talentoso escritor norteamericano y autor de ese prodigio que es *A sangre fría*, donde narra el brutal asesinato de la familia Clutter a manos de una pareja de vulgares delincuentes. Capote se lamentó en varias ocasiones de que en la infancia fuera un niño emocionalmente maltratado, tanto por su padre (quien hacía lo posible para no aparecer por casa) como por su madre. Era una mujer no muy afectuosa, pero que después de divorciarse de su marido todavía fue más inalcanzable para su hijo al dedicarse a una intensa vida social, lo que implicaba dejarlo encerrado mientras ella iba a divertirse. Así, a propósito de que ciertos amigos íntimos le hubieran abandonado como consecuencia de que en su libro *Plegarias atendidas* les hiciera objeto de su pluma acerada, reflexionaba:

---

[1] De hecho, varios autores mantienen la teoría de que los asesinos en serie son el producto de un trato vejatorio y violento por parte de sus padres o cuidadores. El lector español puede consultar la obra de H. Pincus, *Instintos básicos: por qué matan los asesinos*. Madrid, Oberon, 2003.

Cuando mi colega Montse Salvador y yo entrevistamos a Chamba, sus modales eran exquisitos. Este convicto de matar y violar a una joven en Lleida es un ejemplo dramático de cómo los asesinos seriales pueden adaptarse a diferentes épocas y sociedades y después emprender de nuevo su carrera homicida. Una vez que se sintió seguro tras su fachada de buen trabajador, emergió el psicópata sexual.

Debido a mi infancia, debido a que siempre he tenido la sensación de ser abandonado, algunas cosas tienen sobre mí un efecto increíble, más allá de lo que cualquiera pueda sentir [...]. No se dan cuenta de que lo que hacen es cruel, porque no saben que me pasé tres o cuatro años de pequeño encerrado en habitaciones de hotel.

Quizás por esta vivencia personal de intenso dolor cuando era pequeño, Capote fue capaz de rechazar con energía las excusas que le daba Perry, uno de los asesinos, para hacer comprensible su atroz acción. El biógrafo del escritor señala que en una de esas ocasiones, cuando Perry se compadecía de sí mismo, Capote le cortó indignado: «¡Yo tuve una de las peores infancias del mundo y soy bastante decente, y un ciudadano respetuoso con la ley!».

Un hombre amable

Gilberto Chamba contestó a todas las preguntas que le hicimos Montse y yo. Esto tiene su mérito, ya que como peritos de la acusación particular (llevada por el prestigioso bufete Sapena), él podía mostrarse reticente y no colaborar en absoluto con nosotros. Estaría en su derecho, y nadie le hubiera podido obligar. Sin embargo, como buen superviviente frente a la dura vida de Ecuador, de donde procede, y sobre todo de la justicia y la cárcel, a las que conocía muy bien, Gilberto entendió que con nosotros tendría quizás una oportunidad si lograba ser convincente.

Por desgracia para él, no lo fue. Ya no se trataba solamente de que su versión de los hechos fuera disparatada, sino de que con su amabilidad empeoró mucho las cosas, al demostrarnos de forma obvia que podía ser extremadamente gentil cuando se lo proponía pero también un asesino implacable cuando quería sentir el tremendo cóctel psicológico lleno de vida que para él significaba, en una pura paradoja, matar a una mujer *al tiempo que* la violaba.

Es evidente que la reacción adversa que su amabilidad podía causarnos no se encontraba entre sus planes, ya que todo su empeño estaba en poder dar una explicación de por qué su semen estaba en el interior del área genital de la chica asesinada. Hay que reconocer que Chamba tenía todo un desafío por delante. El ADN le señalaba directamente como el responsable de la violación y muerte de Isabel, pero con anterioridad fueron las huellas dactilares las que revelaron su auténtica personalidad, y pregonaron que el que había trabajado como vigilante del parking donde la víctima dejaba su coche y otros cientos de universitarios, era un asesino en serie: el Monstruo de Machala.[2]

Porque ésta era la cuestión, en esencia: Gilberto Chamba, natural de la región de Machala, Ecuador, tiene que explicar, primero, qué hacen sus huellas en las bolsas de basura de tipo industrial que tapan el cuerpo de la infortunada chica, que yace en posición fetal en el maletero de su propio coche. Y segundo, por qué está su semen en el cadáver. Como se dice coloquialmente, Chamba tiene una *buena papeleta*. Él sabe que nosotros conocemos que sus huellas dactilares y su huella genética (el ADN) le acusan, así que nos dice que se trata de un complot. Alguien le ha reconocido como el asesino de chicas jóvenes de Ecuador, un familiar quizás de alguna de las víctimas (aunque él niega igualmente que fuera

---

[2] El parking era gratuito y daba servicio a los alumnos de la facultad de Derecho así como a los clientes de tiendas existentes en los alrededores, y a los usuarios de los cines de la empresa Lauren a los que daba acceso.

culpable de tales crímenes). Entonces, en connivencia con otras personas, urdieron lo siguiente:[3]

> Parte de mi tarea consiste en ayudar a la gente que tiene algún problema con su auto. Había una pareja de ecuatorianos que no podía arrancar el auto, así que lo dejaron allí unos días [el parking es gratuito]. Un día volvió sólo la chica; no la conocía de nada, pero se me ofreció… Hicimos el amor en mi coche, cuando no había nadie en el parking. Cuando terminamos me hice un pequeño corte en la mano, así que cogí su cartera [el bolso] para limpiarme con un pañuelo. De pronto vi que había guardado el preservativo que había utilizado hace poco. ¿Por qué has guardado esto?, le pregunté. Me dijo que lo había metido en el bolso para no dejarlo ahí tirado, que lo echaría luego. Yo les digo que se guardaron el semen para ponerlo luego en el cuerpo de la chica y acusarme del crimen.

Parece una explicación increíble, y lo es. Primero, porque resulta absurdo que varias personas que pretenden castigar a Chamba porque asesinó a varias chicas (o a una en particular) maten a otra joven para echarle la culpa. Si están dispuestos a matar es más rápido y seguro acabar con su vida directamente. El otro sistema es de resultado muy incierto. Y en segundo lugar, porque el informe de las forenses Rosa Pérez y Alicia Loste no dejaron lugar a dudas:

> Los resultados de las analíticas practicadas por la sección de Biología del Instituto de Toxicología indican que se encuentra semen en las muestras pertenecientes a la vulva, cuello vaginal y vagina [de la víctima]. Es decir, se encuentra semen desde los genitales externos hasta la cavidad genital, y no se halla por consiguiente en un solo punto o localización. La vía natural en la que se produce esta diseminación del semen es por eyaculación masculina con penetración en genitales femeninos.

---

[3] Este texto y otros pertenecientes a la entrevista con Gilberto Chamba han sido levemente editados para hacerlos más comprensibles y ajustados a la narración.

Por otra parte está el asunto de las huellas. Gilberto nos aseguró que era lógico que las bolsas tuvieran sus huellas, «porque parte de mi trabajo consiste en sacar y poner bolsas en las papeleras». Sin embargo, esa razón no podía prosperar, dado que los Mossos d'Esquadra determinaron en el juicio que las cuatro huellas del acusado que estaban en una de las bolsas «eran como si una persona hubiera puesto las manos encima del cuerpo para dejarlo bien tapado», y no se corresponden con las huellas que se producen por colocar una bolsa en una papelera.

Los hechos probados

El lector debe saber que todas y cada una de las mentiras que Chamba elaboró para exculparse fueron debidamente desacreditadas durante el juicio. Las preguntas de la fiscal Cinta Piñol y de los acusadores particulares, Francisco Sapena y Josefa Soler, fueron cayendo implacables, poniendo de relieve la terrible secuencia de los acontecimientos. Éstos fueron los hechos probados por el tribunal, con las mismas palabras que figuran en la sentencia.

El día 23 de noviembre de 2004, Gilberto Chamba tenía horario de trabajo desde las 15 hasta las 24 horas. Ese día, María Isabel Bascuñana Royo, estudiante de Derecho en la Universidad de Lleida y de 21 años de edad, había estacionado su vehículo Suzuki en el citado aparcamiento, como hacía en otras ocasiones. Alrededor de las 22.30 horas del mencionado día y cuando Isabel se disponía a retirar su vehículo, Gilberto Chamba —que se encontraba desempeñando sus funciones de controlador del aparcamiento dentro de su horario laboral— la abordó sirviéndose de la circunstancia de ser empleado de la empresa que gestionaba el aparcamiento, con una excusa o pretexto que no ha podido ser acreditado.

Tras ello, y en un momento determinado, para evitar ser descubierto por los gritos de auxilio que ella pudiera emitir, le tapó fuertemente la boca con la mano y la trasladó a la fuerza a la planta sótano del aparcamiento, emplazamiento más solitario y oscuro, justo en el lugar donde tiempo antes se había instalado una cadena que impedía

Dibujo 1. Chamba sorprende a Isabel y la ataca por detrás. Con rapidez anuda un pañuelo a su cuello y aprieta hasta dejarla con poca consciencia. Así puede llevarla a un sitio recóndito del aparcamiento y proceder a desnudarla.

el acceso a posibles usuarios a una zona sin salida y vetada al paso de vehículos.

Allí, con la intención de satisfacer sus instintos libidinosos [es la expresión que se emplea en las sentencias para referirse al móvil sexual de una agresión], colocó un trapo blanco atado con un nudo alrededor del cuello de Isabel. Ello le permitía oprimir con mayor seguridad esa zona de su víctima, aumentando sus padecimientos e impidiendo que la misma pudiera

Dibujo 2. El asesino busca un resultado específico con su agresión: quiere sentir sexo mientras estrangula a la chica. Es una perversión devastadora para la víctima, que, inerme, sólo puede oponer una resistencia mínima.

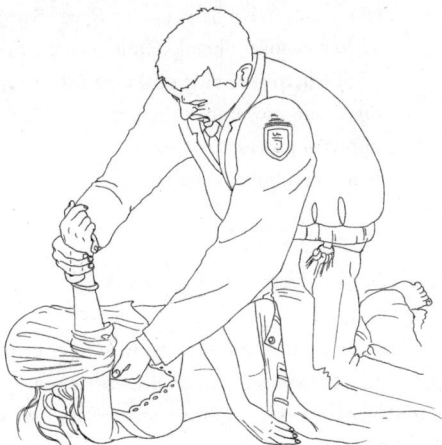

Dibujo 3. Una vez logrado su propósito, Chamba vuelve a vestir a la joven. Sin embargo, una de las prendas estará mal colocada. Quiere que el cadáver no revele lo que le ha sucedido, pero es demasiado tarde, porque el ADN del asesino está en el cuerpo de la víctima.

defenderse o pedir auxilio. Con el uso de esta fuerza, y siempre en contra de su voluntad, la desnudó y la penetró al tiempo que apretaba fuertemente el trapo anudado en el cuello de la joven, llegando a eyacular. Tal fue la fuerza que empleó que acabó con la vida de María Isabel por asfixia. Seguidamente, colocó la ropa al cuerpo sin vida, y sin despojarlo del trapo anudado al cuello, lo introdujo en el maletero del vehículo de la propia víctima y lo tapó con bolsas de basura negra para, a continuación, conducir el

Dibujo 4. La otra prueba que llevó a Chamba a la cárcel fueron sus huellas dactilares en las bolsas de basura con las que tapó el cadáver una vez depositado en el maletero del coche de la víctima. Toda esta elaboración revela su premeditación, pero también el limitado conocimiento del asesino de la moderna ciencia forense.

citado automóvil hasta la calle Ignasi Bastús, donde a la altura del número 21 lo estacionó, abandonándolo con el cuerpo en el interior.

El cuerpo sin vida de María Isabel fue descubierto a las 13 horas del día 25 de noviembre, en el maletero de su propio vehículo, en el lugar donde el procesado lo había estacionado, con la ropa mal colocada y cubierto con bolsas de plástico.

Cómo se llevó a cabo la investigación

En otras ocasiones me he permitido ser crítico con la labor de la policía, pero en este caso sólo cabe el calificativo de brillante. Todas las pruebas que cayeron como una losa sobre Chamba fueron investigadas y recogidas por el equipo de la policía autonómica catalana dirigido en Lleida por Roderic Moreno. Ya sabemos que la primera pista fundamental provino de la prueba dactiloscópica. Las huellas de Chamba fueron recogidas junto con las de otras personas que pudieron haber estado en contacto con Isabel durante las que serían las últimas horas de su vida. Los investigadores habían encontrado huellas en una de las bolsas de basura, así que lo primero que hicieron fue comprobar si algunas de las huellas recogidas de esas personas coincidían con las huellas de la bolsa de basura. Actuando de esa manera lograron saber dos cosas importantes. En primer lugar, que Chamba estaba asociado con la escena del crimen. Y en segundo lugar, averiguaron que Chamba era un asesino en serie que había cumplido en su país la ridícula condena de ocho años por haber matado y violado a ocho chicas, de edades comprendidas entre los 14 y los 24 años. Otras dos mujeres fueron atacadas por el mismo asesino, pero lograron sobrevivir.

En efecto, cuando la policía catalana envía a la policía de Ecuador vía Interpol las huellas dactilares de Chamba, aquélla le confirma que se trata del asesino en serie Gilberto Antonio Chamba Jaramillo, nacido el día 5 de octubre de 1961, y que ha cumplido condena desde el 16 de abril de 1993 hasta el 18 de octubre de 2000 por haber violado y matado a ocho mujeres. Esa estancia ridículamente breve en la cárcel se explica porque el Parlamento ecuatoriano dictó una ley por la que se rebajaban las condenas a la mitad. Originalmente tenía que haber estado 16 años encerrado, lo que sigue siendo un tiempo muy escaso, pero en algunos países latinoamericanos la justicia es así de precaria.

Chamba consigue un pasaporte legal y entra en España, porque tiene hermanas trabajando en Lleida. Que el ministerio responsable de nuestro país dejara entrar a un asesino en serie es un error difícilmente subsanable, e ignoro si ha movido a nuestras autoridades a hacer la reflexión necesaria para impedir sucesos parecidos en el futuro.[4]

En todo caso, una vez conocida la identidad del sospechoso y su implicación en la escena del crimen por las huellas que dejó en la bolsa de basura que cubría el cuerpo de Isabel, era necesario seguir realizando otras pesquisas. Una parte era responsabilidad de los forenses. Rosa Pérez y Alicia Loste examinaron el cadáver, y con su detallado análisis confirmaron la presencia de un modus operandi que se ajustaba perfectamente al empleado por Chamba en Ecuador. En efecto, la Interpol había señalado a la policía española que el modus operandi de Gilberto Chamba «consistía en el asesinato de las mujeres por estrangulamiento, y tras ello abusaba sexualmente de las mismas». Por su parte, las forenses señalaron que la víctima falleció de un «síndrome general de asfixia», de lo que cabe deducir que el autor taponó las vías respiratorias de la chica con violencia, y procedió a estrangularla mediante un trapo, que actuó a modo de lazo.

Otro hallazgo fundamental del examen forense fue el esperma en el cuerpo de la chica. Así, las doctoras remitieron al Instituto de Toxicología de Barcelona diversas muestras halladas en la escena del crimen, jun-

---

[4] La familia de Isabel recibió una carta del Ministerio del Interior español donde se decía: «De la documentación examinada, lo que se observa es que en ningún momento existe constancia de que se solicitasen antecedentes penales del citado Gilberto Chamba, si bien, de haberse solicitado, obviamente no le hubiesen constado, pues en nuestro territorio carecía en aquel momento de ellos. Tampoco existe constancia de que se solicitaran antecedentes en su país de origen, lo que conllevó a que se realizase la regularización sin ningún tipo de control sobre las actividades anteriores de esa persona. Somos conscientes del dolor que le ha causado a Ud. y a su familia la irreparable pérdida de su hermana, pero según se desarrolló el proceso de regularización de esa persona es difícil hallar un funcionario responsable, pues quien tramitó su solicitud lo hizo siguiendo las instrucciones, adecuadas o no, que en su momento los responsables políticos establecieron».

to a una muestra de saliva del ya por entonces sospechoso, Gilberto Chamba. El análisis de los biólogos del Instituto de fecha 22 de marzo de 2005 concluyó que «el ADN de las muestras de semen halladas en el cuello vaginal, vulva y vagina de la víctima coincidía con el perfil genético del imputado».

* * *

La criminalística había hecho un trabajo excelente: la combinación de la dactiloscopia con el ADN tenía efectos incriminatorios devastadores, pero la policía aún realizó otras cinco averiguaciones que acabaron de completar el proceso de investigación y, con ello, de dibujar la auténtica naturaleza de Chamba.

En primer lugar, los policías determinaron la ausencia de coartada del acusado en el tiempo estimado en que se cometió el asesinato. Por una parte, Chamba había testificado que no se movió del aparcamiento durante su horario laboral, que era desde las 3 de la tarde hasta las 12 de la noche. Por otra parte, una empleada de los cines Lauren señaló que el acusado había subido a las 12 de la noche, como cada día, a devolver las llaves, pero que en el periodo comprendido entre las 10 y las 12 de la noche nadie lo vio. Considerando que el crimen se había producido en torno a las 22.30 horas, la pregunta era si resultaba posible, después de matar a la chica, llevar el coche a la calle donde fue encontrado y regresar al parking a tiempo de devolver las llaves a las 12 de la noche.

Para resolver la duda, uno de los policías se propuso hacer el recorrido comprendido entre la calle Ignasi Bastús, donde fue hallado el coche de la víctima, y el aparcamiento. Dado que Chamba había tenido que llevar él mismo el auto a ese lugar, tendría que haber regresado a pie, ya que no podría exponerse a tomar un taxi por temor a que el taxista pudiera reconocerlo posteriormente. El policía, por consiguiente, anduvo desde el lugar donde estaba aparcado el vehículo hasta el parking, y lo hizo de dos maneras. En la primera caminó rápido, y tardó de 12 a 13 minutos. En la segunda caminó con mayor lentitud, y se demoró entre 23 y 25 minutos. La conclusión, por consiguiente, y citando al juez, fue que «existía compatibilidad entre haber cometido el crimen por el acusado, ir al lugar donde se depositó el vehículo y volver para subir a las oficinas a depositar las llaves».

Otra línea de investigación emprendida por la policía judicial de Lleida consistió en determinar las actividades del acusado en los días posteriores a hallarse el cuerpo sin vida de Isabel. Lo que descubrieron era sumamente revelador de la culpabilidad de Chamba, ya que la policía detectó en su teléfono móvil llamadas a agencias de viajes y a Renfe a partir del 30 de noviembre, con posterioridad a que los investigadores le hubieran interrogado y tomado las huellas, como hicieran en esos días con otras personas que podrían haber estado con la víctima el día del crimen. Se supo también que Chamba había comprado un billete para salir de España el día 1 de diciembre, seis días después de que se hallara el cadáver de Isabel, pero que no pudo coger el avión debido a que sufrió un ataque agudo provocado por una úlcera de estómago. Cuando intentó volver a marcharse, dos días después, ya no pudo hacerlo, porque la policía lo había detenido.

Pero si fue importante saber que Chamba se aprestaba a huir de España una vez que supo que iban a descubrir quién era por sus huellas, todavía lo fueron más las averiguaciones que realizaron los investigadores en relación con otras actuaciones del acusado con anterioridad a la muerte de Isabel. Dos situaciones en particular quedaron acreditadas durante la celebración del juicio oral, ambas denotadoras de la extrema peligrosidad del inculpado. En la primera advertimos, conmocionados, cómo otra chica, antes que Isabel, había estado en el punto de mira del asesino. Así, el juez declaró probado que:

El día 22 de noviembre de 2004, por la noche, un día antes de los hechos que son objeto de enjuiciamiento, ocurrió en el mismo lugar un suceso en el que intervino el acusado. Susana [nombre ficticio], también una chica joven, acudió sola conduciendo su vehículo para asistir a la última sesión del cine, preguntó al acusado si tenía que pagar por dejar estacionado el vehículo y la hora a la que cerraban. El acusado se interesó por saber si iba al cine. Cuando regresó tras la película a recoger su automóvil, estaba acompañada por un amigo, y sucedió entonces que el coche no se ponía en marcha. Oyeron a continuación cómo se cerraba la puerta del parking y fueron a buscar al vigilante. Entonces pasó el procesado con su vehículo y se detuvo por si necesitaban ayuda. Abrieron el capó y el acusado se limitó a cambiar los cables del encendido eléctrico, tras lo cual se marcharon.

El acompañante de la chica manifestó en el juicio oral que es estudiante de Ingeniería, rama Mecánica, y que le sorprendió cuando el acusado invirtió los cables porque se preguntó cómo era posible que el coche hubiera llegado al lugar con los cables cambiados. Ciertamente [razona el juez] el coche no pudo llegar hasta allí con los cables del delco invertidos, como aseguró en juicio oral el mecánico habitual del automóvil y que posteriormente analizaría el vehículo. En suma, había sido manipulado mientras estuvo estacionado en el aparcamiento.

Dicho de otra manera, Chamba había preparado el encuentro con Susana para cuando ella saliera del cine. Pero al regresar ésta a por su vehículo acompañada, el plan del asesino se vio desbaratado, y ello le salvó la vida.

La segunda situación es incluso más seria, porque la policía averiguó que Chamba estuvo a punto de estrangular a otra mujer en el año 2003. En efecto, una noche de verano de ese año se dirigió a los alrededores del hostal Jamaica, un sitio habitual de contacto con prostitutas. Allí Chamba llegó a un acuerdo con una joven rumana, Lila, que se hallaba en situación irregular en nuestro país. Así que la chica se subió a su coche y —de acuerdo con la sentencia— «lo condujo a un lugar próximo, oscuro y solitario, apartado de la carretera, y lo estacionó». A continuación ambos pasaron al asiento de atrás. Chamba le pidió a Lila que se despojara de toda la ropa. Él hizo lo mismo, con excepción de un cordón blanco que llevaba atado a la cintura. Empezaron a continuación los momentos de mayor terror de la vida de la chica. Chamba pone sus manos en el cuello de Lila e intenta penetrarla, pero no puede, no consigue una buena erección, así que le pide un cambio de postura y la vuelve a agarrar del cuello, esta vez poniendo su dedo pulgar bajo la nuez de la chica. Chamba oprime tanto que Lila no puede respirar bien. «¿Te pasa algo? ¡Me estás asfixiando!», protesta. Él contesta que todo está bien, y sigue oprimiendo, pero Lila súbitamente comprende, con la claridad que brinda el instinto de supervivencia, que tiene que pelear por su vida: en un reflejo coge los testículos de Chamba y aprieta con todas sus fuerzas. Éste, dolorido, la suelta, momento que Lila aprovecha para abrir la puerta del coche y lanzarse al exterior, desnuda. Sin embargo su agresor responde con rapidez, y la ase por una pierna antes de que ella pueda salir del coche. Chamba quiere tenerla de nuevo bajo su control, violarla y matarla, porque sabe que si *la estrangula al tiempo que la penetra* tendrá un orgasmo pleno. Sin embargo, Lila no ha parado de gritar y pedir socorro, y eso la salva. Una amiga suya acude en el vehículo de otro cliente con el que estaba y se pone delante del coche de Chamba. Éste da marcha atrás, ya con Lila fuera del auto, y huye.

La complejidad de los psicópatas sexuales

En el capítulo 1 de este libro explicamos las diferentes motivaciones de los asesinos en serie, y vimos que un tema recurrente en muchos de ellos es el afán de control y de vivir la plenitud emocional mediante la agresión sexual. Vimos también que con mucha frecuencia los asesinos con móvil sexual realizaban sus crímenes con cuidado, buscando prolongar el placer mediante actos de dolor emocional o físico de la víctima, esto es, llevando a cabo actos de sadismo. De los tres asesinos en serie españoles analizados en ese capítulo —Gustavo Romero, Alfredo Galán y Juan José Pérez Rangel— concluimos que este último, el Asesino del Parking, había incurrido claramente en el sadismo: sus víctimas sufrieron durante mucho tiempo, y los forenses dejaron claro que Pérez Rangel había prolongado de forma premeditada la agonía de ambas mujeres, una de ellas al menos fue obligada a soportar un ataque de cerca de una hora de duración.

Éste es el sello distintivo del sadismo: el agresor busca intencionadamente que la víctima sufra, porque ello le produce placer sexual. Eso significa que, por muy brutales que nos parezcan los actos de un asesino, si se halla ausente este elemento subjetivo de su mente no podemos calificarlo de sádico. Ahora bien, si el sadismo es una actitud del sujeto, una intención, es claro que ha de traducirse en hechos objetivos para poder ser valorado por los criminólogos. Un factor esencial es el tiempo: los psicópatas sádicos se toman tiempo con las víctimas; su agresión se prolonga mucho más de lo necesario para controlar y matar a la víctima. Otro elemento relevante es la *violencia expresiva* —no necesaria para la ejecución del delito— que manifiesta el agresor, y que claramente revela que está sometiendo a su presa a un sufrimiento psicológico y/o físico. Finalmente, la víctima tiene que estar consciente para experimentar ese sufrimiento, ya que si no lo está su torturador no obtendrá el tipo de placer anhelado.

La complejidad de determinar la presencia del sadismo (y, por extensión, de llegar a comprender de modo pleno la motivación y proceder de los psicópatas sexuales) se pone de relieve en el análisis que realiza el profesor Lluís Borrás del caso del Loco del Chándal, en su obra *Asesinos en serie españoles*. Asesino en serie frustrado en parte por la pericia de los médicos en salvar a varias de las víctimas (el propio Borrás lo califica de asesino en serie), este agresor sexual nunca tocó el cuerpo de sus víctimas, aunque quizás su cuchillo cumpliera las veces de su pene. La opinión de Borrás es que es un agresor del tipo sádico, pero se trata realmente de un caso complejo, porque no es habitual que un agresor sexual *no* toque a la víctima. De hecho, podría entenderse que es más un asesino en serie sin éxito que un agresor sexual. ¿O quizás ambas cosas? A continuación realizo una breve descripción de sus crímenes, siguiendo el texto del profesor Borrás.

> Manuel, conocido por la prensa como el Loco del Chándal porque vestía deportivamente cuando agredía a sus víctimas para así tener mayor comodidad cuando tenía que escaparse [...]. Su modo de actuar era siempre similar: actuaba en el área metropolitana de Barcelona, clavaba un arma punzante en los glúteos de las mujeres con una periodicidad de una o dos agresiones al mes, atacaba por la espalda y después salía corriendo en busca de su furgoneta que acostumbraba a aparcar cerca de los lugares donde cometía sus agresiones. De esta manera, el Loco del Chándal agredió por lo menos a 16 mujeres entre noviembre de 1991 y septiembre de 1993 en las poblaciones de Hospitalet y Cornellá (de la comarca barcelonesa del Baix Llobregat) y también en Barcelona, clavándoles a las 16 víctimas un arma punzante en las nalgas, salvo a la novena víctima que agredió, a la que propinó una brutal paliza. Algunas de las víctimas tuvieron lesiones muy graves, incluso con perforación de la vagina, no llegando a fallecer gracias a la intervención médica o por auténtico milagro.
>
> En el momento de su detención, Manuel contaba 31 años de edad y fue capturado por la policía tras asesinar por la mañana del día 19 de septiembre de 1993 a una mujer, teniendo lugar los hechos en la estación de metro denominada de Can Boixeres, en Hospitalet de

Llobregat. La víctima, María del Carmen D. G., también de 31 años, no tenía ninguna relación con su agresor (al igual que el resto de víctimas) y el apuñalamiento se produjo sin mediar palabra. La citada mujer se dirigía a trabajar en metro y cuando se encontraba en las escaleras de la estación el Loco del Chándal le clavó un machete de montaña, de unos 22 centímetros de hoja, en los glúteos. Algunos testigos presenciales intentaron detener al agresor, el cual se escapó velozmente, puesto que era un gran atleta, pero se le cayeron unos papeles del bolsillo en el lugar del crimen que eran unos informes médicos. En base a dichos informes, se le pudo identificar y posteriormente detener.

En el obrar de Manuel, el Loco del Chándal, *no aparecen* las circunstancias que se asocian al sadismo: la agresión es muy rápida, el autor apenas tiene tiempo para fijarse en el rostro de la víctima, mucho menos para deleitarse con su dolor y espanto, por no mencionar que su estado emocional ha de estar muy alterado por el temor a ser visto con nitidez, perseguido y detenido.

* * *

¿Qué podemos decir acerca del sadismo con respecto al Monstruo de Machala? No lo calificaría de sádico. Chamba se ajusta al guión de su peculiar fantasía, en la que se juntan la violación con el hecho de dar muerte. Por eso han muerto las chicas, porque es el modo en que él obtiene el gozo pleno. Y no me refiero únicamente al gozo sexual, sino que hablo de esa plenitud emocional que obtienen los asesinos en serie al matar, y que es el objetivo de esa compulsión alimentada por la fantasía. Chamba mata empleando sólo el tiempo necesario. No se entretiene en hacer sufrir a las víctimas; ellas, por supuesto, vivieron un terror indescriptible en los minutos en que su agresor las ultrajaba al tiempo que asfixiaba, pero éste no buscaba prolongar esa situación sino llegar cuanto antes al resultado esperado (el orgasmo).

Avala este hecho la ausencia de recuerdos o trofeos de sus víctimas. Los sádicos no son los únicos que se guardan cosas de sus víctimas para recordar sus agresiones con posterioridad y solazarse con ellas, reviviendo así esos momentos de control y poder, pero este comportamiento es muy común en ellos. Ni la policía de Ecuador ni la de España refirieron que Chamba guardara objeto alguno de las víctimas, o que hubiera tomado alguna foto de ellas.

Retrato de un asesino en serie

Existen dos evaluaciones mentales en el sumario. La primera y más importante fue realizada por los médicos forenses Rosa Pérez y Alicia Loste el 2 de agosto de 2005. La exploración psíquica de las doctoras no reveló ninguna patología: «Durante la exploración no se aprecia sintomatología compatible con enfermedad psiquiátrica mayor, no [aparece una] clínica psicótica. Las funciones psíquicas exploradas se encuentran dentro de parámetros compatibles con la normalidad». En lo que se refiere a la personalidad del explorado, merece destacarse esta apreciación en cuanto a su afectividad: «Afectivamente muestra emoción hacia su familia, relata los lazos emocionales que le unen a su entorno, y aunque en ocasiones se expresa tendiendo al llanto, su capacidad de transmisión afectiva denota frialdad. Su estado de ánimo en el momento de la entrevista es estable, no se evidencian ideas de muerte o ruina». Y en cuanto a su estructura de personalidad, es importante reseñar esta valoración de las doctoras Pérez y Loste:

> Se aprecia una personalidad en la que predomina una baja resistencia a la frustración, una valoración del ego muy alta, ausencia de remordimientos y de sensación de culpa; [también] relata una vida sexual impersonal y trivial compaginando varias relaciones simultáneamente, sin que ello le suponga malestar o complejidad en establecerlas o mantenerlas, [así como] rasgos de inconstancia en sus actividades personales y laborales, y rasgos de insinceridad. Se muestra muy colaborador y correcto con afán de agradar, intenta mostrarse como una persona atractiva superficialmente.

Esos rasgos, continúa el informe, «en ningún momento interfieren para que el paciente se encuentre socialmente establecido y pueda desarrollar una vida familiar y social». Y finalmente las doctoras concluían que «su capacidad intelectual y volitiva le permiten entender sus acciones y las consecuencias de sus actos». Posteriormente un informe psicológico demostró que Chamba tenía una inteligencia normal.

* * *

Las forenses habían dado en el clavo. Aun sin emplear el término de psicópata, su descripción encaja perfectamente con este tipo de personalidad. Vimos en el capítulo 1 que los asesinos en serie se dividen en asesinos psicópatas y psicóticos. Ellas descartaron con buen criterio la existencia de una «clínica psicótica». No podía ser de otro modo: Chamba tiene un extremo control de la realidad, está siempre alerta, y no tiene asomo alguno de presentar delirios o alucinaciones —percibir cosas que no existen.

La psicopatía de Chamba recuerda a los asesinos que describen los novelistas de *thrillers* como P. D. James o Patricia Cornwell. Esta última ya advirtió en su libro sobre Jack el Destripador que «la psicología de un asesino violento y despiadado no se define por motivos lógicos. No hay explicaciones sencillas ni secuencias infalibles de causa y efecto». Y así es. Un psicópata decidido a matar se sirve de cualquier medio para engañar a su víctima. Ganarse la confianza de ésta antes del homicidio forma parte del guión, y para ello es preciso interpretar un papel. Chamba adoptó el papel de inmigrante reinsertado, amable y cumplidor vigilante de un aparcamiento frecuentado por jóvenes universitarias. Cornwell advierte: «Lo que hacen estos individuos está más allá de cualquier fantasía o sentimiento que hayamos experimentado los demás. Todo el mundo es capaz de cometer maldades, pero los psicópatas no son como nosotros».

Unos asesinos seriales psicópatas son sádicos y otros no. Unos actúan con gran detalle y buscan un lugar tranquilo donde consumar sus homicidios, después de seleccionar cuidadosamente a sus víctimas, como Pérez Rangel, el Asesino del Parking. Otros, acuciados por su compulsión y por una personalidad más abiertamente violenta en su vida cotidiana, se exponen al ataque en lugares abiertos, y después de una labor de acecho más breve, brindada por la oportunidad súbita, como Gustavo Romero, quien mató a una pareja en un parque público y luego no dudó en matar a Rosana Maroto cuando la divisó por casualidad montada en su bicicleta. Recordemos lo que señalaba Patricia Cornwell en el capítulo 2 de este libro: «Los psicópatas son tan distintos entre sí como el resto de las personas [...]. Las combinaciones posibles de conductas antisociales son infinitas, aunque la característica más distintiva y profunda de todos los psicópatas es su incapacidad para sentir remordimientos».

Observar —espiar, acechar y acosar— es una característica dominante de los asesinos psicópatas, a diferencia de lo que ocurre con los asesinos desorganizados o psicóticos, que obedecen a sus impulsos o a supuestos mensajes, por ejemplo, del espacio exterior o de Dios. Como he dicho, hay variaciones importantes en el grado en que el asesino psicópata ejecuta la planificación del crimen, así como en el cuidado que pone en borrar las huellas que le pueden delatar. Romero, y —sobre todo— Alfredo Galán, quien incluso colocó en su pistola una redecilla para evitar que cayeran las vainas de las balas en varios de sus crímenes, se tomaron muchas molestias para poner las cosas difíciles a la policía. En cambio Pérez Rangel, a pesar del cuidado y premeditación que puso en seleccionar y controlar a sus víctimas durante los asesinatos, actuó de modo muy imprudente cuando después de matar a la primera mujer —Ángeles Ribot— llamó a su marido para pedirle dinero, y posteriormente utilizó sus tarjetas de crédito para intentar extraer dinero de los cajeros automáticos. Como ya sabemos, ambas acciones fueron su perdición.

Otro tanto hizo Gilberto Chamba. Al dejar sus huellas en la bolsa que cubría el cuerpo de Isabel y luego su ADN tras la violación, era cuestión de tiempo que la policía lo capturara. Por supuesto, él no contaba con que los investigadores le tomaran las huellas. Pensaba que no sospecharían de él, quizás porque no calculó lo eficiente que puede llegar a ser la policía española. En su comedia para disimular su autoría en los hechos, llegó a consolar a la familia de Isabel cuando tuvo la oportunidad de hacerlo, algo típico de los psicópatas.

* * *

Es hora de conocer mejor al asesino. En nuestras entrevistas con él, la psicóloga Montserrat Salvador y yo observamos que Chamba tiene en todo momento un aire cortés, con esa deferencia habitual en los hispanos de Sudamérica. Reservado, responde con suma amabilidad a todas las preguntas, aunque no puede evitar cierto embarazo cuando hablamos de los crímenes en su país, al que generalmente se repone protestando su inocencia en un tono firme pero controlado.

En la cárcel de Ponent de Lleida, donde se encuentra, manifiesta que no tiene problemas con nadie. Trabaja en la lavandería, limpia el piso y estudia graduado escolar, aunque sin ir a clase porque su ocupación no le deja tiempo. Apreciamos que su comportamiento con los funcionarios que le llevan y le retiran del despacho donde se produce la entrevista es igualmente exquisito. Chamba tiene habilidades sociales. Mira a los ojos al hablar, aunque no demasiado, y cuando uno de nosotros —Vicente Garrido— se queda con él en el pasillo en espera de que venga el funcionario que ha de devolverle a su celda, es capaz de entrar en una conversación casual del todo apropiada.

Sin duda este hombre sabe comportarse en el contexto de una institución como la cárcel. De acuerdo con su testimonio, durante sus años de estancia en la cárcel de Ecuador también fue convenientemente tratado, y aprovechó bien el tiempo aprendiendo ebanistería, lo que le permitió ganar algún dinero para mantener a su familia. Desde luego, Chamba explica que una razón importante para esa estancia libre de conflictos fue su voluntad de no delatar a —según él— los auténticos culpables de los crímenes por los que se le condenó: «Yo me hice cargo de todo». Esa misma aquiescencia a no remover los trapos sucios de gente poderosa corrupta fue lo que le permitió —sigue explicando— disponer de un pasaporte para venir a España sólo tres semanas después de salir de la cárcel.

Gilberto Chamba Jaramillo es el cuarto hijo de una familia de ocho hermanos, nacido en un pueblo cerca de Machala. Cuando se trasladaron a vivir a Machala el padre no les siguió, y se quedó a vivir con otra mujer. Señala que su padre «es un buen tipo», y que tiene todavía relación con él, llamándole en ocasiones. Cuando Chamba tenía 26 años, su madre tuvo otra pareja por espacio de seis años.

En Ecuador se casó en 1988, y tuvo tres hijos. Este matrimonio se mantendría durante la estancia de Chamba en la cárcel, y señala que su mujer e hijos siempre le apoyaron en su inocencia. Cuando viene a España ella se queda en su país, y rehace su vida con un maestro. Sus relaciones siguen siendo cordiales.

Gilberto Chamba se define como buen padre y esposo; él no fue nunca maltratado por sus padres, y ha correspondido del mismo modo con su familia.

Cursó estudios escolares hasta el penúltimo año de secundaria, momento en el que entró en el servicio militar, a los 19 años. No tuvo problemas de relación o de agresividad en el colegio.

Estuvo en el Ejército de Tierra, y durante seis meses peleó en una guerra no declarada con Perú motivada por una disputa de lindes territoriales. Estaba a cargo de un mortero, y nunca resultó herido. Cuando termina su periodo de reclutamiento se reengancha como soldado profesional hasta los 26 años. Su estancia en el Ejército le sirve para obtener distintos carnés de conducir profesionales, que luego emplearía en su trabajo como chófer.

Al imputado le gusta instruir y mandar (llegó a cabo primero), y a pesar de que refiere que no bebía más que los fines de semana, «de vez en cuando», participó en una pelea con la policía en compañía de amigos soldados. «Ellos estaban borrachos, pero yo no», se apresura a concretar. Pero esto es algo que tenemos que tomar con escepticismo, porque años después, cuando trabajaba de chófer, se emborrachó con su cuñado y se peleó con uno de los policías que había participado en esa refriega anterior. Según relata Chamba, el policía lo metió en la cárcel acusado de haber robado y violado a la dueña del bar en el que estaban bebiendo, pero lo tuvo que sacar a los pocos días porque «estaba claro que yo no podía robar ni violar a nadie, porque estaba en el suelo tirado, completamente borracho».

Durante su estancia en el Ejército participó en otro acontecimiento, esta vez más luctuoso: «Una vez iba con un amigo, que era ladrón, y nos detuvieron. Yo no robaba. Pero a mí no me hicieron nada porque era militar. A él le maltrataron hasta matarlo».

Cuando sale del Ejército empieza a trabajar de chófer en una empresa de autobuses que pertenecía a su madre, y conduciendo camiones de parientes de su mujer. Viaja mucho, y pasa semanas fuera de casa. Nunca estuvo en el paro. Cuando la empresa de su madre tuvo problemas pasó a trabajar como chófer de coches particulares.

Es de destacar que aquí acababan sus recuerdos de la vida laboral en Ecuador, y no se complementaron con otros datos de interés hasta que no se mencionó en la entrevista su historial criminal. Es en la tesitura de tener que explicar las increíbles circunstancias que se dieron en su caso, que pasa a relatar que en los últimos dos años de su estancia en su país adquirió el empleo de proxeneta o *coyote*, según el argot del español de allá. Y así, relata que como chófer tenía la misión de llevar a prostitutas de un sitio a otro, en particular a un barco que fondeaba en varias provincias (al que llama *vaporino*), al que las chicas seguían para compartir drogas y sexo con ocupantes de la embarcación. «Yo las cuidaba, me regalaban cosas, me acostaba con ellas cuando quería…». Y su mujer lo entendía, «porque allí manda el hombre».

Esta explicación de su vida de proxeneta era del todo necesaria, porque, según relata, a algunas de las chicas violadas y asesinadas las conocía porque él las atendía como chófer y controlaba sus gastos. Según cuenta, ellas no eran profesionales, sino chicas que necesitaban dinero y por algún tiempo participaban en esa prostitución ocasional.

Chamba niega tajantemente su participación en los hechos, contradiciendo lo que con todo lujo de detalles publicó la prensa de su país, que incluso reveló que él había confesado. Su argumento se basa en tres puntos. El primero, el que se desprende de su trabajo de chófer y proxeneta: «No tenía que violar a ninguna de esas chicas, se acostaban conmigo cuando quería». El segundo punto pasa por negar que algunas de esas chicas fueran en verdad violadas. De hecho, en su interpretación de esos sucesos no lo fueron, sino que murieron por un ajuste de cuentas relacionado con las drogas. Para limpiar de culpa a los auténticos responsables de esas muertes se inventaron que era obra de un asesino y violador, así que *se lo cargaron* en su cuenta. El tercer punto incumbe a la existencia de una trama de corrupción policial y judicial, que estaría tapando a gente rica que sería la asesina de esas otras mujeres.

Por consiguiente, en la percepción del mundo de Gilberto Chamba, la policía necesitaba a un chivo expiatorio que pudiera cargar con una serie de muertes de jóvenes. Y lo eligieron a él. Y una vez que él fue el seleccionado, aprovecharon para «colgarle» muertes de chicas que fueron ajusticiadas por desliz es de negocios de narcóticos. «Ni siquiera —asevera— conocía a tres o cuatro de las mujeres asesinadas». ¿Por qué confesó, entonces? «Me torturaron, me condenaron sin pruebas… A las reconstrucciones me llevaban vendado y drogado… Decía que sí a todo.»

Así pues, en su relato, la facilidad con la que obtuvo el pasaporte para ingresar en España era una especie de «pago de gratitud» por haber callado, luego del juicio, y no haber provocado escándalo alguno. Cuando le preguntamos qué motivo podrían tener ciertos hombres ricos para violar y matar a jóvenes —que era su explicación de esos hechos— contestó que «hay gente muy enferma». Pero Chamba, en un momento de la conversación, todavía precisó más su conocimiento de los auténticos hechos, ya que ahora se trataba de *un solo* asesino, de un hombre muy rico. Y tal era esa vox pópuli de que Chamba no era sino un hombre inocente que «en la prensa de mi país se dijo que yo había cobrado por no delatarle, y que ahora había comprado con ese dinero un cibercafé en España».

Hay una cosa bastante clara acerca de Gilberto Chamba: posee habilidad y facilidad para trabajar. Vino a Lleida porque tiene un hermano y dos hermanas en esta misma ciudad, y otra hermana en Gerona. Chamba se adapta rápidamente, y trabaja sucesivamente en el mantenimiento y limpieza de un hostal que está en la carretera de Lleida a Zaragoza, en una carpintería de Mollerusa, en los remontes del centro de esquí de Portainé, en la construcción en Lleida, en una empresa de montaje de ventanas en obras, en las obras del AVE y, finalmente, en el parking que está en la nueva zona universitaria de Lleida, por espacio sólo de dos meses, donde tendría lugar el trágico suceso de la muerte de Isabel Bascuñana.

En efecto, Chamba parece versátil, aplicado en sus quehaceres. Cuando se marcha de un empleo no es porque rinda mal o sea irresponsable, sino porque se cansa o le pagan poco. El mismo carácter industrioso que manifestó en sus años de Ecuador lo despliega aquí, pero en esta su nueva etapa vital respeta la ley. Tiene familia asentada en Lleida, y se da cuenta de que puede vivir con un trabajo honrado: «Por trabajar me adapto donde sea».

Por otra parte, una vez que se instala, necesita compañía femenina, y viene a vivir con él su nueva pareja, «una mujer pobre que conocí en Ecuador», de la que tiene pronto una nueva hija. Además, viene a vivir con ellos una chica que conoce desde niña, para que ayude en su casa y atienda a su nueva hija. Junto a su segunda mujer vienen dos hijos suyos mayores, de su primer matrimonio.

Y así, vemos que también en España Chamba, una vez asentado, atiende a las necesidades de su familia, pero precisa además de disfrutar de compañía femenina. Si en Ecuador era un *coyote*, aquí puede comprar servicios de prostitutas, o bien relacionarse con otras mujeres, de su país o gitanas, que luego tendrán un papel relevante, de acuerdo con su versión, en la explicación de la muerte de la joven universitaria.

* * *

Es importante ver cómo se repite el patrón de actuación de Chamba en España, a semejanza de lo que sucede en Ecuador. Y no nos referimos ahora al modus operandi, sino al estilo de vida. Cuando se aceleran los asesinatos de las chicas (seis víctimas entre 1992 y 1993), el imputado disfruta de libertad ilimitada y trata con múltiples mujeres en un negocio más o menos sórdido. Con independencia de cuánto sea verdad acerca de sus actividades de proxeneta, creemos cierto que Chamba busca y consigue mujeres en abundancia, y disfruta de un cierto desahogo gracias a su participación en actividades donde aparecen las drogas y la prostitución. Ahora, en la época de la muerte de María Isabel, Chamba está ya asentado. Tiene sus mujeres en casa, hay dinero para vivir sin demasiadas estrecheces y, a pesar —según explica— de que su mujer es «muy celosa» y de que él la quiere, empieza a tener muchas aventuras fuera de la pareja.

Esto es relevante, porque en su explicación de los hechos intervienen dos de esas mujeres. La primera es una mujer ecuatoriana a la que conoció porque su coche se quedó averiado en el parking durante una semana. Un día esa mujer le pidió que le arreglara el coche y se acostó con él un par de veces. Chamba tenía peleas con su mujer en esos días. Una noche ambos se quedaron a dormir en el coche, después de beber y hacer el amor, ya que el parking se queda cerrado por la noche y él no dispone de llave. Entonces, sucedió algo raro que luego —según él— comprendió del todo: antes de salir por la mañana, Chamba se hizo daño en una mano con un alambre, «y al buscar un trapo en la cartera [bolso] de ella, vi que había guardado el preservativo».

Este hecho curioso es la defensa central de Chamba en este caso: él sabe que han hallado su ADN en el semen encontrado en el cadáver de la víctima. Como vimos al comienzo de este capítulo, su defensa fue que el semen procedía de ese preservativo que la mujer guardó subrepticiamente en su bolso, y que fue puesto posteriormente con toda intención en el cadáver de la chica.

La otra mujer importante en el relato de los hechos del crimen que realiza el acusado es una gitana, con la que Chamba se acostaba de vez en cuando, y a la que pagaba para ayudar a vivir, porque su marido era drogadicto. En su defensa desesperada, el acusado afirma que *la noche del asesinato estuvo con ella*. No sabe si ella va a declarar en su favor. El hermano y primos de la gitana están en la cárcel también, y tiene miedo de que la familia de la gitana pueda hacer daño a su mujer. Desgraciadamente para él, esa mujer nunca apareció para corroborar la coartada.

Chamba asegura que es víctima de una conspiración en España, como lo fue en Ecuador. Su argumento es que hay gente ecuatoriana que está relacionada con las víctimas de Ecuador, y que ahora quieren hundirlo, vengarse de él por todo aquello. Y si se repite la historia de la conspiración, también la de la ineficacia de la justicia. Sin embargo, es claro que Chamba no puede hablar de la policía y los tribunales españoles como califica a los de su país, porque comprende que esto es Europa. Entonces la queja es que «la policía no investigó lo suficiente». Así, preguntado por las huellas que encontraron en las bolsas de basura que tapaban el cuerpo de Isabel, él explica que «todo el día hago cosas en el parking y toco bolsas y de todo lo que hay allá». Y enfrentado al hecho indudable de que matar a una joven para vengarse indirectamente de él era una forma del todo tortuosa de llevar a cabo una venganza, que era mucho más sencillo —y sin duda más gratificante para el supuesto vengador— atacarle a él directamente, el imputado no puede menos que, mirando a la pared, protestar con energía pero sin desesperación: «Le juro por los hijos, por mi madre, que yo no me hago cargo [no soy culpable]».

Epílogo

El peligro de que Gilberto Chamba vuelva a matar es muy elevado, como tuvimos oportunidad de testificar ante el tribunal. En primer lugar, Chamba es un psicópata. Ya hemos comentado en varios lugares que la psicopatía es una condición particular de la psicología de un individuo que lo hace particularmente hábil y duro emocionalmente. Su característica esencial es que el sujeto tiene en todo momento una completa conciencia de lo que hace, y sus actos, con mayor o menor premeditación, buscan satisfacer los deseos y propósitos del individuo. Están en él ausentes la empatía hacia las víctimas o el sentimiento de culpabilidad, y a través de la manipulación y los engaños consigue muchas veces un trato desprevenido o de favor de las personas —víctimas, gente en general e incluso profesionales de las instituciones con las que se relaciona— a las que trata.

Ahora bien, la psicopatía se divide en dos componentes o áreas, que destacan más o menos según los casos. El primer componente consta de la personalidad esencial de la psicopatía, y engloba la falta de compasión y culpa, y el sentido egocéntrico y manipulador de todas sus acciones. La segunda área se relaciona con una vida irresponsable y antisocial, y mide sobre todo la vida errática y violenta de los individuos que viven instalados en la marginación y el crimen.

En el test de Robert Hare que mide la psicopatía en contextos forenses, el acusado obtuvo una puntuación de 16 sobre un total de 24. El valor alcanzado, aun siendo elevado, no es más alto porque Chamba es capaz de aplicarse en el trabajo, y de proveer económicamente a su familia, cosa que muchos psicópatas que viven inmersos en el mundo del crimen y la marginación no hacen. Por consiguiente, su puntuación no es muy alta en el componente segundo de la psicopatía (vida irresponsable y sin rumbo), pero sí lo es en el componente primero, donde se hallan los rasgos definitorios de ese trastorno: su capacidad para manipular, su ausencia de empatía por las víctimas y de un mínimo signo de sentimiento de culpa.

En segundo lugar, otra razón por la que Chamba es un delincuente muy peligroso es, como ya ha quedado acreditado, por su condición de asesino en serie que, además, inventa una y otra vez mil razones para desvirtuar la realidad de los hechos. Esto es un problema para él y para nosotros. Para él, porque deja bien a las claras que no cejará en mostrarse amable y «convincente» con objeto de dar a entender a todos que es una víctima del infortunio y que merece una nueva oportunidad.

Es un problema para nosotros, porque sabemos que se ha acostumbrado a sentir algo *muy especial* en cada una de las escenas del crimen que ha protagonizado, algo que le ha dado una sensación de inmenso poder y placer. También es un problema para nosotros, porque es tal el contraste existente entre su pulsión homicida, donde se une la necesidad de violar a la de matar, y su aspecto y apariencia que Chamba es un aviso de que no podemos vivir como si no existieran los asesinos en serie.

Una idea de hasta dónde llega la depravación sexual de este hombre es que, minutos después de haber violado y matado a Isabel, realizó, con el teléfono móvil de ésta, varias llamadas a una línea erótica. Mi interpretación es que el impulso sexual, lejos de haberse saciado por el asesinato que había protagonizado, era todavía muy intenso. El asesinato y la violación lo habían dejado en un estado de gran sensibilidad erótica.

Gilberto Chamba Jaramillo, el Monstruo de Machala, es la mejor prueba del mundo de que el asesino puede estar esperándonos justo al salir del cine, cuando creíamos que habíamos por fin abandonado el mundo ficticio del horror y pensábamos, felices, que regresábamos a la seguridad de nuestro hogar.[5]

---

[5] Gilberto Chamba fue condenado a un total de 45 años de cárcel.

CAPÍTULO 5
EL ESTRANGULADOR DE LA ZONA SUR

Este capítulo trata de los crímenes de Timothy Spencer, quien fue conocido como el Estrangulador de la zona Sur (Southside Strangler), en referencia a la zona de la ciudad de Richmond del estado de Virginia, Estados Unidos, donde cometió sus últimos crímenes. Sin embargo, la historia comienza en Arlington, un municipio un poco mayor del mismo estado de Virginia, distante unos 200 kilómetros de Richmond. El héroe de la historia es el inspector de homicidios Joe Horgas, y ese papel se debe a que, gracias a su tenacidad, logró capturar a Spencer. Sin embargo, la importancia de su actuación va más allá de este hecho, con ser éste, naturalmente, muy importante. Su contribu-

Hay policías obstinados. Joe Horgas se convirtió en la némesis del Estrangulador del Sur, frente al escepticismo con que sus compañeros de profesión recogieron sus opiniones acerca de cómo había que proceder con la investigación de los asesinatos. Al perseguir una teoría personal, Horgas demostró la importancia de emplear varias técnicas de análisis, como el ADN y el perfil criminológico, cuando se busca a un asesino serial.

ción fue aún mayor porque para su probar su implicación en los crímenes utilizó, por vez primera en la historia de la ciencia forense de Estados Unidos, la prueba de ADN. Hay otros protagonistas muy relevantes, como el departamento de Ciencias de la Conducta del FBI de Quantico, Virginia, encargado de elaborar los perfiles criminológicos de los asesinos desconocidos, el cual ayudó de modo notable a Horgas. Pero tampoco debemos olvidar a otros protagonistas, cuyas habilidades en el ámbito de la criminalística fueron también sustanciales para el esclarecimiento del caso. Por todo ello, los crímenes de Spencer merecen un lugar destacado en la historia moderna de la ciencia forense, y así se le reconoce en este libro.

CRONOLOGÍA DE LOS PRINCIPALES HECHOS DEL CASO DE TIMOTHY SPENCER

Junio de 1983 a enero de 1984: un total de nueve violaciones en Arlington a cargo de un hombre negro enmascarado.

24 de enero de 1984: asesinato de Carolyn Hamm, en Arlington.

25 de enero de 1984: violación novena y última en Arlington: Marcie Sanders.

6 de febrero de 1984: la policía de Arlington detiene a David Vasquez por el asesinato de Carolyn Hamm.

19 de septiembre de 1987: asesinato de Debbie Davis, en Richmond.

3 de octubre de 1987: asesinato de Susan Hellams, en Richmond.

1 de noviembre de 1987: violación de Ellen Talbot, en Richmond.

27 de noviembre de 1987: asesinato de Susan Tucker, en Arlington.

30 de noviembre de 1987: asesinato de Diane Cho, en Chesterfield (junto a Richmond).

20 de enero de 1988: Timothy Spencer es capturado.

16 de marzo de 1988: las pruebas de ADN le incriminan.

4 de abril de 1989: David Vasquez es liberado.

Prólogo: la muerte de Carolyn Hamm

Es el 8 de enero de 1984. Darla, la amiga de Carolyn, empieza a descender por la escalera, hacia el sótano de la casa. En el suelo de abajo observa una alfombra enrollada y atada con una cuerda delgada. Sobre la alfombra, un cuchillo de carnicero de 20 centímetros, y junto a ella puede ver las plantas blancas de los pies de su amiga. Ella está bocabajo, desnuda; su cuerpo pálido yace junto a la entrada que separa el sótano

Estas dos ilustraciones revelan la extraordinaria elaboración que el Estrangulador del Sur establecía en sus escenas del crimen. El modus operandi revela las ligaduras y la indefensión de la víctima que precedían a la violación y el asesinato. La firma del asesino se observa en el tipo de ligadura y en el tiempo que se tomaba el criminal para que la víctima fuera consciente del sufrimiento y de lo que le iba a suceder. En la ilustración primera tenemos una visión aérea de la escena del crimen. Esa soga que sube y luego baja para adentrarse en el aparcamiento está diciendo: «Mirad cómo he disfrutado con todo esto, y asombraos de lo que soy capaz de hacer». En la ilustración segunda vemos a Carolyn como si estuviera durmiendo. El asesino no precisaba de sangre ni grandes violencias; su daño era sobre todo producto del terror que infligía con su dominio de la vida de la víctima. Cuando ya estaba satisfecho, la estranguló con ese juego diabólico de ligaduras.

del garaje. Sus muñecas están atadas a la espalda con muchos cordones de persianas venecianas. Una sección de la cuerda usada para atar la alfombra está rodeando su cuello a modo de soga y se aferra a él con un nudo del tamaño de un puño. El otro extremo de la cuerda, muy tenso, sube hasta una cañería situada sobre el cuerpo y luego vuelve a bajar para adentrarse en el garaje en busca del parachoques del coche, que permanece allí estacionado.

En su libro *La expresión de las emociones en el hombre y en los animales,* Charles Darwin afirmó que los ojos muy abiertos acompañan al «horror», un sentimiento que se asocia con el «miedo extremo», el «espantoso dolor de la tortura». Sin embargo, el único vestigio de que la muerte había visitado ese hogar y ese espacio era el modo en que el cabello largo y castaño de Carolyn estaba enredado en el nudo de la soga. En su cuerpo no eran visibles herida o magulladura algunas. Toda la escena estaba presidida por una calma irreal, como si la grotesca violencia que la llenaba fuera, ante todo, un ejercicio estético. Al tener los ojos cerrados, con su mejilla derecha descansando en el gris cemento del suelo, Carolyn parecía que hubiera caído presa de una intensa somnolencia súbita.

El 6 de febrero de ese mismo año, los investigadores de homicidios de Arlington, Carrig y Shelton, arrestaron a David Vasquez, un hispano de 28 años. Su inteligencia era limítrofe con la normal, aunque solía encontrar empleo en actividades manuales poco complicadas. Diversas personas le habían visto en los alrededores de la casa de la víctima, en actitud sospechosa, poco antes de que se hallara su cadáver. Después de que la policía lo interrogara, Vasquez había confesado.

No obstante, había algunos cabos sueltos que dejaron un halo de insatisfacción en los que participaron en su detención. En primer lugar, estaba la inteligencia y planificación que había mostrado el asesino de Hamm, algo que difícilmente encajaba con las modestas habilidades intelectuales de Vasquez. La conclusión más obvia es que éste debió de contar con un cómplice para perpetrar el crimen, pero nunca admitió nada al respecto. El segundo problema era más grave, derivado de los análisis forenses de la escena del crimen. Se había hallado una mancha de semen en el albornoz de Carolyn, pero su tipo sanguíneo no correspondía con el del sospechoso. Había unos cabellos que eran muy parecidos a los de Vasquez, pero definitivamente ése no era su semen. La pregunta obvia era: si los cabellos pertenecían a David Vasquez, ¿por qué no el semen? La teoría que se esgrimió fue que la mancha de semen del albornoz no guardaba relación alguna con el asesinato, y que provenía de un amante de la víctima. Finalmente, el propio equilibrio emocional y salud mental de Vasquez estaban en discusión, ya que la confesión y otras revelaciones que lo implicaban se produjeron después de que él adoptara un estado como de trance, y hablara como si estuviera contando un sueño que hubiera tenido.

En un esfuerzo por demostrar la inocencia de Vasquez, su abogado le hizo que pasara por la prueba del *suero de la verdad* (pentotal sódico). El médico que realizó este examen preguntó al sospechoso diferentes cuestiones relativas al asesinato de Carolyn Hamm, y fue concluyente: la noche en que ella murió, Vasquez había estado en casa de la víctima, no era un sueño que había tenido. En lo fundamental Vasquez dio la misma información que había proporcionado a los policías Carrig y Shelton un año antes. Así las cosas, el abogado de Vasquez no tuvo más remedio que llegar a un acuerdo con el fiscal. Se negoció que el acusado recibiría una condena de 35 años de cárcel, con la posibilidad de ser puesto en libertad condicional a partir de los siete años de reclusión.

Acto I. Entra Joe Horgas en escena

El 1 de diciembre de 1987 el inspector de policía de Arlington Joe Horgas recibe una llamada anunciando que se ha encontrado el cuerpo de una mujer asesinada. La víctima es Susan M. Tucker, una mujer de raza blanca, de 44 años, que vivía en una casa a las afueras de Arlington. La médico forense, una veterana con más de 3.000 autopsias a sus espaldas, pronto repara en dos aspectos cruciales: la piel de la víctima ha empezado a separarse del cuerpo y, por otra parte, éste se ha hinchado debido a la formación de los gases internos que surgen con la descomposición del cadáver. Ello le permite datar el momento de la muerte en un periodo comprendido entre los tres y cinco días anteriores. También determina que Susan Tucker ha sido estrangulada mediante ligadura, en concreto una cuerda de nylon.

Los detectives o investigadores policiales no precisan ser expertos en la ciencia forense; para eso están los científicos, para detallar cuando sea necesario qué es lo que causó un resultado concreto y el modo en que tal acción se produjo. En la presentación pormenorizada que vamos a hacer de este apasionante (y terrible) caso, es obvio que Joe Horgas, el inspector encargado de la investigación, entendía bien esta división del trabajo. De ahí que comentara que él no tenía por qué saber los nombres de los huesos o de los músculos que, por ejemplo, habían sido perforados por una bala. «Todo lo que tengo que saber es que esa persona en concreto está muerta. Y que esto o aquello causó esa muerte», había dicho. Sin embargo, tal y como veremos en las páginas siguientes, este asesinato —que iba a cambiar la investigación criminal de Estados Unidos y, por extensión, del mundo— tendría como consecuencia que Horgas adquiriera un interés muy superior de cómo funcionan determinados procedimientos de identificación forense.

Joe trataba de recordar lo que sabía acerca del asesinato de Hamm, cuatro años atrás, que él no investigó. Era obvio que la muerte de Tucker tenía elementos muy parecidos en su modus operandi a los de Hamm, pero lo cierto es que el asesino confesó, y estaba cumpliendo condena. Una cosa, sin embargo, tenía bien fija en su memoria: la policía que investigó el caso sospechó que el condenado, Vasquez, podría haber tenido un cómplice. Sin embargo, éste nunca lo admitió, a pesar de los duros interrogatorios a los que fue sometido. ¿Sería ese cómplice el que habría vuelto a las andadas?

Pero en esos momentos Horgas tenía que bajar a lo concreto, y eso significaba procesar con detalle la escena del crimen. En esta tarea es esencial estar abierto y receptivo a toda información e indicios que existan en el ambiente. El investigador ha de preguntarse si el autor o autores han podido llevarse algo con ellos, y si —contrariamente— han dejado algo de ellos en el escenario (*el principio de Locard*, ver capítulo 7). En la imaginación del policía ha de trazarse el mapa de posibles movimientos del criminal, a modo de película de los hechos que mostrara cualquier posible evidencia que estuviera esperando ser descubierta.

Los policías de la científica realizaron la inspección ocular y recogieron las muestras de la escena del crimen. Grabaron todo e hicieron cientos de fotos de 35 milímetros, tanto fuera como dentro de la casa. De este modo quedó constancia nítida de todos los incomprensibles hechos causados por el asesino, desde los nudos y ligaduras en el cuello y brazos de Susan, hasta la sustancia oscura que emanaba de la boca y fosas nasales de su cuerpo inerte. Se examinó cuidadosamente cualquier cosa que hubiera podido tocar el agresor, como ventanas o bombillas. El lugar de entrada del intruso había sido la ventana del sótano. Por ello, también se analizaron las toallas del sótano ante la eventualidad de que el asesino hubiera podido usar una de ellas para limpiar la superficie de la lavadora, que estaba en su camino hacia la parte de arriba de la casa.

La cama de Susan era un lugar especialmente importante, ya que podía esperarse que hubiera restos de semen, sangre o cabellos del autor. Desgraciadamente, los fluidos del cuerpo en descomposición de la víctima habían empapado cualquier cosa que hubiera en esa cama, y desde luego el tiempo transcurrido no había hecho mucho por conservar la integridad de los posibles restos biológicos de quienquiera que hubiese cometido el crimen. Así pues, todo resto hallado se llevó rápidamente al refrigerador del propio apartamento, antes de ser trasladado al laboratorio forense.

Los policías también se esmeraron en la toma de las huellas dactilares. En ocasiones se está de suerte, y algunas huellas aparecen visibles ante la mera vista del criminalista, tal es el caso cuando las manos del sujeto tienen manchas de sangre o de maquillaje o lápiz labial, o bien cuando, a pesar de tener las manos limpias, se toca un objeto que contiene polvo o algún tipo de grasa.

La tecnología del espolvoreo para detectar las huellas dactilares es ciertamente simple, y se puede llevar a cabo de dos formas. En la tradicional se emplea polvo negro (derivado del carbón), lo que funciona bien en superficies suaves y no porosas, pero el sistema resulta un poco sucio, de ahí que los agentes prefieran emplear la tecnología más moderna del polvo magnético, compuesto de una mezcla de limaduras de carbón y hierro. En este caso se emplea una brocha magnética para fijar la base de polvo alrededor de cualquier posible huella. Los investigadores, en su búsqueda exhaustiva de cualquier huella, incluso llegaron a pintar la casa con una solución de ninhidrina, un disolvente que trabaja como el revelado de una película. Si queda alguna *huella latente* (es decir, la producida por secreción de grasa del cuerpo humano), la solución de ninhidrina brillará con un color púrpura, entre las 24 y las 48 horas después de su aplicación. Hallaron once huellas, pero ninguna de ésas probó ser luego útil en la investigación.

La fiscal del condado de Arlington se llamaba Helen Fahey, y era una mujer inteligente y decidida que no quería dar ningún paso en falso cuando se trataba de preparar una acusación por asesinato. Un día que estaba reunida con Horgas, le hizo la siguiente pregunta: «¿Estás realizando las pruebas de ADN?». «Todavía no», contestó el policía, pero en su interior tenía pocas ideas claras al respecto de esas pruebas, y mucho menos conocimiento sobre el modo en que éstas podían ayudarle en la investigación. Lo cierto es que dicho conocimiento se limitaba a lo que había leído en una revista de la policía, donde su aplicación a la investigación policial había sido reconocida como «el mayor logro desde el descubrimiento de las huellas dactilares como método para identificar a los delincuentes reincidentes». En la revista aparecía una sucinta explicación del funcionamiento de la prueba de ADN, algo así como que el código genético de cada persona —el ADN— está compuesto de nucleótidos, los cuales están unidos en cadenas complejas, que tienen forma de escalera, y que dichas cadenas son siempre únicas para cada individuo. Es decir, que cada persona tiene su propio ADN, como tiene sus propias huellas dactilares. En el año 1987, cuando Joe Horgas empezó a reflexionar en este punto, nunca se había empleado en Estados Unidos en la investigación de homicidios. Sólo había sido utilizado para determinar casos donde estaba en disputa la paternidad de un hijo.

Lo cierto es que el inspector tenía cosas más urgentes de las que preocuparse. Y una de ellas era considerar en qué medida la conexión Carolyn Hamm y Susan Tucker le podía llevar a algún lugar. Después de coger el archivo del crimen de 1984, hizo la siguiente comparativa:

Asesinato de Carolyn HAMM	Asesinato de Susan TUCKER
Vivía sola.	Vivía sola.
Se la halló desnuda, bocabajo encima de la cama.	Se la halló desnuda, bocabajo encima de la cama.
Manos atadas a la espalda.	Manos atadas a la espalda.
Ligadura en el cuello.	Ligadura en el cuello.
Entrada por la ventana del sótano.	Entrada por la ventana del sótano.
Salida por la puerta de atrás.	Salida por la puerta del garaje.
El bolso apareció tirado en la casa.	El bolso apareció tirado en la casa.

Asesinato de Carolyn HAMM	Asesinato de Susan TUCKER
No había dinero en el bolso.	No había dinero en el bolso.
La casa fue registrada.	La casa fue registrada.
La escena fue limpiada.	La escena fue limpiada.
¿Semen?	Se halló semen en la vagina.

Horgas decidió ir a ver a Vasquez a la cárcel, y aunque su visita no fue muy productiva en términos de información para el caso Tucker, dejó en el detective la profunda impresión de que su equilibrio mental era precario, y que era inocente del asesinato de Carolyn Hamm.

De vuelta a la oficina, se sumergió en los detalles del caso. El arresto de Vasquez en 1984 no le había provocado en su momento ninguna duda; sin embargo, la investigación presentaba ya en aquellos años unas claras lagunas, lo que hacía creer a los policías que existía otro asaltante, cómplice de Vasquez, y que todavía quedaba por detener. Por ejemplo, Vasquez pesaba 15 kilos menos que Carolyn, era un tipo débil. Vivía en otra ciudad, no en Arlington, y no disponía de coche. Tampoco había autobuses que unieran ambas ciudades, y sin embargo se comprobó que él había llegado puntual a su empleo el día siguiente, a las 7 de la mañana. Además, estaba el hecho de que el sospechoso no era especialmente brillante, sino más bien estaba aquejado de una debilidad mental leve. Por otra parte, cualquiera que hubiera planeado ese crimen había dejado su semen también en el albornoz de Carolyn, porque el tipo sanguíneo no coincidía con el de David. En efecto, las muestras tomadas de la vagina y muslos interiores de la chica habían mostrado un tipo sanguíneo diferente al suyo.

Este hecho había dejado particularmente perplejos a los investigadores, porque los pelos hallados en el albornoz, cama y en una manta encontrada en el salón tenían las mismas características visuales y microscópicas que el pelo púbico de David Vasquez. Era posible que David violara a Carolyn pero que no eyaculara, o que no la hubiera agredido sexualmente y que los pelos hallados no le pertenecieran, sino que fueran del posible cómplice misterioso. Es importante señalar que el análisis de los pelos no es tan fidedigno como otras pruebas forenses; los pelos hallados sólo *parecían* ser los de David, pero no se podía afirmar categóricamente que eran suyos. Sin embargo, la confesión de Vasquez dejaba pocas dudas a los investigadores de que, de un modo u otro, él tuvo que haber estado allí y, por consiguiente, estaba implicado en ese crimen.

Horgas permanecía perplejo. Un nuevo crimen brutal había sacudido a su ciudad, pero no había ninguna pista que valiera la pena seguir. Sin embargo, eso estaba a punto de cambiar.

Acto II. Los crímenes de Richmond

El 6 de octubre de 1987 Horgas recibió un teletipo en el que pudo leer que se habían cometido en Richmond, en un barrio elegante de la zona sur, dos asesinatos que le llenaron de inquietud. En el primero de ellos, una mujer (Debbie Davis) de 35 años fue hallada estrangulada en su apartamento el 19 de septiembre anterior. Apareció con las manos atadas a la espalda. Había sido violada. El agresor entró por una ventana de la cocina. No había signos de lucha. En el segundo crimen, ocurrido el 3 de octubre, un marido había encontrado al regresar a casa a su mujer (Susan Hellams) estrangulada y violada, y el agresor de nuevo penetró por una ventana de la casa. El teletipo pedía que todo departamento de policía que tuviera algún caso familiar se pusiera en contacto con el investigador Glenn Williams.

Cuando Horgas contactó con Williams, supo que había una tercera víctima, Diane Cho, pero no sabían si pertenecía a la misma serie que las otras dos, ya que se trataba de una chica de 15 años que apareció estrangulada y violada en su propia cama, en el condado vecino de Chesterfield, mientras sus padres estaban en casa. La chica, además, era coreana, lo que introducía una nueva variante respecto a los casos anteriores: la edad, la raza y la presencia de otras personas en la vivienda. Incluso existía otra variación en el modus operandi: mientras que en los casos de las mujeres adultas las ligaduras empleadas pertenecían al propio domicilio de las víctimas, en el ataque a la adolescente el asesino había utilizado una ligadura blanca que llevaba consigo, con la que la había sujetado por el cuello y luego la había hecho descender en tres vueltas hasta sus muñecas.

Williams le dijo a Horgas que el forense había afirmado categóricamente que el semen hallado en las dos mujeres de Richmond mostraba un mismo tipo sanguíneo, pero que para tener un análisis más pormenorizado habían enviado las muestras de semen a un laboratorio de Nueva York, con objeto de que analizaran el ADN y determinar si, en efecto, el responsable de los crímenes era el mismo hombre. El departamento de policía también había contactado con la Unidad de Ciencias de la Conducta del FBI, cuyos perfiladores le habían informado de que el asesino sería un hombre de raza blanca, con una edad comprendida entre los 25 y los 28 años, y que viviría en el área de Richmond. Debido a que los asesinatos se habían cometido el viernes por la noche, los agentes federales razonaron que el autor tendría un empleo de tiempo completo. El perfil incluía otras precisiones, como que el asesino era incapaz de mantener relaciones sexuales normales, si bien podría tener algunas relaciones amorosas, y que por las noches se dedicaría a vigilar las calles con objeto de seleccionar futuras víctimas. Solitario, no hablaría a nadie de sus crímenes.

A pesar de que Horgas encontró grandes semejanzas entre el asesinato de Susan Tucker y estas tres nuevas víctimas, los policías de Richmond no pensaban igual, ya que entendían que el asesino era alguien de esa ciudad, que no se desplazaría a Arlington para cometer otros homicidios. La desconfianza de Williams hacia Horgas aumentó cuando éste averiguó que un violador negro enmascarado también estaba actuando en Richmond. La víctima era Ellen Talbot, una mujer de 32 años que vivía sola en un apartamento de la zona sur de Richmond. El agresor la sorprendió el 1 de noviembre, a las 3 de la madrugada, en su dormitorio, y durante tres horas la estuvo sometiendo a todo tipo de vejaciones sexuales, que incluyó sexo oral y el empleo brutal de un consolador. Ellen fue inmovilizada mediante una ligadura en sus muñecas y tobillos, pero la suerte finalmente se alió con ella: cuando regresaron sus vecinos del piso de arriba oyeron ruidos, y bajaron al de ella a investigar. En ese momento el violador escapó por la ventana de la cocina, el mismo lugar por donde había entrado.

Rápidamente Horgas recordó que en 1984, cuando Carolyn Hamm fue asesinada en Arlington, también había sucedido una serie de violaciones a cargo de un agresor negro enmascarado. Comoquiera que Horgas pensaba que David Vasquez era un falso culpable, en su mente se estaba forjando la creencia de que el hombre que había cometido esas violaciones era el mismo que había matado a Hamm y Tucker. Y si ahora en Richmond había un asesino y alguien negro que violaba... Horgas no pudo menos que pensar que había un único culpable responsable de todos esos casos. Pero para Williams no había dudas de que estaban buscando a un hombre blanco, tal y como el perfil del FBI había señalado. ¿Por qué un hombre blanco? Las estadísticas lo indican: los asesinatos seriales no suelen ser interraciales, y las víctimas de Richmond (así como las anteriores de Arlington) en todos los casos eran blancas. Además, Ellen Talbot no había muerto, y su experiencia con las dos mujeres asesinadas le indicaba que el autor no dejaba a las mujeres vivas. Otra inconsistencia era que el agresor no había puesto una soga con un nudo en el cuello de la víctima, lo que indudablemente constituía un elemento muy significativo de su modus operandi, que no estaba presente.

Así pues, Horgas no consiguió que los policías de Richmond aceptaran su teoría, ni siquiera el núcleo esencial de ella, a saber, que el asesino de Tucker y las tres mujeres de Richmond era el mismo. En verdad la posición de Horgas era difícil, porque ni siquiera su propio departamento estaba de acuerdo en que Vasquez era un falso culpable, ni tampoco veía claro que el violador negro enmascarado (que había actuado desde 1983 hasta el invierno de 1984, aproximadamente hasta la época en que Carolyn había sido asesinada) tuviera algo que ver con esos asesinatos.

Horgas sabía que si quería convencer a sus remisos y despreciativos colegas de Richmond necesitaba una prueba sólida que vinculara al asesino de Tucker con esas tres mujeres. Para él estaba claro que este homicida era una amenaza formidable; y cuando tuvo ante sí el informe completo de la muerte de la primera víctima de Richmond, Debbie Davis, comprendió hasta qué punto le iba a obsesionar conjurar esa amenaza.

Debbie Davis compaginaba dos empleos: contable en una revista local y vendedora en una librería, estaba en los treinta y algo, divorciada, y vivía en una casa agradable en una zona bonita del sur de la ciudad.

El asesino había entrado por la ventana de la cocina, que da al fregadero. No había robado nada; no había signos de lucha. En el dormitorio, Davis apareció encima de la cama, vestida sólo con un par de vaqueros cortos. No había heridas en su cuerpo, sólo ligeras abrasiones en su nariz y labio inferior. Sin embargo, era la forma en que murió lo que horrorizaba: un calcetín largo, de lana azul, estaba atado a su cuello de un modo brutal, extremadamente apretado, ya que el asesino había empleado un accesorio de aspiradora para realizar un torniquete con el calcetín. La ligadura mortal se cerraba detrás del cuello con un nudo. La fuerza de la ligadura era tal que el forense no la pudo deshacer con las manos, y hubo de cortarla.

La muñeca de la mano derecha de la víctima, a la altura de la cadera, estaba atada con un cordón negro de zapato. El otro extremo del cordón se elevaba por su hombro izquierdo y terminaba atando la muñeca izquierda, que descansaba junto a la zona lumbar de la espalda. El lazo era tan fuerte que el más ligero movimiento de una mano habría supuesto una presión inmediata sobre la otra.

Sin embargo, Joe Horgas aún tuvo que leer lo más terrible: el informe de la autopsia señalaba que Davis había sido cruelmente torturada. El examen de la parte inferior de los párpados había revelado la presencia de petequias, es decir, pequeñas hemorragias que resultan de la rotura de los capilares. Los capilares se rompen porque se ejerce una gran presión sobre la corriente sanguínea, impidiendo en este caso el paso de la sangre hacia el cuello. Lo que eso significaba en este homicidio era que el asesino había estado, de modo intermitente, durante aproximadamente 45 minutos, *apretando y aflojando el torniquete, para prolongar la agonía de la víctima.* Dicho de otro modo: ese hombre sin alma había estado sintiendo y disfrutando de modo muy íntimo su muerte. También había sido violada anal y vaginalmente. No había heridas defensivas: Debbie Davis no pudo o no quiso —intuyendo que sería inútil o quizás contraproducente— pelear por su vida.

En la escena del crimen no había huella alguna, pero sí cuatro muestras de semen puro, lo que significaba que no provenía de la emisión poscoital, sino probablemente de una masturbación. Además de pelos de la víctima, la inspección reveló la presencia de un pelo humano rizado muy negro, y un pelo facial perteneciente a una persona de raza blanca.

La muerte de la segunda víctima de Richmond, Susan Hellams, había sido igualmente estremecedora. Su cuerpo yacía de lado, en el suelo del ropero de su dormitorio; su cabeza estaba junto a una maleta y la pared. Sólo una pequeña falda ajustada, que dejaba ver sus bragas de seda, impedían que estuviera completamente desnuda. Hellams era médico residente, tenía 32 años y una figura redonda, con un cabello largo castaño que caía sobre sus hombros. Su cara mostraba el signo de una muerte sin esperanza, y un sorbo de sangre se había coagulado junto a su nariz y labio superior. Había sido estrangulada con un cinturón de cuero, en un abrazo mortal que se cerraba con un nudo. Otro cinturón estaba anudando ambos tobillos. Un cable de electricidad había sido empleado por el asesino para unir ambas muñecas en la espalda de la víctima. Como ocurriera en el caso de Davis, no había signos de lucha, ni huellas dactilares. El agresor había penetrado en la casa de Susan Hellams por la ventana del dormitorio, ayudándose como punto de apoyo del aparato de aire acondicionado que estaba en el balcón exterior. Debió de emplear una escalera para acceder ahí. El cristal de la ventana había sido cortado limpiamente.

Ray Williams, investigador junto a Glenn Williams de la policía de Richmond, declaró a propósito de este asesinato: «Nunca había estado tras un asesino como éste. Era como un fantasma. Se deslizó dentro, consiguió lo que quería y se desvaneció. Era como perseguir a una sombra. Nadie vio nada, nadie oyó nada... En cierto sentido le admiraba, porque era endiabladamente bueno, pero me asustaba pensar en el peligro que suponía para la gente».

Resultaba evidente que este crimen estaba relacionado con el de Davis. La médico forense que realizó la autopsia de Hellams, después de rociar todo el cadáver con una solución transparente, apagó las luces y proyectó un láser sobre su cuerpo. Este sistema permitía detectar cualquier sustancia, herida o huella que hubiera en él. Se encontró semen en torno a la boca de la víctima, sus nalgas, pechos y muslos. Posteriormente el laboratorio confirmó semen en la vagina y en el ano. Pero la prueba más evidente de la conexión vino del análisis del semen, que tenía el mismo tipo sanguíneo que el hallado en el cuerpo de Davis, tipo 0, así como la misma enzima PGM de 1.[1] Sólo el 13 por ciento de la población reúne ambas características, así que el dato era importante para buscar sospechosos. El problema era que antes había que capturarlos.

Acto III. La hipótesis del violador negro enmascarado

En diciembre de 1987, los policías de Richmond (Glenn y Ray Williams) estaban exhaustos, ya que en apenas dos meses habían investiga-

---

[1] PGM son la siglas de la enzima fosfoglucomutasa, y sirven también para clasificar la sangre en varios tipos: PGM 1 +, PGM 1 −, PGM 2 + y PGM 2 −.

do y eliminado a 750 sospechosos. No sabían qué dirección tomar, mientras que Joe Horgas, convencido de que el violador enmascarado era el asesino de las mujeres de Arlington y Richmond, al menos tuvo la opción de sumergirse en los ficheros de esas violaciones, de cuatro años atrás. Ahora tenía que convencer a sus propios compañeros de la policía de Arlington de que ese esfuerzo valía la pena, ya que no pensaban que un único agresor era el responsable de todos esos delitos, por eso se dirigió a los dos hombres que iban a ayudarle a probar esa teoría y les explicó: «Según lo que pienso, el violador no se detuvo en 1984. Desde septiembre ha habido tres asesinatos en Richmond que son casi idénticos a los de Tucker y Hamm. En todos ellos el asesino entró por una ventana trasera, y las mujeres fueron atadas y violadas. En todos los casos la causa de la muerte fue estrangulación mediante ligadura. Lo que me impulsa a centrarme en este fulano negro es que entre el segundo [Susan Hellams] y el tercer asesinato [Diane Cho] un tipo negro enmascarado entra en el apartamento situado en un primer piso a través de una ventana trasera, y ata y viola a una mujer (Ellen Talbot). Esta mujer vive a un kilómetro de las dos asesinadas. Así pues, lo que estoy pensando es que todo esto fue obra de un mismo autor, y éste es el violador negro enmascarado que empezó a violar mujeres en nuestra ciudad en el verano de 1983».

Para Horgas era evidente: el violador de Arlington había atacado nueve veces, comenzando en junio de 1983 y finalizando en enero de 1984. Nunca se pudo averiguar quién fue. En enero de 1984 se produce el primer asesinato, el de Carolyn Hamm. Luego se volatiliza. Y de pronto, en septiembre de 1987, empieza de nuevo a matar en Richmond; en noviembre sucede el asesinato de Susan Tucker, en Arlington, y concluye con un nuevo crimen en Richmond, la chica coreana, no sin antes haber violado a otra chica en Richmond, Ellen Talbot.

Horgas se dio cuenta de que, más que nunca, esta investigación tenía que basarse en los hallazgos de la ciencia forense. El asesino era un tipo muy listo, y con casi toda seguridad alguien extraño para las víctimas, así que las pesquisas convencionales consistentes en escrutar las relaciones cercanas de las mujeres atacadas no iban a ser de mucha utilidad. Ignorado por los policías de Richmond y con la colaboración escéptica de sus compañeros de Arlington, Horgas tenía que confiarse a la policía científica. Deanne Dabbs, del laboratorio forense de Virginia, fue la primera de las analistas que colaboró en la detención del asesino, en su calidad de encargada de examinar las muestras halladas en el caso de Susan Tucker. Su condición de mujer, de profesional cualificada y su edad, afines a las de las víctimas, le hizo entender con especial sensibilidad que muchas mujeres de ese perfil corrían un grave riesgo mientras ese asesino estuviera suelto.

La primera buena noticia que le proporcionó la forense a Horgas fue que en la escena del crimen de Tucker habían aparecido cinco pelos pertenecientes a un hombre negro. Se trataba del primer indicio que avalaba su teoría, el primer paso de un largo camino por recorrer hasta llegar a poner un rostro y un nombre a un asesino en serie. El siguiente empujón vino cuando Deanne le comunicó a Horgas que el tipo sanguíneo hallado en el semen de la escena era 0, con un PGM de 1+, y que era el mismo que los encontrados en las escenas de los crímenes de Richmond de Debbie Davis y Susan Hellams.

Sí, eran noticias muy buenas, pero insuficientes para llegar a algún sitio. Aunque sólo un 13 por ciento de la población reúne ambas características, eso sigue siendo mucha gente. Podría servir para descartar a alguien, pero no para incriminarlo, en el supuesto de que hubiera alguien a quien acusar, desde luego. Así pues, habría que seguir profundizando en esas violaciones de cuatro años antes; quizás en esos asaltos se guardaran rastros importantes para arrojar alguna luz sobre la densa niebla de esos crímenes presentes.

Horgas vio con desmayo que muchas de las pruebas materiales de las violaciones se habían perdido o estaban deterioradas; por falta de espacio y por desesperanza en llegar a algo positivo, los encargados de conservarlas no habían cumplido con su labor y ahora, simplemente, no existían. Esto llevó a Horgas de nuevo a la calle: habría que volver a entrevistar a las víctimas, si es que estaban dispuestas a recordar todo ese infierno.

La última de las víctimas del enmascarado negro era Marcie Sanders, atacada el 25 de enero de 1984, mientras los agentes de policía estaban procesando la escena del crimen de Carolyn Hamm. Su agresor había penetrado por una ventana trasera del primer piso de la casa. Cuando la dueña bajó al oír ruidos para ver lo que pasaba, se encontró, aterrada, con la visión de un hombre negro que llevaba guantes y una máscara, y que sujetaba en una mano un largo cuchillo dentellado. Marcie relató lo siguiente:

Me dijo algo como: «O.K., zorra, ¿dónde está tu bolso?». Le llevé arriba, al rellano. Cogió los pocos dólares que tenía y arrojó el bolso al suelo. Entonces puso el cuchillo junto a mi cara y me ordenó bajar de nuevo. En la cocina, me ordenó que me desnudara... Sacó un consolador y me dijo: «Métetelo. Háztelo tú misma, y será mejor que te corras». Yo le dije que no lo haría, y él se puso como loco. Me dio cuatro o cinco puñetazos en la cara, y luego me cortó aquí (Sanders se baja la media de una de sus piernas, y señala su pantorrilla). Entonces me sujetó con fuerza por el cabello y me sacó de un tirón por la puerta de atrás. Primero intentó que le chupara el pene. Puso el cuchillo junto a uno de mis ojos, así que lo hice. Después de unos pocos minutos, me dijo: «Vamos a dar una vuelta ahora, puta». Fue entonces cuando comprendí que tenía que empezar a pelear. Si subía a su coche estaba muerta, así que empecé a gritar y a dar patadas. Me dio unos golpes más, y luego escapó saltando la valla de mi jardín.

Horgas comprendió a través del testimonio de Sanders que este violador podía ser, sin género de dudas, un asesino. Y que sólo la determinación de esta mujer evitó que siguiera la misma suerte que Carolyn Hamm. Por desgracia para él, sus compañeros de la policía que le ayudaban en el caso no creían lo mismo. Dudaban de que un violador cuyo modus operandi nunca implicaba herir a nadie de gravedad, pasara de pronto a convertirse en un asesino. Creían que el violador de Sanders era diferente, porque la trató de modo violento cortándola con el cuchillo, y la obligó a usar un consolador, algo nuevo con respecto a los ocho casos de violación anteriores.

Acto IV. Joe Horgas recurre al ADN

Joe Horgas no tenía ningún sospechoso. El asesino era realmente listo; borraba todas sus huellas, y nunca había testigos. Y en cuanto al motivo, era igualmente algo desconcertante. El robo parecía ser algo incidental. A algunas mujeres las había sólo violado, a otras las había violado, torturado sin misericordia y finalmente asesinado. ¿Por qué? Como dice un personaje de la prodigiosa novela de John Franklin Bardin, *El percherón mortal*, «hasta los locos tienen motivos para hacer lo que hacen, especial-

mente cuando matan. Motivos de loco, pero motivos al fin y al cabo».
Pero si de algo estaba seguro Horgas era de que el hombre al que buscaba con tanto ahínco no estaba loco, o al menos era un loco que sabía
muy bien lo que estaba haciendo.

De nuevo había que seguir confiando en la policía científica, pensó.
La sangre y el análisis de los pelos no podían llevarle demasiado lejos, así
que abrió el cajón de su escritorio y leyó un folleto de la empresa Lifecodes, de Nueva York, donde anunciaba sus servicios como un laboratorio
especializado. La policía de Richmond había enviado allí sus muestras de
los asesinatos para determinar con seguridad si un mismo autor era el
responsable de las tres víctimas. Lifecodes había sido fundada en 1982 y
después de abrirse camino mediante análisis de paternidad y en tareas de
identificación de cadáveres sin nombre, había iniciado la nueva vía del
análisis de identificación en casos criminales. El folleto decía que «el test
de la huella de ADN usado en Lifecodes está basado en el ADN, que es
el material genético que se encuentra virtualmente en toda célula de
nuestro cuerpo: sangre, piel, huesos, tejidos, semen. El ADN de cada
persona es único (salvo en gemelos idénticos). Por consiguiente, la evidencia encontrada en una escena del crimen, tal como manchas de sangre o semen proveniente de un algodón vaginal o de una violación, puede proporcionar un patrón o perfil genético único. Estos resultados
ayudan a la policía a hacer una identificación positiva para detener al
culpable y para proteger al inocente».

Tenemos que remontarnos a aquellos años para entender bien que
todo esto le sonara a chino a Horgas en 1987, y a toda la policía en general. Sólo hacía un año (1986) que el ADN se había empleado en un
caso criminal, en Inglaterra, cuando Colin Pitchfork fue arrestado por
haber violado y matado a dos chicas de 15 años. Cuatro mil residentes
en un pueblo y alrededores habían dado una muestra de sangre y entre
ellos estaba el ADN que el asesino había dejado en el cuerpo de las niñas.

Pero estaba claro que las autoridades de Arlington no le iban a permitir a Horgas que examinara el ADN de todos los hombres de la ciudad.
Así que se limitó a dejar a Lisa Bennet, analista de Lifecodes, todas las
evidencias que pudo encontrar en buen estado de las violaciones de
1983, así como de los asesinatos de Carolyn Hamm y Susan Tucker.
Horgas quería saber, finalmente, si su teoría era la correcta. Si la investigación iba a ser tan dura y agotadora como lo estaba siendo hasta ahora,

tendría que convencer a sus jefes de que iba por buen camino al buscar desesperadamente a un hombre negro como el asesino en serie. A pesar de lo que dijeran los perfiladores del FBI.

Acto V. Joe Horgas recurre a los perfiladores del FBI

Horgas sabía que parte del empecinamiento de los policías de Richmond en negarse a considerar la posibilidad de que el asesino fuera un hombre negro provenía del perfil que había realizado el FBI. Quizás era el momento de que él mismo visitara esa unidad especializada, creada pocos años antes para ayudar a la identificación de asesinos y violadores seriales en particular, pero también en casos de pirómanos, secuestradores de niños y terroristas domésticos (gente que envenenaba productos alimenticios o se dedicaba a poner o enviar bombas). Los perfiladores constituían, de este modo, profesionales que se ocupaban de otra disciplina de las ciencias forenses, la *realización de perfiles criminológicos,* con la peculiaridad de que en vez de analizar rastros de sangre o de semen, tomaban en consideración las decisiones y conductas de los agresores tal y como quedaban plasmadas en su *modus operandi* y su *firma.*

Joe Horgas se reunió con los agentes del FBI Judson Ray y Steve Mardigian, pertenecientes a la Unidad de Ciencias del Comportamiento en Quantico, Virginia. Cuando analizaron los expedientes del caso de Tucker y de los tres crímenes de Richmond estuvieron de acuerdo en que había semejanzas muy relevantes. En particular señalaron que «la firma del asesino radica en el uso extraordinario de las ligaduras. Toda esta elaboración en las ataduras y nudos no es algo necesario para cometer los crímenes; el asesino sólo tenía que estrangularlas, sin más. Pero obviamente él necesitaba satisfacer una necesidad emocional profunda. Las ligaduras señalan que tiene una gran necesidad de control en los encuentros sexuales [...]. Dispuso las ataduras de forma que podía oprimir y soltar a sus víctimas, así que estamos hablando de un sádico. No sólo él quería matar a esas mujeres, sino que deseaba escuchar sus lamentos pidiendo piedad y sentir sus caras estremecerse por el dolor».

Los perfiladores concluyeron que se trataba de un «asesino organizado». Estos sujetos planifican todos los aspectos del asesinato, desde la selección de las víctimas hasta la misma realización del homicidio, que se lleva a cabo con gran control. Las víctimas no fueron elegidas por puro azar u oportunidad, sino que fueron previamente acechadas durante varios días. Al limitar sus objetivos a mujeres que vivían solas, disminuía de modo considerable su riesgo de ser detectado». Bien, Horgas estaba aprendiendo, pero a él le interesaba ir un paso más allá.

—¿Qué tipo de antecedentes tendría un sujeto así? —preguntó de modo que pareciera casual. Los agentes respondieron que alguien así no sale de la nada, sino que probablemente sería responsable de agresiones sexuales y violaciones, varias de las cuales probablemente no habrían sido detectadas.

Horgas contuvo la respiración, y con aire inocente dijo:

—Eso es realmente interesante. Hace algunos años tuvimos en Arlington un violador muy activo que no pudimos capturar —y sacando los archivos de las violaciones que llevaba preparados, continuó—: Al menos tenemos nueve violaciones confirmadas desde el verano de 1983 hasta el invierno de 1984. Y casi al mismo tiempo que se cometió la última violación, se produjo el asesinato de Carolyn Hamm —Horgas no había introducido todavía ese primer crimen. Lo mencionaba ahora para hacer más evidente la conexión entre las violaciones y el asesinato de Tucker y los de Richmond—. Carolyn fue violada y estrangulada en su propia casa. Estrangulada con una ligadura con nudo. Y vivía sólo a cuatro manzanas del domicilio de Susan Tucker.

Los perfiladores, al principio asombrados, no pudieron sino estar finalmente de acuerdo con Horgas: el violador bien podía ser el asesino en serie que buscaban, y entonces el asesino en serie de mujeres blancas sería un hombre negro… Horgas y los perfiladores sabían que estaba el problema de que el perfil que el FBI había enviado a la policía de Richmond establecía que el asesino era un hombre blanco. Frente a todas esas pruebas, los agentes le dijeron a Horgas que ese rasgo lo incluyeron porque así lo indican las estadísticas, pero que de ningún modo habían manifestado que debían excluir cualquier otra posibilidad. Esas violaciones, especialmente la última (la de Marcie Sanders), constituían un borrador o un anteproyecto para comprender los homicidios posteriores: en casi todas las violaciones el agresor entró por una ventana o puerta trasera. Ya había ese esfuerzo por evitar dejar huellas dactilares, y acostumbraba a llevarse el dinero de los bolsos y luego arrojarlos por la casa. Pero ¿por qué empezó a matar? Ray y Mardigian explicaron a Horgas que la clave estaba en el control. Llegó un momento en que el apetito por el control y el poder no se saciaba con la humillación y la violación. El violador se convirtió en un asesino sádico, *porque en estos actos de administrar la forma y el tiempo de morir obtenía el control absoluto y definitivo*. Esa necesidad de control se hacía patente en el lenguaje empleado desde las primeras violaciones (ver cuadro 1). La tortura, la violación y el asesinato constituían la tríada final en que se materializaba esa necesidad.

CUADRO I
LA PSICOLINGUÍSTICA FORENSE

La Unidad de Ciencias del Comportamiento del FBI empezó a usar el estudio del lenguaje oral y escrito para analizar casos de secuestradores de personas y de aviones, terroristas domésticos y violadores, entre otros, y poder así comprender mejor su personalidad e intenciones. No se trata del análisis de la personalidad mediante la forma de escribir (grafología) sino que se analiza el modo en que el sujeto selecciona las palabras y las dice o escribe, así como la estructura de las frases. De esta forma, por ejemplo, los perfiladores observaron la necesidad de control en el violador en las frases amenazantes que decía a las víctimas, en particular en aquellas del estilo de: «Si no te corres te voy a matar» (segunda víctima), o: «Será mejor que tengas un orgasmo o te mataré» (cuarta víctima). Mediante el control el violador busca afirmar su masculinidad: las mujeres son violadas, pero al mismo tiempo ellas —en su creencia distorsionada— no pueden menos que disfrutar del sexo que él les ofrece.

Joe Horgas estaba exultante. ¡Su teoría había sido validada por el FBI! Sin embargo, todavía necesitaba un poco más de ayuda. ¿Cómo podría empezar a buscarlo? ¿Dónde diablos está este tipo? Los perfiladores le dijeron que los criminales seriales empiezan a delinquir en una zona que les resulta conocida, porque se sienten más seguros. Es lo que se denomina la «zona de confort», que generalmente es su propio barrio, o bien el barrio donde trabajan. Por consiguiente debería comenzar a investigar en el lugar donde ocurrió la primera violación.

Finalmente, había otra cuestión que dejaba perplejo al tenaz inspector y que podría serle de una gran ayuda si la resolvía. ¿Por qué no sabemos nada del violador y asesino desde 1984 hasta 1987? ¿Acaso ha dejado de actuar por ese tiempo y ahora ha regresado a su locura homicida? De ningún modo, le contestaron los agentes Mardigian y Ray. «Tiene que haber sucedido una de estas dos cosas. La primera es que se haya ido a vivir a otro lugar. Si éste fuera el caso, entonces en algún lugar del país debería haberse producido una serie de violaciones y asesinatos.» Joe había comprobado esta posibilidad, y no se había producido. «La otra opción —siguieron los perfiladores— es que el asesino hubiera sido arrestado poco después del homicidio de Carolyn Hamm, por un delito no sexual», porque, en caso contrario, él hubiera sido un sospechoso de ese crimen. Lo más probable, entonces, es que debido a sus habilidades comprobadas para penetrar en las casas ajenas, hubiera sido detenido y condenado por entrar a robar en un domicilio.

Cuando Joe Horgas salió del despacho de los perfiladores del FBI y se dirigió a su oficina en Arlington, tenía ya una misión, un rumbo al que dirigirse. Ya no estaba inmerso en el desconcierto que había creado el asesino con sus tortuosos nudos de muerte: debía buscar a alguien que hubiera sido arrestado después del 25 de enero de 1984 (fecha de la última violación, la de Marcie Sanders), y liberado poco antes de septiembre de 1987 (cuando murió Debbie Davis). Y probablemente la causa del arresto fuera el robo en un domicilio.

Acto VI. La insistencia de Joe Horgas obtiene su fruto

Joe Horgas se pone manos a la obra: si el homicida actuó en Arlington en 1984 y había regresado al asesinato en Richmond en 1987, entonces debía buscar a alguien que hubiera sido arrestado en la primera ciudad en 1984 y que hubiera sido liberado o estuviera en libertad condicional en 1987 en la segunda ciudad. Con la ayuda de su equipo —todavía escéptico acerca de los resultados que podrían obtenerse de esas pesquisas— se pusieron a revisar innumerables archivos de los cuatro años anteriores, con el problema añadido de que no podían solicitar el apoyo de los policías de Richmond, quienes estaban buscando a un hombre blanco, sin ninguna relación con las violaciones, y además habían dejado muy claro a Horgas que ellos tenían mucha más experiencia que él en la investigación de homicidios. Estaba claro que para ellos su colega de Arlington era un novato que buscaba notoriedad mediante una teoría del todo inverosímil.

Y de pronto sucedió. En ocasiones ocurre que el esfuerzo sostenido en el pensamiento de una cuestión, hasta incluso llegar a ser una obsesión que marca durante un tiempo la vida de una persona, genera una fuerza en el recuerdo y en la intuición que produce un conocimiento, casi como una revelación, al que no se hubiera podido llegar de otro modo. Y así, el 4 de enero de 1988, Horgas estaba revisando archivos, cuando súbitamente recordó una investigación en la que había participado de un robo en un domicilio ocurrido hacía diez años, en 1978. Recordó que una mujer había testificado que un chico del barrio había entrado en su casa a robar. Durante las pesquisas, que no concluyeron en arresto alguno, Joe escuchó el rumor de que ese mismo chico (negro) había prendido fuego al coche o quizás a la casa de su madre. Ahora Joe, en 1988, casi en un estado de trance, recuerda que una de sus víctimas de violación declaró que después de que él la hubo obligado a meterse en el maletero de su coche (de ella), prendió fuego al asiento de atrás. ¿Cómo se llamaba ese chico? Lo único que podía recordar era el nombre: *Timmy*.

Todo el día 4 de enero y el siguiente lo pasó Horgas intentando recordar el apellido que iba detrás de ese Timmy. La mañana del día 6 no podía hacer otra cosa sino pensar en ello, así que dejó a un lado la pila de expedientes en la que estaba inmerso. Y, tras un sorbo de café, sus ojos se abrieron y su boca expelió un apellido: ¡Spencer! ¡Timothy Spencer! Cuando escribió el nombre en el ordenador donde figuraban los datos de todas las personas que tenían permiso de conducir, apareció su dirección actual, que era… Richmond. Con esta información ya pudo dirigirse al fichero informático del FBI para comprobar si tenía antecedentes; y sí, *los tenía por entrar a robar en los domicilios*. ¿Cuál sería su último delito? Los perfiladores de Quantico le habían dicho que debía buscar a alguien que hubiera cometido un delito después de la última violación, ocurrida el 25 de enero de 1984… ¡Y ahí estaba, en la pantalla, la fecha del 29 de enero como el último arresto de Spencer, por otro robo en domicilio!

Horgas, exultante, sabía que todavía no había acabado: debía ahora averiguar si estaba en libertad condicional antes de la fecha en la que empezaron los asesinatos de 1987 y, si era así, dónde se encontraba en la actualidad, ya que podía estar bien lejos del domicilio que figuraba en su ficha informática.

Hasta entonces Joe Horgas había sido como un corcho a la deriva en el océano del caso. Las corrientes lo habían arrastrado sin que él lograra controlar la situación. Se enfrentaba a ciegas con un depredador casi fantasma. Ahora las cosas habían cambiado. Era su turno. Él era el cazador.

Acto VII. Captura del estrangulador

La suerte estaba echada. En el departamento de policía que realizó su arresto de 1984 Horgas pudo averiguar que Spencer había sido liberado el 4 de septiembre de 1987, dos semanas antes del asesinato de Debbie Davis. A la salida de la cárcel Spencer había ido a vivir, en calidad de liberado condicional, a una casa de acogida para ex reclusos, en Richmond. Ya no cabía duda, Timothy Spencer tenía que ser el estrangulador. Su dirección que figuraba en la ficha, antes de ser arrestado, estaba muy cerca de la primera violación de 1983 y sólo a un kilómetro de las casas de Hamm y Tucker. Tal y como había predicho el FBI, Spencer empezó a violar en su propio barrio.

Ahora bien, quedaba todavía mucho por comprobar para hacer realidad la captura y condena de Spencer. En primer lugar, Horgas tenía que averiguar si durante los asesinatos de 1987 Spencer había sido visto en su hogar de ex reclusos. Porque si fuera así, él no podría ser el autor de esos crímenes. Y en segundo lugar, era necesario que Horgas tuviera pruebas concluyentes de que Spencer había matado a esas mujeres, porque nadie le había visto hacerlo, y no había huellas dactilares en los distintos escenarios del crimen que lo inculparan. Lo primero era fácil, lo segundo... Horgas comprendió, más que nunca, que sólo las pruebas de ADN podían conseguirlo.

Horgas llamó al director del hogar de ex reclusos. No le explicó la razón de por qué quería cierta información acerca de uno de sus residentes, pero le aseguró que todo sería confidencial. Horgas conoció en esa conversación el hecho de que Timothy Spencer tenía permiso para abandonar la casa los viernes a las 7 de la tarde y regresar el domingo por la noche. Todos los asesinatos se habían cometido en fin de semana, dentro de ese plazo de tiempo. También averiguó que el día de la muerte de Susan Tucker, que sucedió en Arlington —a 200 kilómetros de Richmond—, Spencer se había desplazado a esa ciudad para celebrar el día de Acción de Gracias (que es fiesta en Estados Unidos).

Con esa información en su poder, Horgas se dirigió a la policía de Richmond y les explicó todas las novedades, incluyendo la nueva opinión de los perfiladores del FBI acerca del estrangulador. A pesar de que tanto Glenn como Ray Williams, los investigadores de los crímenes en esa ciudad, estaban ya hartos de la «teoría de Horgas» del violador negro, decidieron cooperar en vigilarle, para curarse en salud. Ya que el asesino había seleccionado y acechado cuidadosamente a las víctimas, Horgas esperaba que Spencer pudiera volver a las andadas, y así pillarlo in fraganti. Pero después de vigilarlo durante una semana, los Williams le dijeron a Horgas que «Spencer no había hecho nada que indicara que era un asesino en serie», e interrumpieron el seguimiento. Con toda probabilidad, Spencer había detectado que le estaban vigilando, y se comportaba como un ciudadano ejemplar.

Horgas no daba crédito. ¡Todavía no creían los de Richmond que Timothy Spencer era el estrangulador! Así las cosas, Horgas no tuvo más remedio que moverse muy rápido y jugársela, y en una entrevista con Helen Fahey, la fiscal del Arlington, quedó medianamente claro para ambos que debían arrestar a Spencer y, lo más importante, que por encima de todo debían lograr una muestra de su sangre para analizar su ADN y poder así compararlo con los restos de semen encontrados en la escena del asesinato de Susan Tucker. Sin embargo, ¿cómo lograr procesarlo? ¿Qué pruebas hay para arrestarlo? Hasta ahora lo único que tiene Horgas contra Spencer es lo siguiente: que en las horas y días en que las cuatro mujeres de 1987 fueron asesinadas, Timothy Spencer *tuvo la posibilidad* de hacerlo. ¡Esto no es gran cosa! Pero aquí de nuevo vamos a ver la fuerza del espíritu, el poder de la convicción que persigue, hasta sus últimas consecuencias, proteger a los inocentes de los verdugos. Y así, Joe Horgas, ante la sugerencia de la fiscal Fahey, decide presentar su teoría ante el Gran Jurado, que en Estados Unidos es el órgano de decidir si se va a procesar a una persona de un delito grave. El día de su exposición ante las mujeres y hombres de Arlington que conforman el jurado, Horgas es todo pasión; de su boca salen como balas las razones por las que él está en lo cierto, *que no puede estar equivocado*: explica las violaciones, los crímenes, las semejanzas en los modus operandi. Les hace oír, fascinados, cómo los perfiladores del FBI dan crédito a su teoría de que el violador negro enmascarado y el asesino de Susan Tucker es el mismo hombre. Reproduce ante ellos el terror que vivieron las mujeres; dibuja en colores de negro y rojo los nudos, las caras convertidas en muecas de espanto y dolor. Y al poco tiempo de terminar, mientras Joe Horgas espera exhausto la decisión, recibe el fallo: el Gran Jurado acusa a Timothy Spencer de asesinar a Susan Tucker.

Con la orden de arresto firmada por el juez, Joe Horgas sale disparado hacia Richmond. Los policías reciben esa orden como una bofetada: ellos se habían negado desde el comienzo a considerar que Spencer era el asesino de las tres mujeres de su ciudad. ¡Y ahora tenían que ayudar al entrometido policía de Arlington a detenerlo! Lo peor sería la prensa, que se cebaría en ellos, ya que en los mentideros todos saben que Horgas lo considera el asesino de las cuatro mujeres de 1987, aunque la acusación que él lleva sólo se refiere a la víctima de su condado, Susan Tucker. Y está la humillación de que Spencer vivía en Richmond durante esos meses, delante de sus narices.

Ese mismo día, 20 de enero de 1988, Joe Horgas, acompañado de la policía de Richmond, detiene a Timothy Spencer.

Acto VIII. El ADN incrimina a Timothy Spencer

Horgas tiene fama de ser un interrogador implacable, pero Spencer no cede. Es cierto que oye con deleite los detalles que su captor le explica acerca de las violaciones y los asesinatos, pero de ningún modo confiesa nada. Entonces, cuando la dura sesión de interrogatorio va a concluirse, Horgas le dice a Spencer que, ya que es del todo inocente, no le importará dar una muestra de sangre. «O.K., no hay problema», contesta Spencer. La respuesta deja atónito al policía. ¿Por qué nos da una muestra de su sangre con tanta facilidad?, se pregunta. Aunque una opción es deducir que él es inocente, Horgas no puede permitirse el lujo de considerarla ni por un segundo. La respuesta ha de ser más sencilla: Spencer desconoce lo que puede lograr el análisis del ADN. Lo más lógico es pensar que él hizo un razonamiento parecido a éste: «¿Quieren mi sangre? Muy bien, yo no me corté en ninguno de los crímenes, así que no podrán demostrar que participé en ellos. No hay sangre mía en las escenas de los crímenes». Sin embargo, Spencer sí dejó su semen, y a partir de él se puede extraer el tipo sanguíneo. Luego la policía podría concluir que su tipo sanguíneo encajaba con el del semen. Pero sin duda, aunque él supiera ese hecho, probablemente sabría que esa coincidencia era insuficiente para condenarle.

Y en efecto, Deanne Dabbs, analista del laboratorio forense del estado de Virginia, trabajando contrarreloj, pronto notificó a Horgas que su tipo sanguíneo y PGM coincidían, lo cual dejaba al sospechoso dentro del 13 por ciento de la población que tenía esas dos características. Pero ese 13 por ciento era mucha gente, un mundo, y ningún jurado le condenaría por esa coincidencia, ni siquiera considerando que una muestra de pelo púbico que Spencer también había accedido a dar a Horgas tenía, en palabras de la forense, «las mismas características que los pelos hallados en el cuerpo de Tucker y en su fregadero» (ver cuadro 2).

CUADRO 2
EL ANÁLISIS DE LOS PELOS

El análisis de los pelos dista mucho de ser un análisis tan preciso como, por ejemplo, las huellas dactilares; sin embargo, se puede llegar a discriminar si el pelo es humano o animal, a qué raza pertenece el pelo de una persona y cuál es la parte del cuerpo de la que procede. Los resultados óptimos se obtienen cuando se dispone para el examen tanto de la raíz como de la punta. Si no se tiene la raíz, entonces las posibilidades disminuyen mucho, y lo que se pueda obtener de él depende de lo largo que sea y de la parte del cuerpo del que proceda. La identificación más segura es la de la raza. El pelo de los negros es rizado y presenta bucles. En el microscopio este pelo muestra los pigmentos en agrupaciones. En cambio el pelo de un hombre blanco tiene los pigmentos más uniformemente distribuidos en toda su extensión.

El cabello y los pelos públicos son los más fáciles de analizar, porque son muy característicos. En cambio, los pelos de los brazos y de las piernas son más finos y cortos, y debido a que se hallan más expuestos a la limpieza y a la abrasión de la ropa, pierden muchas de sus propiedades debajo del microscopio.

El mayor problema en el análisis de los pelos y su comparación es que son muy transferibles: uno recoge pelos en un autobús, o en la sala de espera de un médico. Así, si bien en una escena del crimen es muy fácil que los pelos de la víctima y del agresor se transfieran, también lo es que la víctima presente pelos de personas con las que ella contactó una semana e incluso un mes antes.

Así que todo estaba en manos del ADN. Si la *huella genética* de la sangre de Timothy coincidía con la que se estaba analizando en el esperma de Lifecodes, todo se habría acabado. Por ello, una vez que Horgas remitió la sangre del sospechoso a Lisa Bennet, la analista de esa empresa que se hizo cargo de recoger las muestras del caso Tucker y de las violaciones de 1983, sólo quedaba aguardar. En esa tensa espera Horgas tuvo tiempo de reflexionar sobre quién era Timothy Spencer. ¿Cómo este joven de 26 años podía ser el causante de tanto dolor? ¿Por qué *necesitaba* lograr ese control del que hablaba el FBI administrando esas horas de tortura a sus víctimas? En sus archivos, Timothy no se diferenciaba en nada de otros muchos chicos negros que, desde pequeños, se habían metido en líos. Más bien al contrario, comparado con otros muchos, sus antecedentes sociales y económicos eran relativamente buenos. Su padre y su madre habían ido durante algún tiempo a la universidad. Ambos se divorciaron cuando él tenía 7 años, y parece que ya no volvió a ver más a su padre. Su madre disfrutaba de un buen empleo y, cuando tuvo una nueva pareja, Timothy la aceptó bien y no hubo problemas en casa, tampoco con su hermanastro, nueve años menor que él. Sin embargo, en su historial podemos ver una espiral incesante de delincuencia: a los 9 años provocó un incendio en la escuela e hizo ya algunos hurtos. A los 14 años tuvo el primer arresto serio por entrar a robar en un domicilio. A partir de ahí los delitos se suceden, sobre todo los de robo en hogares. Desde 1980 vivía con su abuela, quien le dio cariño e intentó sin éxito acercarlo a la iglesia. El informe psicológico realizado durante su estancia en prisión le calificó como «mentalmente sano, sin que sufra de delirios o alucinaciones», si bien constató el consumo regular de alcohol y marihuana. Aunque el psicólogo de la cárcel le calificó como individuo de inteligencia «media-baja», Horgas sabía que eso era un error, porque la metódica planificación de sus crímenes y la ausencia casi absoluta de huellas indicaban, bien al contrario, que era un hombre inteligente.

Quizás la respuesta al por qué de todo este horror no estaba en esos archivos, sino en la naturaleza del propio Timothy Spencer. En la película de 1995 dirigida por Arne Glimcher *Causa justa*, un asesino en serie, Blair Sullivan (interpretado por Ed Harris), contesta así a Amstrong, el abogado interpretado por Sean Connery, a propósito de la razón por la que mataba: «No se trata de una relación de causa y efecto; *es más bien un asunto de predisposición, de un apetito*».

En el departamento de policía de Arlington pudieron comprobar, por otra parte, que Timothy era un tipo que caía bien. Uno de los colaboradores de Horgas dijo de él que era «un chico agradable… Incluso no pude evitar sentir un poco de pena por él». Y, en efecto, Timothy era alguien ideal para salir y tomar una copa… Sólo habría que asegurarse de que ninguna mujer que le pudiera gustar quedara cerca.

Horgas estaba asombrado de ver de qué modo el asesino lograba suscitar la confianza y los sentimientos positivos de la gente. Los empleados del hogar de ex reclusos lo calificaron de «un joven amigable con aire reservado». E incluso la propia novia de Timothy Spencer, a quien Joe Horgas entrevistó, simplemente no podía creer que él fuera ese homicida implacable. En ningún momento reconoció que su novio tuviera «hábitos sexuales extraños», o tendencia violenta alguna. Todo debía de tratarse de un terrible error.

Pero no, no había error. Pasaron algunas semanas, hasta que el 16 de marzo Joe recibió la ansiada llamada de Lisa Bennet, de Lifecodes, la mujer que había analizado las muestras del homicidio de Susan Tucker y de las violaciones de 1983 que el policía pudo recuperar, y que las había comparado con la sangre de Spencer. Hubo tres coincidencias: dos manchas de semen en la escena del crimen de Susan tenían el mismo ADN que Spencer, así como otra mancha de semen perteneciente a una de las violaciones de 1983. Las muestras de las otras violaciones eran muy escasas, y habían quedado muy degradadas para permitir un contraste de ADN. Por idéntica razón no se pudo comprobar si había coincidencia en el caso del crimen de Carolyn Hamm, la primera mujer asesinada en Arlington.

Horgas había vencido. Su teoría quedaba probada: el violador enmascarado negro era el mismo que el asesino de Susan Tucker. Y todavía quedaba lo mejor: Lifecodes también era el encargado de analizar las muestras de los crímenes de Richmond. Al disponer de la sangre del sospechoso, Lisa Bennet también pudo comprobar si el ADN de Spencer era el mismo que el que figuraba en el semen de Debbie Davis y Susan Hellams (en el caso de Diane Cho, la mujer asesinada en el condado de Chesterfield, las pruebas se habían degradado). Ante la estupefacción de los policías de Richmond, de nuevo hubo coincidencia: Spencer las había matado. Horgas había vuelto a ganar: el asesino de Arlington era el mismo que el asesino de Richmond.

David Vasquez fue liberado en 1989; el estado le indemnizó por su estancia en la cárcel. Timothy Spencer fue ejecutado en la silla eléctrica en 1994. Nunca reconoció ser culpable de ninguno de los crímenes. Su hermanastro dijo, después de que aquél fuera ejecutado, que «el ADN lo había enviado a la muerte». Sin embargo, esto no era del todo cierto. El perfil del FBI reafirmó a Joe Horgas en su teoría, y le indicó dónde tenía que buscarlo. Los análisis forenses preliminares (semen y cabello) también fueron muy importantes en diversos momentos críticos de la investigación. Es verdad que el ADN, por vez primera en la historia de la ciencia forense de Estados Unidos, había logrado probar de modo definitivo la culpabilidad de un asesino en serie. Pero el ADN no lo había capturado.

Lo hizo Joe Horgas.

El siempre ocurrente Chesterton aseveró en una ocasión que «hemos de tener en cuenta no sólo lo que es improbable sino también lo probable; y en especial las coincidencias que son abrumadoramente probables». Este consejo subraya la importancia de no dejarse arrastrar a una conclusión precipitada, por más que las circunstancias insistan en apuntar hacia un lado. *Muchas coincidencias, si son probables, pueden llevarnos a cometer errores.* Ésa es la razón por la que una investi-

Tony King protesta ante el tribunal que le juzga por el crimen de Rocío Wanninkhof. Sus patrañas y mentiras no pueden ocultar que es un psicópata sexual necrófilo, aunque algunos no quieran verlo.

gación criminal debe siempre pisar terreno sólido, y no debe contradecir los conocimientos más asentados que la criminología ha reunido acerca de un crimen en particular, salvo que haya pruebas irrefutables de que *lo improbable* ha ocurrido.

Este comentario tiene especial importancia en el caso de Tony King, que vamos a revisar en este capítulo. Apenas terminó la vista oral del juicio por la muerte de Rocío Wanninkhof (noviembre de 2006), y todavía estoy impresionado por el enorme revuelo mediático suscitado por este nuevo juicio. Una razón de tanta expectación fue que Dolores Vázquez, la antigua ex amante de la madre de Rocío y anterior inculpada del asesinato, sigue en el punto de mira del entorno de la joven fallecida. A esto se suma que King continúa haciendo el payaso apurando sus últimos momentos de fama antes de hundirse definitivamente en el olvido de la cárcel. Pero hay algo más que toda la parafernalia propia de este juicio, algo más amplio y profundo: nuestra fascinación por el psicópata, por el crimen, por el asesino en serie.

La fascinación del asesino en serie

Nos interesan los asesinos en serie porque nos fascina el asesinato en sí. La escritora P. D. James lo ha dicho con meridiana claridad:

> [El asesinato] es el crimen más importante y serio. El único que no se puede reparar. Fascina al ser humano desde el principio de los tiempos. La Biblia arranca en sus primeros capítulos con un asesinato. Nos seduce descubrir qué lleva a una persona a cruzar la línea invisible que divide a los que matan de los que no matan. Me refiero […] a la planificación deliberada y detallada de la muerte de otra persona. Es un acto espantoso que todavía contemplamos con cierta fascinación o reverencia.

Sí, en efecto, «es el único que no se puede reparar», y por ello alguien que maquina de modo sistemático *(en serie)* cómo producir este resultado *irreparable,* nos produce mucho más horror y, por ello mismo, más «fascinación o reverencia».

Las novelas y películas que reproducen crímenes seriales tienen siempre un público fiel, que en algunos casos llega a ser muy numeroso, como en los éxitos internacionales de *El silencio de los corderos* o *Copycat*, y en multitud de libros como *El perfume* o *El alienista*. El asesino en serie se presta a vigorizar cualquier situación y época: desde la Europa del siglo XVIII *(El perfume)* y el Nueva York del XIX *(El alienista)*, hasta la moderna e impersonal metrópolis de finales del XX *(American Psycho)*. Grupos de rock y artistas buscan en la estética del homicidio repetido señales de identificación y de *modernidad*, como Marylin Manson, cuyo apellido rinde honores al asesino múltiple Charles Manson, gurú de la secta que mató a la actriz Sharon Tate y otras personas en dos actos de violencia brutal.

El glamour de este particular depredador de nuestra civilización es tan intenso que hasta asesinos seriales convictos como Ian Brady (se describe en los capítulos 9 y 10) no han podido rechazar el aura de fama y misticismo sangriento con que muchas veces se recrean sus *hazañas*, y se han aventurado a explicar cómo y por qué se produce el crimen múltiple e incluso la propia psicología del asesino.

Finalmente, los sociólogos y antropólogos han reparado en que la existencia de un asesino en serie puede ser un elemento significativo de solidaridad social, y un punto en el que apoyarse a la hora de reivindicar medidas de reforma social así como de protesta airada contra la ineficacia y la corrupción de los poderes públicos.

De lo primero, del asesino en serie como un aldabonazo en la conciencia social de todo un pueblo, es un ejemplo sin par el mismo Jack el Destripador. Este homicida mítico caza en un terreno abonado por la desidia de una metrópolis que piensa que en esa zona de la gran urbe viven los que merecen vivir allí; degenerados, prostitutas y borrachos. Whitechapel es, como mucho, un lugar para hacer excursiones en busca de un esparcimiento prohibido y un retorno pronto y seguro a casa. Pero ese distrito y sus alrededores son el producto más descarnado del nuevo hábitat que impuso la revolución industrial, oprimiendo a decenas de miles de obreros y gente menesterosa en calles y habitaciones insalubres, al tiempo que los burgueses y gente de bien se expanden a las avenidas grandes y arboladas de las lujosas calles pavimentadas con el dinero del nuevo capital.

Jack mata ahí como un lobo en un redil de ovejas. Y cuando el público del Londres cosmopolita *se ve obligado* a mirar, horrorizado, lo que sucede en Whitechapel durante ese otoño de terror de 1888, comprende que no sólo sucede un acontecimiento policíaco, sino que *por vez primera ve* la pobreza y la brutalidad que esconden esos sucesos. Los pobres, las meretrices y los policías están casi inermes ante el Destripador, porque en ese mundo, todavía ciego frente a la ciencia forense, imperan unas condiciones de vida que generan enfermedad, miedo e insolidaridad y que lanzan a miles de potenciales víctimas cada noche a la calle. Y así, resulta paradójico señalar que las reformas importantísimas en materia de seguridad y de higiene pública que se impusieron en esa zona paupérrima de Londres debieron mucho a los crímenes del Destripador.

* * *

Un asesino en serie también puede suscitar otro poderoso efecto beneficioso en la comunidad en la que actúa, incluso en todo un país. El caso del que me voy a ocupar ahora es el del Asesino de la Morgue, y el país es Yemen. Después de largas negociaciones, el 22 de mayo de 1990 Yemen del Norte y Yemen del Sur se fundieron en un solo estado que tomó el nombre de Yemen. Pero la inestabilidad ha sido la nota dominante, debido a las diferentes tensiones y corrientes que han pugnado por hacerse con el poder, junto a las diversas corrientes ideológicas y familias árabes que coexisten en el territorio. En 1994 hubo una corta pero cruenta guerra civil, pero al fin en 1998 se alcanzó una cierta estabilidad al apoyar los partidos más poderosos al presidente de la república, que resultó elegido en las primeras elecciones presidenciales por sufragio universal celebradas en la historia del joven país.

La primera noticia pública de este asesino surge el 10 de mayo de 2000, cuando se descubren dos cuerpos mutilados de mujer en la Universidad de Sana, en la capital (del mismo nombre) del país. Dos días más tarde, la policía arrestó a un técnico de nacionalidad sudanesa que estaba empleado en el depósito de cadáveres de la facultad de Medicina y que confesó ser el autor de cinco asesinatos. El detenido se llamaba Muhammad Adam, de 42 años de edad, y si bien en un principio reconoció haber violado y luego matado a cinco estudiantes de la facultad, posteriormente se informó que durante los interrogatorios admitió ser un asesino en serie mucho más prolífico. Según el periódico *The Obser-*

ver del 11 de junio, su lista de crímenes era espeluznante: 16 víctimas en Yemen y al menos 24 repartidas entre Sudán, Kuwait, el Chad y la República Centro-Africana. La prensa también especuló con la idea de que Adam había implicado en los crímenes a miembros del cuerpo de profesores de la universidad, quienes participarían con la venta de órganos extraídos de los cadáveres.

De acuerdo con las investigaciones, el modus operandi de Adam consistía en engatusar a las estudiantes para que acudieran al depósito con la oferta de ayudarlas en sus estudios. Una vez allí las atacaba súbitamente, las violaba y, finalmente, las asesinaba. Además, Adam grababa en vídeo todas estas acciones, y se quedaba algunos huesos como recuerdos de sus crímenes. Luego hacía desaparecer partes de los cuerpos en las alcantarillas, y otras partes las enterraba en diversos lugares de la universidad. Incluso se señaló que Adam tenía un mercado para vender ciertas piezas de los cuerpos, junto con las pertenencias de las víctimas.

Particular interés tiene una entrevista que concedió el asesino múltiple a un periodista de una revista:

PERIODISTA: ¿Cómo mataba a su víctima?

ADAM: La estrangulaba o bien la cogía por la cabeza y la golpeaba contra el suelo.

PERIODISTA: ¿Lo hacía inmediatamente después de que entrara en el depósito?

ADAM: Sí, tan pronto como estaba dentro.

PERIODISTA: ¿Y por qué troceaba su cadáver?

ADAM: Para ocultar lo que había hecho. Primero la cortaba por la mitad, y luego cada mitad en partes más pequeñas. Escondía esos pedazos unos días, y luego acababa de trocear el resto. Al final, para dejar limpios los huesos los ponía en una pila para disolver la carne en ácido.

Cuando se le preguntó por qué había seleccionado a esas estudiantes en particular, él contestó: «Sentía un impulso que no sabía de dónde venía. Cuando veo a chicas, sobre todo las chicas hermosas, algo pasa en mi mente. Nunca puedo resistir ese impulso». Adam reconoció que cometió su primer asesinato antes de casarse, cuando tenía 22 o 23 años. Explicó que le influyeron mucho ciertos libros satánicos que leyó de joven, traducidos del inglés de forma clandestina, en particular uno que se titulaba *El asesinato de las mujeres*. Según dijo, le dolía cometer esos hechos tan monstruosos, pero no podía explicar lo que le sucedía. Cuando se le instigó para que explicara mejor sus motivos para violar y matar, contestó: «Yo mato a una chica para que entre en el cielo sin que se dé cuenta, mientras que así yo voy al infierno». Cuando se le preguntó por qué respetó la vida de su mujer, él dijo entre risas: «¿Ella es una mujer?».

Las investigaciones revelaron que Adam había sido expulsado previamente de la universidad, en 1999, por robo. Eso indignó mucho al público, que no comprendía cómo con posterioridad pudieron volver a contratarlo en el puesto de técnico del depósito de cadáveres. La prensa también descubrió que Adam no tenía la cualificación apropiada para desempeñar ese cargo, porque con anterioridad había trabajado de jardinero y no había cursado estudios que le permitieran ocupar ese empleo en la universidad. Otras críticas muy duras se dirigieron a los responsables de la universidad por no preocuparse de la seguridad de sus alumnos. El hecho de que algunos de los cuerpos recuperados no tuvieran órganos como riñones o hígados levantó profunda indignación, porque parecía confirmar que existía una red de venta de órganos, algo que el asesino negó. No obstante la policía detuvo a varios miembros del personal de seguridad de la universidad.

Los debates se sucedieron en las mezquitas, en la televisión y periódicos. Debido a que mucha gente en Yemen es analfabeta, se hizo práctica común grabar en audio esos debates y reproducirlos en diversos lugares públicos. Aunque hubo un cierto sentimiento de rabia hacia la comunidad de sudaneses residente en Yemen, la mayoría de los ciudadanos entendió que este asesino no era un problema provocado por su nacionalidad, sino por la corrupción e ineptitud de las autoridades universitarias y de las instituciones de justicia. Yemen, que se había unificado como una sola nación sólo diez años antes, encontró en la fascinación y el horror provocado por el asesino en serie un motivo para afirmar su nacionalidad y su pertenencia a un estado, y por ello provocó una corriente de fuerte crítica a las autoridades exigiendo que se depuraran todas las responsabilidades.

La prensa y los medios en general llamaron a Adam «el nuevo Jack el Destripador», y tal y como hemos visto, la comparación era realmente acertada, no sólo por la brutalidad y modo de ejecución de los crímenes, sino por su capacidad para catalizar el debate público en torno a las responsabilidades de los gobernantes. En el caso de Yemen, además, la fascinación por el asesino hizo consciente al pueblo de que en su miedo se sentían miembros de un tejido social nacional, que eran *en verdad un pueblo* que estaba atemorizado porque esos crímenes pudieran repetirse. El hecho de que un asesino estuviera matando sistemáticamente a chicas jóvenes de la facultad de Medicina —finalmente Adam reconoció haber matado a 16— en la misma capital del país, ponía en solfa la capacidad del gobierno para dar una mínima seguridad a sus ciudadanos y, por extensión, dejaba en evidencia la eficacia de todo el aparato del estado. El asesino hizo sentirse a los habitantes de Yemen más ciudadanos que nunca y, como tales, dirigieron sus críticas llenas de ira a los responsables políticos. El pueblo exigió leyes y prácticas públicas que impidieran que un hecho así pudiera volver a suceder por obra de la desidia y la corrupción de las autoridades.

Muhammad Adam fue sentenciado a morir. El 20 de junio de 2001, en un lugar público cercano a la universidad donde trabajó, delante de los familiares de todas sus víctimas, un policía ejecutó la sentencia, disparándole cinco veces con su pistola a la espalda.

Tony King: el asesino que llegó del frío

La novelista Amélie Nothomb ha dicho que «las personas que cometen maldades raramente se sienten concernidas cuando se les habla de ello. Los auténticos culpables siempre se creen impunes». Cuánta verdad esconden estas palabras; en particular los asesinos en serie no podrían seguir con su secuencia homicida si no pensaran, en efecto, que les esperaba la impunidad, en lugar de la cárcel o el patíbulo.

Hay un momento muy delicado para un asesino: cuando es capturado por vez primera. En ese instante su sentimiento de invulnerabilidad se quiebra de forma brusca y el autor se ve confrontado por la verdad de una realidad innegable, que no es que le afrente por la perversidad de los actos que ha protagonizado, sino por las consecuencias que ha de arrostrar ahora que ha sido detenido. En los interrogatorios iniciales, si las pruebas son claramente incriminatorias, el asesino tiene muchas probabilidades de confesar.

Es lo que le sucedió a Tony Alexander King cuando fue capturado. No sólo reconoció haber matado a Sonia Carabantes, sino también anteriormente a Rocío Wanninkhof. Esto es lo que King declaró ante la policía:[1]

Estuve dando vueltas por la Cala de Mijas. Fue entonces cuando vi a Rocío caminando. No la conocía, pero la seguí. Me pareció una chica muy atractiva. Pensé en bajarme del coche y tocarle el trasero y las piernas. Iba vestida con un pantalón vaquero oscuro y una camiseta también oscura. Aceleré, la rebasé y busqué un sitio donde aparcar. Lo dejé a unos 50 metros de donde iba ella. Es muy probable que mientras conducía estuviera fumando y arrojase el cigarrillo por la ventanilla. Por entonces, yo fumaba LM *light* o Marlboro *light*, pero no recuerdo qué marca fumé aquella noche. A lo mejor compré otra.

Fui al encuentro de Rocío. Mientras andaba hacia ella, pensé en sacar una navaja del bolsillo y ponérsela en el cuello. Era de 1 centímetro de ancho y 9 de largo. Quería asustarla, intimidarla, para que se dejase tocar. Cuando me crucé con ella abrí la navaja y se la puse en el cuello.

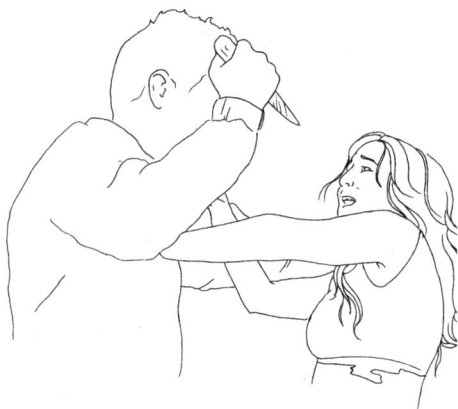

Dibujo 1.
King atacó de súbito a Rocío. Miente cuando dice que todo fue un accidente. La sangre de la chica revela que su agresión fue rápida y brutal. Esta vez no quería a una chica inconsciente para violarla, sino a una joven muerta para luego abusar de ella.

---

[1] Este caso aparece mucho más ampliado en el libro que escribí con Patricia López, *El rastro del asesino*, Ariel, 2006. Las cursivas son mías.

Se asustó, gritó y me empujó para intentar escapar. *El cuchillo era muy afilado y a consecuencia del empujón Rocío se hizo una herida en la garganta.* Intentó huir. Entonces la agarré por la cintura, todavía con la navaja en la mano. Ella no dejaba de llorar y de gritar y le puse la otra mano en la boca. Pensé que, como era joven, tendría miedo, haría lo que le dijera y no lucharía conmigo. Pero ella no paraba de defenderse y de revolverse. *Todo salió mal. Caímos al suelo y Rocío se clavó la navaja.* Se la dejé clavada y traté de llevarla detrás de un bancal porque vi un coche acercándose, aunque ella se resistía. Posiblemente la agarré de los brazos, incluso del pelo. Ella no paraba de forcejear. Rocío seguía intentando escapar, así que le tiré de los pies y es posible que se le saliera un zapato. *Luego la agarré de los pantalones y, según tiraba, se le salieron.* Rocío no dejaba de gritar mientras la arrastraba a la parte superior del descampado. Le dije que se callara, pero ella seguía gritando y eso me ponía muy nervioso. Saqué la navaja del cuerpo y la apuñalé en el estómago y en la espalda, aunque no lo recuerdo muy bien. No sé cuántos navajazos le di. La última vez que le clavé la navaja, ella estaba de rodillas con las manos apoyadas en el suelo.

Después todavía respiraba, pero ya no intentaba escapar. No sé si le dejé clavada la navaja o se la saqué y la tiré, pero salí corriendo de allí, en mi coche, a gran velocidad.

Dibujo 2. Rocío debió de caerse y, mermada de fuerzas, todavía pelear por su vida. Pero King sólo estaba acabando lo que había empezado.

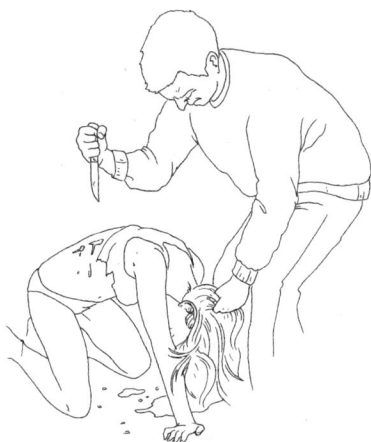

Dibujo 3. King confesó que acabó de matarla cuando ella estaba de rodillas, ya vencida.

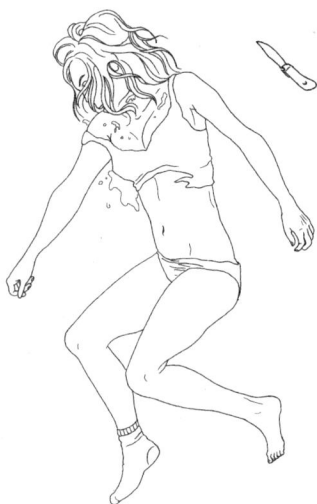

Dibujo 4. El cuerpo de Rocío revela la brutalidad del ataque. King suelta el cuchillo y, excitado, contempla su obra. Su deseo sexual compite por el miedo a ser descubierto.

Quizás media hora o una hora más tarde, no sé cuánto tiempo después, regresé. No sé qué hice durante ese tiempo. Recordé que no tenía el cuchillo y decidí volver a trasladar el cuerpo a otro lugar. No sé qué hora era, pero cuando llegué ya estaba muerta. La tiré en el maletero y cogí la navaja. Conduje por la N-340 en dirección a Marbella y, más o menos, a

Dibujo 5. King fumó el famoso cigarrillo Royal Crown en algún momento del ataque. Aquí nos tomamos la licencia de mostrar esa acción mientras se apresta a transportar el cuerpo de la joven. Ese cigarrillo será una de las pruebas esenciales en su captura y condena.

la altura de Elvira, vi un camino de tierra no asfaltado y me desvié por el carril. La saqué del maletero y cayó al suelo. Miré alrededor buscando un lugar donde esconderla. La moví dos o tres veces de sitio hasta que encontré el lugar que creí adecuado [era el sitio conocido como los Altos del Rodeo]. *En ese momento pensé en tocar a Rocío antes de irme.* Llevaba unas bragas blancas y un top azul que se había desgarrado durante la pelea. Le veía los pechos porque tenía el sujetador descolocado en uno de los hombros.

Dibujo 6. King testificó que abusó de Rocío cuando la vio semidesnuda, en el lugar que eligió para depositar su cuerpo inerte. Esa perversión se llama necrofilia. Mi opinión es que no fue algo sobrevenido, sino que, al contrario, fue la fantasía que llevó a King a perpetrar el asesinato de la chica.

Creo que le quité las bragas y que estuve tocando su cuerpo. No me quedé mucho tiempo porque no quería que me pillaran con la chica. La tapé con unas hojas que había allí y me fui con el coche, dirección Marbella, hasta que encontré un cambio de sentido y giré hacia la playa que hay a la altura de Riviera del Sol [una urbanización]. Tiré la navaja al mar y allí me estuve lavando. No estoy seguro de si también limpié el coche, creo que no.

Recordemos los principales acontecimientos de la biografía criminal de Tony King (veáse cronología de Tony King). Vemos que en Inglaterra, cuando todavía se llamaba Tony Alexander Bromwich, es condenado por estrangular a varias mujeres, si bien tal acción no perseguía matarlas, sino dejarlas inconscientes para así poder abusar sexualmente de ellas. Este hecho tiene una peculiar significación en el contexto de los crímenes de Rocío y Sonia, porque tal y como luego argumentaré, hay una continuidad entre las agresiones que lleva a cabo en Inglaterra y las que hizo con posterioridad en España.

Tony King es un psicópata sexual. A estas alturas del libro, ya sabemos lo que esto significa: un sujeto sin capacidad de sentir emociones morales auténticas (amor, empatía, lealtad), sin conciencia, que no es capaz de experimentar arrepentimiento sincero por sus fechorías y errores y que, inmerso como está desde su juventud en el mundo del delito, sólo vive para satisfacer sus deseos más primarios. Su mundo es su ombligo. Además, entre todos sus deseos sobresale el placer de sentir el control de la víctima mediante la explotación de su lujuria. El psicópata sexual emplea el asalto sexual y la muerte como medios para lograr su realización personal más plena, el éxtasis de los sentidos que se logra con la posesión total de la víctima mediante el doble mecanismo de la agresión sexual y el homicidio. A esto podemos añadir el deseo de que la víctima sufra (sadismo) cuando la violencia explayada contribuye a un dolor innecesario de la víctima

Tony King ya había matado en 1999 a Rocío Wanninkhof. Antes de dar muerte a Sonia Carabantes en 2003 King comete varias violaciones, que confiesa, pero sólo una de las víctimas lo denuncia como autor, que fue la que se juzgó en mayo de 2006 (ver cronograma). En el reportaje elaborado por el periodista Alfonso Egea para la revista *Así son las cosas*, podemos leer paso a paso cómo se produjo esa agresión. El 24 de junio de 2001 Carmen, de madrugada, va a recoger su coche para transportar a su hijo de casa de su familia, donde ha pasado la velada, a su hogar.

Abrí la puerta y de repente alguien me empujó por detrás y comenzó a golpearme. Yo me había quedado bocabajo, con la cara sobre los asientos, y aquella persona no dejaba de golpearme en la nuca, creo que quería dejarme sin sentido.

Luego los golpes cesaron y recuerdo que ese hombre me levantaba la mano y la dejaba caer para comprobar si seguía consciente. Fue entonces cuando empezaba a tocarme los pechos, mientras intentaba arrancarme la ropa interior. Quiso violarme y por eso yo saqué fuerzas de donde no me quedaban para revolverme en el asiento y darle patadas.

Apenas me dio tiempo de levantarme y ya lo tenía encima de mí otra vez, metiendo sus manos por debajo de mi ropa. Empecé a gritar con más fuerza y él se asustó. Al ver que no iba a dejarme violar, se marchó corriendo hacia un descapotable de dos plazas en el que lo esperaba otro hombre.

Cuando dos años después Carmen vio por televisión a King a consecuencia de su detención por el caso de Sonia Carabantes, lo identificó sin lugar a dudas como su asaltante.

CRONOLOGÍA DE TONY KING (REALIZADA POR PATRICIA LÓPEZ)

1965: nace Tony Alexander Bromwich en el londinense barrio de Holloway, Reino Unido.

1986: es condenado en el Reino Unido por agredir a cinco mujeres. Le bautizan entonces como el Estrangulador de Holloway.

1992: detenido por agredir a una mujer en una cabina.

Septiembre de 1996: sale de prisión y conoce a Cecilia Pantoja.

1997: Tony se cambia el apellido por el de King, se casa con Cecilia y se traslada a Mijas, Málaga.

1998: Scotland Yard avisa de que Tony Alexander Bromwich, ahora Tony King, está en España y es peligroso.

9 de octubre de 1999: desaparece Rocío Wanninkhof en Mijas, Málaga.

2 de noviembre de 1999: se encuentra el cadáver de Rocío a las afueras de Marbella.

Julio de 2000: se separa de Cecilia y se va a vivir a Coín.

7 de septiembre de 2000: la Guardia Civil detiene a Dolores Vázquez.

Octubre de 2001: condenan a Dolores por el asesinato de la joven malagueña.

Junio de 2002: el Tribunal Superior de Justicia de Andalucía ordena repetir el juicio contra Dolores.

2003: King se va a vivir con su nueva novia, Mari Luz Gallego, a Alhaurín el Grande.

13 de agosto de 2003: desaparece Sonia Carabantes en la feria de Coín, Málaga.

19 de agosto de 2003: aparece el cadáver de Sonia en Monda, a 8 kilómetros de donde desapareció.

Septiembre de 2003: los laboratorios de biología de la Guardia Civil averiguan la coincidencia de ADN del agresor en los casos de Rocío y Sonia.

18 de octubre de 2003: detienen al británico Tony Alexander King en la casa de su pareja en la localidad malagueña de Alhaurín el Grande. Reconoce los crímenes de ambas chicas y algunas violaciones.

2003-2005: cambia hasta cinco veces de declaración y otras cuatro de abogado.

Septiembre de 2005: acude a declarar por una violación en Torremolinos, Málaga.

17 de octubre de 2005: comienza el juicio por el asesinato de Sonia Carabantes. Es condenado a 36 años de cárcel.

Mayo de 2006: condenan a Tony King a 5 años por intento de violación de una mujer ocurrido en junio de 2001.

Noviembre de 2006: juicio por la muerte de Rocío. Es condenado a 19 años de cárcel. El jurado declara que otras personas desconocidas participaron en el asesinato.

* * *

Es importante comparar el modus operandi de ese intento de violación con la agresión a Rocío, dos años antes, y con la que llevará a cabo en la persona de Sonia Carabantes, dos años después. Ya sabemos cómo obró para sorprender, controlar y finalmente matar a Rocío. ¿Cómo actuó en el caso de Sonia? La justicia declaró probado que King la esperaba agazapado mientras regresaba de la feria a su domicilio en el municipio de Coín, ya de madrugada. Sonia camina sola, despreocupada. Entonces King la sorprende emergiendo de entre las sombras y la golpea con fuerza en la cabeza, como prueba la sangre que encuentra la policía en un coche próximo al lugar de la agresión. A continuación la introduce en el maletero de su coche, y conduce hacia las afueras. La joven está inconsciente o en estado de semiinconsciencia a causa de los golpes. Cuando lleva recorridos varios kilómetros, cerca de Monda, la saca del maletero y la lleva al asiento de atrás donde la golpea con una furia desatada. El informe forense dictamina 15 lesiones externas y 22 internas. A continuación, la asesina, estrangulándola con la camiseta de la propia chica. Posteriormente, abusa sexualmente de ella. Luego la deja debajo de unas piedras, junto a un arroyo, para evitar que encuentren con facilidad el cadáver. En su relato ante la Guardia Civil, en medio de sus mentiras habituales, cuenta lo que sin duda es verdad: «Creo que a Sonia le introduje un dedo en la vagina, no sé durante cuánto tiempo, pero creo que ya estaba muerta». Apuesto a que hizo mucho más con su cuerpo, y que ese tiempo fue prolongado.

La agresión a Carmen y el asalto a Sonia guardan semejanzas obvias, y una gran diferencia. Las semejanzas son dos fundamentalmente. Primero, el ataque es por sorpresa, súbito. King en ambos casos parece salir de la nada, como un personaje de una pesadilla siniestra. Segundo, el método de control de la víctima es a través de golpes muy fuertes, dirigidos a la cabeza. Recordemos que Carmen dijo que King «no dejaba de golpearme en la nuca», y que Sonia quedó inconsciente por el ataque brutal de su agresor, paliza que se repetirá en el interior del coche, con Sonia ya en su poder. La diferencia esencial está, qué duda cabe, en el resultado. Parece que King pretendía que Carmen quedara inconsciente para entonces abusar de ella; en su declaración ella dice que «ese hombre me levantaba la mano y la dejaba caer para comprobar si seguía consciente. Fue entonces cuando empezó a tocarme los pechos».

En cambio, King mató a Sonia para *después* abusar de ella. Cuando ataca a Sonia su deseo se tiñe de necrofilia. Fácilmente podía haberla agredido sexualmente *antes* de matarla, pero ocurrió justo lo contrario. En las agresiones sexuales que realizó en Inglaterra, antes de cambiarse el nombre y decidir honrar a los españoles con su presencia en nuestras tierras, este asesino no había matado. El apodo del Estrangulador de Holloway se lo había ganado a pulso porque estrangulaba a las mujeres para dejarlas inconscientes, y *luego* abusar de ellas. Esto es básicamente lo que *parece* que pretendió hacer con Carmen: dejarla sin sentido para vejarla. Por supuesto no podemos tener la seguridad de que no la hubiera matado, pero la secuencia de hechos que resultó antes de que la valentía de la víctima lo obligara a escapar conecta este asalto con los realizados en Inglaterra.

Ahora bien, hemos visto que a Sonia la mata primero y luego procede a realizar los abusos. ¿Por qué se produce ese tránsito hacia la necrofilia? La respuesta hay que encontrarla en el asesinato de Rocío en 1999. King va armado al encuentro con Rocío. Los análisis forenses y la propia declaración del asesino demuestran que el ataque fue devastador, muy rápido. Si quitamos todas las mentiras y excusas que introduce este canalla en su relato para hacerlo más *digerible*, que van dirigidas a que creamos que todo fue un *accidente*, que Rocío «se clavó» el cuchillo y otros elementos autoexculpatorios, lo que queda es un homicidio prístino lleno de una furia irrefrenable.

Uno podría pensar que quizás King pretendiera lograr con Rocío lo mismo que conseguía en sus agresiones a las chicas inglesas, es decir, dejarla inconsciente y luego abusar de ella. Pero dudo de esta interpretación, porque el cuchillo es un arma para matar o, como mínimo, para atemorizar a la víctima mientras consuma los abusos. Pero en tal caso, Rocío estaría consciente, y eso *no le valdría* a King para obtener placer. King necesitaba antes de la agresión a Rocío que las mujeres estuvieran inconscientes. Yo creo que con ella King evoluciona en sus motivos homicidas y desarrolla una perversión sexual que estaba latente en sus agresiones anteriores: la necrofilia, esto es, la relación sexual con cadáveres.

Esa desviación sexual o *parafilia* está muy clara en su relato de los hechos: «Miré alrededor buscando un lugar donde esconderla. La moví dos o tres veces de sitio hasta que encontré el lugar que creí adecuado.

En ese momento pensé en tocar a Rocío antes de irme. Llevaba unas bragas blancas y un top azul que se había desgarrado durante la pelea. Le veía los pechos porque tenía el sujetador descolocado en uno de los hombros. Creo que le quité las bragas y que estuve tocando su cuerpo. No me quedé mucho tiempo porque no quería que me pillaran con la chica».

Por supuesto, él explica todo el asunto como si *de repente* encontrara excitante y sexy un cadáver lleno de sangre al que acaba de coser a puñaladas, pero las cosas no funcionan así. Sabemos cuán importante es la fantasía como motor de la compulsión de los asesinos en serie. King debió de nutrir su compulsión mediante innumerables imágenes en las que fantaseaba con sentir el tacto del cadáver bajo sus manos.

Por consiguiente, cuando King ataca a Sonia ya está determinado a cometer un nuevo asesinato. Quiere volver a experimentar la necrofilia. ¿Por qué no siguió matando después de asesinar a Rocío? ¿Por qué volvió al viejo modus operandi de dejar a la víctima inconsciente antes de vejarla? Creo que al respecto hay dos respuestas satisfactorias. En primer lugar, quizás *sí matara* después del homicidio de Rocío, pero no lo sepamos.[2] Y en segundo lugar, porque los investigadores del perfil de los asesinos ya han documentado con claridad cómo cambia el modus operandi en función de circunstancias múltiples. Recordemos el caso de Richard Ramírez, en el capítulo 1. Después de muchos asesinatos, Ramírez dejó vivir a algunas de sus víctimas. Es muy posible que King tuviera miedo de cometer un nuevo crimen, dada la enorme cobertura mediática que se produjo después de la muerte de Rocío. Quizás pensó que era más seguro hacer lo que tantas veces había experimentado; al fin y al cabo la policía no pone tanto empeño en perseguir a alguien que abusa de una mujer si no hay lesiones graves. Y además, muchas mujeres pueden preferir no denunciar, enfrentadas a la tortura psicológica que les supone pasar por todo el doloroso proceso penal.

---

[2] Alfonso Egea señala en su reportaje que hay una chica llamada Teresa Fernández de la que no se sabe nada desde agosto de 2000, es decir, unos meses después del crimen de Rocío.

La necrofilia fue reconocida por el propio King de manera más explícita en su primera declaración ante la Guardia Civil: «Toco a las chicas cuando están muertas [...]. Luego me masturbo pensando en los tocamientos y eyaculo».

* * *

Cuando terminó el segundo juicio de Rocío Wanninkhof —que volvería a endosar a King otros 19 años de reclusión a sumar con los 36 del homicidio de Sonia y los 5 de la agresión a Carmen—, el jurado no encontró pruebas de que hubiera habido agresión sexual. Ello dio pie a que el abogado de King —que en muchos sentidos coincidía con el abogado de la familia de la víctima en su idea de incriminar a otras personas— siguiera manteniendo la tesis de la madre, Alicia Hornos, en el sentido de que Tony King no tenía en realidad un «motivo» para matar a Rocío y, como consecuencia, extender el manto de la sospecha hacia la anterior imputada, Dolores Vázquez. La tesis es sencilla: si King no tiene un motivo, entonces actuó como instrumento de otras personas que sí lo tenían. Finalmente, este argumento cobró mucha fuerza porque el propio jurado declaró que «otras personas desconocidas» habían intervenido en el asesinato de Rocío.

Pero lo cierto es que la declaración del comandante de la Guardia Civil en el juicio deja poco lugar a las dudas. En el excelente reportaje de Mayka Paniagua dedicado al juicio queda claro que los únicos restos orgánicos encontrados en la Cala de Mijas —donde se consumó el asesinato de Rocío— y los Altos del Rodeo —donde finalmente King depositó el cadáver después de intentar prenderle fuego sin mucho éxito— incriminan a King. La versión de éste en el sentido de que es Dolores Vázquez la que la apuñala dentro de un coche, riéndose, mientras él está bajo los efectos de una droga, acompañado de su amigo Robert Graham, es fruto de su egocentrismo, son ganas de generar un poco de confusión y unos minutos de gloria mediática antes de pudrirse en la cárcel el resto de su vida. El comandante de la Benemérita fue concluyente al afirmar la validez de la primera confesión, en la que explica con todo detalle cómo mató a Rocío: «Todo ocurrió tal como contó King. Las únicas contradicciones en las que incurrió fueron sobre el número de puñaladas que le asestó».

Para mí es ridículo que el abogado de King dijera que no había móvil sexual en la agresión a Rocío. Es claro que esta afirmación obedecía a su propósito de implicar a otras personas en el crimen, pero del hecho de que el jurado no pudiera establecer (por falta de pruebas forenses) que Rocío había sido sexualmente agredida, no se puede concluir que no se produjera dicha agresión, ni que, desde luego, no hubiera habido un móvil sexual. Es tan obvio el móvil sexual en los crímenes de King como en los de Gilberto Chamba. Creo que, en última instancia, sólo el abogado defensor de King y de la familia de Rocío, por las razones apuntadas, pueden argumentar esa ausencia de móvil.

La detención de Tony King no puede considerarse un éxito de la Guardia Civil. Ya no hablo de que incriminaran a Dolores Vázquez, sino de que, por razones que se desconocen, la información que la Interpol transmitió a la policía española revelando que King era un peligroso psicópata sexual no se hubiera tenido en cuenta. Esa pista necesariamente tenía que haberles llevado ante King, ya que la muerte de Rocío era claramente un crimen sexual, aunque el modus operandi no coincidiera con las agresiones de Inglaterra, tal y como expliqué previamente. La detención fue posible cuando Cecilia Pantoja, su mujer de entonces, sospechó de King, acudió a la policía inglesa el 12 de septiembre de 2003 y ellos le aconsejaron que avisara a la policía española.

El testimonio de Cecilia puso un nombre a una coincidencia de ADN que había conmocionado a la Guardia Civil poco después de que el ordenador vinculara los restos de piel que se almacenaban bajo las uñas de Sonia Carabantes con una colilla de cigarrillo Royal Crown encontrada junto al cuerpo de Rocío. No era la primera vez que la policía española había usado el perfil genético para llevar ante la justicia a un asesino (ver cuadro 1, el crimen de El Nevero), pero sí era la primera vez que este sistema había logrado capturar a un asesino en serie en nuestro país. De pronto la misteriosa capacidad del ADN para relacionar a un crimen con su autor alcanzó una notoriedad extraordinaria y puso en evidencia la importancia de almacenar muestras genéticas en los archivos informáticos como arma relevante para luchar contra los delincuentes violentos. Como cien años antes ocurriera con las huellas dactilares, en España la captura de King fue un triunfo histórico de esta metodología forense, más allá de los errores y obsesiones de las personas que, como investigadores o testigos, habían contribuido a hacer de estos dos asesinatos uno de los más rocambolescos de la moderna historia criminal española.

Tony King escapó del frío de Inglaterra y vino a la Costa del Sol a buscar un calor que necesitaba. Primero, para huir de la personalidad del Estrangulador de Holloway; allí era un hombre fichado y temido, mientras que en España era un perfecto desconocido y, por ello, éste era el lugar idóneo para empezar de nuevo. Segundo, para avanzar en su currículo criminal, protegido por compatriotas y por un ambiente amigo de la noche y del alcohol. Aquí, en la Costa del Sol, le esperaba una nueva carrera: la de asesino en serie.

CUADRO 1
EL CRIMEN DE EL NEVERO

Este caso representa la primera vez en la historia de la policía científica española que se logró obtener una coincidencia de ADN a través de dos muestras biológicas diferentes, una compuesta de células epiteliales y otra de sangre. A continuación hago una breve síntesis de los hechos, tal y como los recoge Carlos Bellver en su libro *CSI: Casos reales españoles* (pp. 217-230).

Era tiempo de carnaval en Badajoz, y Miguel Ruiz Vara, propietario de una empresa de distribución de frutas, se disponía a marcharse a casa para reunirse con su familia e ir a la fiesta. Sin embargo en su camino de salida del almacén (situado en el polígono industrial El Nevero) se encontró a dos hombres que se cubrían la cabeza con pasamontañas y con monos azules de trabajo, en cuya espalda figuraba la leyenda «T.E.M. Prisa». Los atracadores buscaban el dinero de la recaudación del día, unos 10 o 12 millones de pesetas, pero se presentó un problema peculiar: Miguel Ruiz pensó que se trataba de una broma, por ser martes de carnaval, así que se acercó a uno de los asaltantes e intentó quitarle la máscara. En ese momento, apenas a 30 centímetros de distancia, el ladrón le disparó a la cabeza. Había dos empleados en el almacén, pero no sabían dónde estaba el dinero. En realidad no existía ya tal dinero, porque Miguel Ruiz lo ingresó a mediodía; así que los atracadores sólo pudieron llevarse el importe que llevaba el muerto en su cartera, unas 50.000 pesetas. Huyeron llevándose el coche de la novia de uno de los empleados.

La policía encontró el coche a la mañana siguiente. En su interior hallaron los dos monos con restos de sangre. Otro elemento importante para la investigación fue que un testigo pudo memorizar la matrícula de los asaltantes. Con esa información llegaron a saber quién era el dueño del vehículo: se trataba de un delincuente habitual, Víctor Peco, un sujeto realmente grande (su apodo era el Gorila). Por otra parte, mediante la información que obtuvieron en la empresa propietaria de los monos de trabajo, averiguaron que el otro sujeto implicado en el robo frustrado y asesinato era Andrés Romero. Se produjo un gran paso en la investigación cuando la policía descubrió que ambos habían sido compañeros de reclusión en la cárcel de Badajoz.

Mientras tanto se enviaron las prendas al laboratorio de ADN de la Comisaría General de la Policía Científica de Madrid, que había sido creado en 1992. Un año después de estos hechos, en 2000, la policía dispondría del sistema informático ADN-VERITAS, que permitiría el cotejo inmediato de cualquier muestra biológica obtenida en una escena del crimen y los perfiles almacenados en la base de datos. Pero por ahora lo único que podía hacer la policía era obtener el ADN de los portadores de los monos de trabajo a partir de las células epiteliales que habían dejado. También comprobaron que las manchas de sangre pertenecían a la víctima. Comparando el perfil genético hallado en las prendas con los ya disponibles en los archivos, no se encontró coincidencia alguna.

Los delincuentes, sin embargo, continuaron atracando en los meses siguientes, haciendo esta vez de los bancos su objetivo. Eran profesionales y violentos. En el transcurso de uno de esos robos ocurrió un hecho trascendental en el desarrollo de los acontecimientos: en un forcejeo con un empleado, Romero resultó herido y cayeron varias gotas de sangre en el suelo. Cuando la policía contempló esto mediante la revisión de la grabación que habían efectuado las cámaras de seguridad, pudieron contrastar el ADN de esas gotas de sangre con el ADN obtenido mediante el examen de las células epiteliales que se hallaron en los monos de trabajo. Y, en efecto, allí estaba el nombre de Romero en ambas muestras.

Todavía tendrían tiempo de matar a otra persona, esta vez un compinche que se había vuelto quejumbroso a la hora de arrimar el hombro en los atracos. Cuando finalmente fueron capturados por la Guardia Civil, ambos negaron el robo y crimen de El Nevero. Ellos sabían que nadie les había visto la cara, y que no habían dejado huellas dactilares. Sin embargo, en el transcurso del juicio tuvieron tiempo para comprender que *sí* habían dejado algo. Ya nunca olvidarían lo que significan estas tres letras: ADN.

El grupo especial de la policía contra el Asesino del río Verde

El caso que paso ahora a exponer es extraordinario en más de un sentido. En primer lugar, se trata del asesino en serie que ostenta el récord de homicidios en Estados Unidos: nada menos que 48 víctimas demostrables, si bien —como suele ocurrir en estos criminales tan prolíficos— es posible que el número real sea muy superior, llegando quizás hasta las 70. Esto significa que este hombre es uno de los asesinos más terribles de la época moderna. En segundo lugar, constituye un ejemplo de singular fuerza de cómo el ADN pudo ayudar a resolver un misterio que, por diferentes razones, muy probablemente no se hubiera esclarecido jamás. Y en tercer lugar, porque pone de relieve que en ocasiones el arte (o la ficción) puede imitar a la realidad. Digo esto porque si en *El silencio de los corderos* la agente del FBI Starling acude a buscar la ayuda de un psicópata (Lecter) para capturar a otro (Buffalo Bill), esto fue algo muy parecido a lo que ocurrió unos años antes cuando el investigador, perfilador y asesor del FBI Robert Keppel aceptó la colaboración del asesino en serie Ted Bundy para capturar al Asesino del río Verde.

El 15 de agosto de 1982 un hombre descendió por la ladera de una colina para llegar hasta el cauce del río Verde, en las afueras de la ciudad de Seattle, en el estado de Washington (noroeste de Estados Unidos, lindante con Canadá). Pretendía pasar un rato de esparcimiento pescando en las aguas claras del río, provisto de un bote hinchable. De pronto, su vista se fijó en lo que parecía ser un rostro de una chica joven negra, que surgía ante él más como una imagen perteneciente a un maniquí que como un ser humano. Intrigado, intentó enganchar el cuerpo con un palo, pero el bote se movió bruscamente y el pescador cayó al agua. Cuando abrió de nuevo los ojos se dio cuenta de que el rostro, con la mirada perdida, era de una mujer de carne y hueso. Su espanto se incrementó cuando, segundos más tarde, divisó un segundo cuerpo desnudo, también perteneciente a una mujer negra.

Como pudo salió del río y, conmocionado, esperó postrado a que viniera alguien para pedir ayuda. Media hora más tarde pasaron por el lugar un padre con sus dos hijos que iban en bicicleta. Pronto llegó la policía. Había comenzado una de las etapas más angustiosas de la historia del crimen en Estados Unidos.

La policía dio una batida y encontró entre la maleza de la orilla del río un tercer cadáver, con un par de medias azules anudadas en el cuello. El forense dictaminó posteriormente que las tres mujeres habían muerto por estrangulamiento. Las dos víctimas encontradas en el río contenían en la cavidad vaginal diversas piedras. Estos tres cadáveres, sin embargo, no fueron los primeros. La policía tenía constancia de que en el año anterior otras tres mujeres habían sido halladas muertas de forma violenta en los alrededores del río. Ya no podían seguir negando la evidencia: había un asesino en serie que estaba actuando en la zona del río Verde.

El estado de Washington y su capital, Seattle, ya habían padecido unos años antes el azote de Ted Bundy, otro extraordinario asesino en serie, modelo de muchos posteriores (Ted Bundy se estudia en el capítulo 8), así que no tardaron en crear un grupo policial especial destinado a investigar esa nueva epidemia de crímenes, centralizado en el condado de King. Lo lideraban Richard Kraske, el jefe de la División de Investigación Criminal, y el inspector Dave Reichert. El punto de comienzo era éste: las víctimas pertenecían al ambiente de la prostitución.

Pronto se observó que el problema principal al que tenían que enfrentarse era cómo manejar la ingente información que, en un plazo muy breve de tiempo, se había generado. La policía realizó cientos de entrevistas con las prostitutas que trabajaban por la zona del río Verde así como en los lugares donde hubiera sido más fácil alquilar sus servicios. A consecuencia de este laborioso trabajo, que exigió vencer poco a poco la natural reserva de estas mujeres ante la policía, ésta averiguó que dos mujeres habían sido raptadas y atacadas por el conductor de un camión de color blanco y azul. De acuerdo con el testimonio de una de ellas, el camionero, después de haberla invitado a subir al vehículo, le puso una pistola en la cabeza y, amenazándola, la llevó hasta un lugar desierto donde procedió a violarla. Después de la agresión le permitió vestirse, mientras se alejaban ambos en el camión de la escena del delito. Él seguía apuntándola con la pistola a la cabeza. Sin embargo, la chica consiguió darse a la fuga aprovechando que el camión se había detenido en un semáforo.

La policía fue capaz en breve plazo de arrestar al agresor, un tal Charles Clark, que tenía en su poder dos pistolas. Clark admitió las dos violaciones, pero negó de pleno ser el Asesino del río Verde. La policía tuvo que creerle, no sólo porque contaba con una coartada sólida para explicar su paradero en las épocas en las que desaparecieron las víctimas, sino porque durante el tiempo en que era interrogado apareció una nueva víctima, esta vez una mujer embarazada de ocho meses. Desgraciadamente no fue la última. En septiembre de 1982 se halló la octava mujer, con su cuello asfixiado por dos calcetines de hombre fuertemente anudados. Entre ese mes y abril de 1983, desaparecieron aproximadamente otras 14 chicas, todas vinculadas con la prostitución, con edades entre los 15 y los 25 años.

En medio de la desesperación y las críticas de la opinión pública, surgió un rayo de luz, asociado con la última de las chicas desaparecidas, Marie Malvar. El novio de ésta la vio conversando con un cliente potencial en un camión de color negro y le llamó la atención que pareçía que ambos estuvieran discutiendo acaloradamente. Momentos después ella subió al vehículo y se fueron. Debido a que la existencia de un asesino de prostitutas había conmocionado y alertado a los que vivían en ese ambiente, el novio de Malvar se inquietó y decidió seguir al camión. Por desgracia lo perdió cuando se vio obligado a parar en un semáforo. Posteriormente comunicó lo que había presenciado a la policía. Nunca más volvió a ver a su novia.

Sin embargo este episodio tuvo una continuación menos de una semana después, cuando él, junto al padre y el hermano de Malvar, se encontró de nuevo con la presencia del camión sospechoso. Esta vez no lo perdió. Lo siguió hasta la casa del conductor y a continuación llamó de nuevo a la policía. Ésta interrogó al camionero, un sujeto llamado Gary Ridgway, que negó incluso conocer a Marie Malvar. Los investigadores se dieron por satisfechos con las explicaciones que Ridgway les dio.

La historia de las investigaciones criminales está llena de pasos en falso. En ese mismo mes otro proxeneta vio por última vez a su novia subir a un camión sospechosamente parecido al de Ridgway, e incluso llegó a ver el rostro del conductor, al que describió como «lleno de agujeros». A pesar de que comunicó ese hecho a la policía, el grupo especial creado para detener al asesino nunca relacionó ambos testimonios, es decir, no asoció como una nota relevante el que dos testigos vieran por última vez en dos sucesos diferentes a una mujer que había desaparecido a bordo de un camión que parecía ser el mismo en ambos casos.

En la primavera de 1983, la policía y su grupo especial estaban colapsados. Las prostitutas seguían desapareciendo, la información manejada seguía aumentando y, lo que es peor, no existía una línea de investigación fiable que pudiera conducir hasta el asesino. Entonces decidieron llamar a Robert Keppel.

Robert Keppel era un investigador de reconocido prestigio que había colaborado con diversos cuerpos policiales en la persecución de Ted Bundy, proporcionando información y dirección para su captura. En aquella época trabajaba como investigador criminal en la Oficina del Fiscal General del estado de Washington. Cuando aceptó la invitación y se puso al corriente, comprendió que todo aquello era bastante caótico, dado que los diferentes datos que podían vincular los numerosos crímenes no habían sido convenientemente clasificados ni evaluados de acuerdo con el significado que pudieran tener en el conjunto de la investigación.

Para su desgracia, el asesino no iba a tener con él ninguna deferencia. El 8 de mayo de 1983 apareció otro cadáver, perteneciente a Carol Ann Christensen, de 21 años, y lo que vieron los policías revelaba lo que los perfiladores denominan un escenario preparado *(disposed scenery)*. Eso significa que el asesino pretende conmocionar al investigador. En este caso Carol tenía un pez colocado encima de su cuello y otro en su pecho izquierdo. Había una botella entre sus piernas, medio introducida en la vagina.

Siguieron pasando los meses y, con ellos, las prostitutas que desaparecían y los cadáveres que hacían lo contrario: surgir en los alrededores del río Verde, pero también en otras zonas como el área cercana al aeropuerto Sea-Tac y los alrededores del lago Star. En total la policía había descubierto hasta cinco lugares donde el asesino depositaba los cadáveres. Al final de 1983, la lista oficial contabilizaba 18 víctimas, pero otras chicas estaban simplemente desaparecidas y tenían muchas probabilidades de añadirse con el tiempo a esa relación macabra.

* * *

Con Bob Keppel como asesor, el grupo especial creado para capturar al Asesino del río Verde inauguró 1984 con un nuevo jefe, el capitán Frank Adamson. En una decisión compartida, se decidió crear varios equipos con tareas especializadas, como investigar las relaciones de las víctimas o perseguir toda la información relacionada con los diferentes sospechosos. Desde luego, el problema residía en que éstos no eran muchos ni muy sólidos, al menos desde la perspectiva de la investigación realizada hasta la fecha. Por ello Adamson asignó tres policías a una sección nueva, denominada de Análisis de la Escena del Crimen, cuya misión era detenerse en detalle para estudiar el *modus operandi* y la *firma* que se manifestaban como patrones a través del estudio conjunto de los crímenes. Por otra parte, Keppel aplicó una nueva estrategia de investigación, que consistió en descartar a los sospechosos que verdaderamente no podían estar detrás de los crímenes, una vez que toda la información fue analizada nuevamente de modo riguroso. La idea era poder centrarse finalmente en un número mínimo de sujetos, en vez de trabajar con todos a la vez considerando que cualquiera de ellos tenía la misma posibilidad de ser el culpable.

Aunque en los próximos meses el grupo especial de la policía iba a afrontar el duro golpe de descubrir nueve cadáveres más, surgieron algunos elementos que permitieron ajustar mejor el perfil del asesino. Primero, éste parecía disponer de diferentes sitios donde depositar los cuerpos, en particular basureros ilegales o zonas muy aisladas. En segundo lugar, casi todos los cadáveres estaban cubiertos de basura o maleza, lo que llevó al perfilador del FBI John Douglas a señalar que el mensaje que el asesino quería transmitir con esa acción era que «las prostitutas son basura». En tercer lugar, la mayoría de las víctimas desaparecían de dos zonas en particular: el barrio chino y el centro de la ciudad. En cuarto lugar, al fin se obtuvo una evidencia física del desconocido asesino, en forma de una impresión de zapato junto a los restos de una de las víctimas.

Pero seguían emergiendo nuevos cadáveres, como una letanía tediosa e inmisericorde. En agosto de 1984 dos presos de la cárcel de San Quintín confesaron que ellos eran el Asesino del río Verde, pero resultó ser un engaño. Así las cosas, cuando se aproximaba el final de otro infausto año, aconteció un hecho sin parangón en la historia de la criminología: el asesino en serie Ted Bundy, que estaba preso en una cárcel de Florida y en espera de ser ejecutado, escribió una carta a Keppel diciendo que estaría dispuesto a colaborar con la policía para capturar al Asesino del río Verde.

¿Por qué su interés en hablar con Keppel? Le respeta como policía y pretende tener un doble beneficio de esas entrevistas. En primer lugar, quiere ganar credibilidad ante la justicia cuando, más adelante, él mismo se ofrezca a dar información sobre el paradero de víctimas suyas que todavía no se han descubierto, a cambio de ganar tiempo y no ser ejecutado. Bundy niega ser un asesino, pero su tiempo se acaba. En segundo lugar, hablar de los asesinatos de *otro asesino* en serie puede ser una experiencia reconfortante, al permitir nutrir su perversión moral con detalles escabrosos de los crímenes. Por supuesto, Keppel sabe que se trata de un juego delicado, ya que no debe proporcionarle esa carnaza psicológica con la que alimentar su espíritu enfermo. Pero, al mismo tiempo, el policía comprende que Bundy también se arriesga a desvelar información que pueda ulteriormente culparle de otro crimen o, en última instancia, hacer obvio que su negación de los hechos está fuera de lugar.

Y así comienzan esas sesiones en el corredor de la muerte de la penitenciaría de Florida, apenas cuatro años antes de que Bundy sea ejecutado. Keppel haría una exposición detallada de esas conversaciones en su libro *El hombre del río: Ted Bundy y yo a la caza del Asesino del río Verde* (1995). Un ejemplo de la enorme capacidad de penetración que posee este peculiar colaborador de la policía acerca de la psicología del Asesino del río Verde aparece en el siguiente comentario:

Mi pensamiento es que su hombre [el Asesino del río Verde] es una parte de la subcultura de la que proceden esas mujeres [la prostitución]. Él se mueve ahí como un pez en el agua [...]. Conoce bien el ambiente, los bares, la gente que consume droga, los lugares donde se esconde la gente que huye por cualquier causa. La persona que busca controla todos esos sitios y los que van por ahí, y sabe además cómo manipularlos. Creo que tiene la habilidad, además, de no parecer que es un cliente de las prostitutas.

Keppel está acompañado por Dave Reichert, uno de los investigadores más comprometidos del grupo especial en la persecución del asesino de prostitutas. La estrategia previamente establecida entre ambos policías es hacer sentir a Bundy superior, señalándole que el asesino desconocido corre muy pocos riesgos al elegir a víctimas tan vulnerables (Bundy seleccionó sobre todo a estudiantes, lo que exigía mucha más astucia y *valor* por su parte).

¡Desde luego que sí! En cierto sentido es un perezoso, pero también es astuto, porque ninguna víctima se le ha escapado de las manos. Ese tío piensa con mucho detenimiento. Puede que no sea muy sofisticado, pero dele tiempo y verá como mejora. Y si piensa que tiene que cambiar de víctimas, entonces lo hará. Pero por ahora sabe que tiene todas las de ganar, porque es consciente de las dificultades que tiene la policía para investigar a prostitutas desaparecidas.

[...]

Quienquiera que sea el hombre del río Verde, es un tipo normal. Cualquiera podría hacer esto.

Keppel comenta cómo le impresionó que Bundy empleara ese calificativo, «normal», dirigido hacia alguien como el asesino, y viniendo de alguien como él, otro asesino terrible, con el agravante de ser también un necrófilo. Años después, en una entrevista, destacaría que en verdad Bundy tenía envidia del Asesino del río Verde, porque mientras éste estaba libre para matar, él había sido capturado y en espera de recibir su propia medicina. En su opinión el consejo más valioso que les dio fue éste: «Busquen a alguien normal; cuando vigilen las zonas de prostitutas no se fijen sólo en la gente que acuda en coche, ya que puede haber dejado su vehículo en los alrededores». Y ciertamente fue un consejo importante, como luego se verá.

* * *

A pesar de la ayuda prestada por Bundy, el goteo de cadáveres no cesó y al final de 1984 la cuenta ascendía a 31. El año 1985 mostró una señal inquietante, al aparecer otras dos prostitutas de Seattle en el estado de Oregón, lo que significaba que el asesino había establecido allí un nuevo escenario para depositar los cadáveres. Mientras tanto, el perfilador del FBI John Douglas planteó la teoría de que existían dos asesinos. Uno se mostraba más precavido y procuraba ocultar los cuerpos para que no pudieran ser encontrados con facilidad. En cambio, el segundo parecía que se despreocupaba de si las víctimas eran halladas o no con prontitud, al ser visibles los cuerpos por cualquier persona que pasara cerca. En todo caso no existía ninguna pista fiable, y la desesperación de la policía aumentó cuando sintió que el asesino estaba burlándose de ellos, al mezclar los restos de sus víctimas en diferentes lugares, de tal manera que, por ejemplo, el cráneo de una mujer podía aparecer en un lugar diferente de donde se hallaban sus otros restos, junto con restos pertenecientes a otras.

Así pasó todo el año de 1985, con nuevos cadáveres y ningún resultado tangible. En 1986 los medios de comunicación se cebaron en el grupo especial creado para capturar al Asesino del río Verde. Cuando finalizaba el año, el número de víctimas oficial ascendía a la inusitada cifra de 40 mujeres fallecidas a manos del estrangulador, y con ello se produjo un nuevo nombramiento como responsable del grupo, que esta vez sería el capitán James Pompey, quien de nuevo reorganizó las tareas entre sus hombres, que estaban cada vez más desmoralizados. El asesino le dio la bienvenida, en diciembre de 1986, con dos nuevos cadáveres.

Es cierto que los policías del grupo especial estaban acorralados, pero no acabados. A comienzos de 1987, una mujer miembro del grupo asumió el riesgo de servir como cebo al asesino. El consejo de Ted Bundy había sido: «Busquen a alguien normal; no tiene que ir necesariamente en un vehículo a buscar la prostituta». Disfrazada de una de ellas, la mujer policía empezó a deambular por las áreas favoritas del asesino para capturar a sus víctimas. A finales de mayo, la trampa surtió efecto y, cuando un hombre intentó con modales bruscos que subiera a su coche, cuatro policías surgieron desde las sombras para inmovilizarlo. Cuando hurgaron entre sus antecedentes comprobaron que había sido detenido en 1980 por golpear a una prostituta en los alrededores del aeropuerto Sea-Tac, una de las zonas elegidas por el asesino para contactar con las mujeres. Este hombre había argüido en su momento que la chica había intentado robarle, así que se vio obligado a defenderse. Los policías hicieron que pasara la prueba del polígrafo y como salió airoso no tuvieron más remedio que dejarlo libre.

Ahora bien, uno de los investigadores, Matt Haney, no quedó satisfecho, y se dedicó a investigar más al sospechoso. Lo que descubrió hizo que subiera su ritmo cardíaco: revisando en los archivos de la investigación, pudo ver que su nombre aparecía en una lista de personas interrogadas en 1982 porque lo vieron acompañado en su camión por una prostituta. Esta prostituta figuraba en la lista de los cadáveres del Asesino del río Verde. Y eso no era todo. Atónito, pudo leer en los archivos que la policía le había vuelto a interrogar en 1983, cuando el novio de la también víctima Marie Malvar siguió a su camión hasta su domicilio y avisó luego a la policía.

Haney estaba convencido de que ese tipo era el odiado asesino. El grupo especial recobró el aliento y se puso de nuevo en un estado de actividad frenética para encontrar pruebas sólidas con las que llevarlo al patíbulo. Así, averiguó de boca de una de sus ex mujeres que el camionero solía visitar determinados lugares que coincidían con los escenarios donde los cadáveres habían sido depositados. También comprobaron que su foto era reconocida por muchas de las prostitutas como un «habitual del negocio». Y lo que todavía era más esperanzador, este hombre, cuya profesión era pintor de camiones, se había ausentado de su trabajo o estaba libre de servicio los días en que muchas de las mujeres habían desaparecido.

Finalmente, en abril de 1987, el grupo especial pidió y obtuvo una orden judicial para registrar su casa y para recoger pruebas biológicas con objeto de compararlas con las halladas en las escenas de los crímenes. Sin embargo, nada de esto bastó, y la ausencia de pruebas forzó a que se liberara al sospechoso, cuyo nombre era Gary Ridgway.

El Asesino del río Verde, en el año en que fue capturado. Es quizás el asesino en serie más «exitoso» de la historia de los Estados Unidos. Sólo la técnica del ADN pudo finalmente incriminarlo.

Pasaron algunas semanas y el capitán Pompey falleció de un accidente, siendo sustituido por el capitán Greg Boyle. De nuevo, el asesino le envió sus saludos más cordiales con la aparición de tres nuevos cuerpos en el mes de junio de ese año. A lo largo del mismo, siguió aumentando la cuenta, aunque no hubo nuevas desapariciones, lo que indicaba que se estaban descubriendo crímenes cometidos con anterioridad, pero que el asesino permanecía en ese periodo inactivo. Sin embargo, en 1988 cundió de nuevo la alarma al descubrirse en San Diego (California) un lugar donde se hallaban depositados los cuerpos de 20 prostitutas. El grupo especial —que tenía para entonces un nuevo responsable, el comandante Bob Evans— se estremeció al pensar que el asesino podía haber decidido actuar en otro estado, lejos de los investigadores que le estaban siguiendo la pista sin descanso desde hacía seis años. En diciembre de ese año, el detective del grupo especial Dave Reichert —que había acompañado a Keppel en las conversaciones con Bundy— se encargó de seguir el rastro de un nuevo sospechoso, un antiguo convicto de robo en hogares que había sido reconocido por diversas personas como merodeador y hostigador de las prostitutas y que en diversas ocasiones le habían escuchado decir frases del estilo de «sería bueno matar a alguna de estas zorras».

El nuevo sospechoso se llamaba William Stevens. La policía registró su casa y halló diversas armas de fuego y tarjetas de crédito falsificadas que empleaba para sobrevivir bajo la tapadera de estudiante de Farmacia de la Universidad de Washington. Al final, Stevens demostró que en muchas de las fechas asociadas con los crímenes de las prostitutas él estaba viajando por diversos lugares del país, lo que le proporcionaba una coartada sólida. El grupo especial volvía a la casilla de salida. Se cumplía ya el mes de julio de 1991, y las autoridades, profundamente decepcionadas, dejaron sólo de forma testimonial con vida al grupo especial, en la persona de un detective, el inspector Tom Jensen. El Asesino del río Verde había burlado a la policía durante casi diez años. En su lista oficial de víctimas el número total era de 49.

* * *

Pasaron los años. El antiguo miembro del grupo especial Dave Reichert era ahora el jefe de policía del condado de King. Reichert no había olvidado al Asesino del río Verde. Le había dedicado diez años de su vida, obsesionado con su captura. Estamos en abril de 2001, y durante esos años parece que el estrangulador de prostitutas se ha esfumado de la tierra. Sin embargo, algo muy importante había cambiado. Durante ese tiempo se había desarrollado una tecnología muy poderosa al servicio de la ley de la que antes se carecía: las huellas genéticas mediante el análisis de ADN. Reichert decidió que había llegado el momento de formar un nuevo grupo especial, y esta vez junto a los inspectores incluyó expertos en ciencia forense.

Reichert y sus colaboradores revisaron de nuevo todas las evidencias existentes sobre el caso, almacenadas durante esos 20 años en el depósito de la policía. Separaron las pruebas biológicas existentes y las remitieron a los laboratorios. Entre ellas figuraban muestras de semen supuestamente pertenecientes al asesino, que se encontraron en los cuerpos de tres mujeres asesinadas en los años 1982 y 1983. Cuando el 10 de septiembre llegaron los resultados, el grupo especial irrumpió en lágrimas y aplausos: ¡se habían hallado tres coincidencias! Todas ellas llevaban el mismo nombre: Gary Leon Ridgway. La policía había recogido su perfil genético cuando fue investigado por última vez, y el análisis forense dejaba bien claro que el semen era suyo. El hombre al que habían buscado durante 20 años estaba ahora a su alcance, y esta vez ya no lo iban a soltar.

Ridgway trabajaba en esos momentos como informático, pero en los años de los crímenes se dedicaba a pintar camiones y tenía acceso fácil a conducir varios de ellos. De acuerdo con el testimonio de sus tres ex mujeres, su apetito sexual era insaciable y en ocasiones las llevaba a hacer el amor a los mismos sitios en los que —tal y como se supo luego— depositaba los cadáveres de las mujeres que asesinaba. También odiaba profundamente a las prostitutas, a pesar de que se declaraba un hombre fervientemente religioso que incluso hacía proselitismo de casa en casa predicando la palabra de Dios. Cuando leo esta parte de la biografía de Ridgway no puedo evitar recordar la película de Charles Laughton *La noche del cazador* (1955), en la que Robert Mitchum hace el papel de un predicador psicópata. Junto a su intolerancia frente al pecado y vida aparentemente piadosa, se esconde la personalidad de un asesino de mujeres. En un blanco y negro que resalta el expresionismo de unas imágenes tenebrosas, asistimos a un cuento de terror en el que unos niños huyen a lo largo de un río del asesino de su madre. Gary Ridgway también utiliza el río para incardinar su propia historia de pesadilla, y también lleva la Biblia en una mano y la muerte en la otra.[3]

Últimas reflexiones

La perdición de King fue dejar una colilla junto al cuerpo de Rocío Wanninkhof, y años después restos de su piel bajo las uñas de Sonia Carabantes. En 1999, cuando mata a la primera niña, nadie ha oído hablar del *perfil genético*. Por ello no le podemos achacar descuido por la primera acción. Pero en 2003, cuando mata a la segunda, un asesino como él debería haber tomado en consideración ese nuevo instrumento al servicio de la investigación criminal. ¿O es que quizás ya no recordaba que había dejado restos biológicos suyos en la primera escena del crimen?

En el caso de Gary Ridgway, el ADN *le cayó* casi como una bomba venida de otro planeta. Aunque en su declaración escrita confesó haber asesinado a 48 mujeres, incluyendo un homicidio de fecha tan tardía como 1998, lo cierto es que casi todos fueron cometidos entre 1982 y 1983, cuando esa tecnología era sólo una promesa en el horizonte y sólo los especialistas sabían de su existencia. *Ridgway podía esperar con fundamento que nunca se le detuviera.* Al final llegó a un acuerdo con el fiscal, y a cambio de reconocer la autoría en esos 48

---

[3] El predicador psicópata de la película de Laughton lleva escrito en los nudillos de un puño la palabra *odio* y en otro puño la palabra *amor*.

homicidios (ya que sólo se le pudo probar cuatro de ellos), recibió la condena a perpetuidad sin posibilidad de obtener la libertad condicional.

El caso del Asesino del río Verde es espectacular: el ADN prueba su culpabilidad cuando el mundo le ha olvidado. El mundo sí, pero no Dave Reichert, que estaba esperando una oportunidad para acabar su trabajo. Al final, el grupo especial creado para atraparle pudo con él. Desde esa perspectiva, es claro que la tecnología del ADN consiguió un éxito incluso superior al logrado con la condena de Timothy Spencer (capítulo 5). Ahora bien, con la ventaja que da la perspectiva del tiempo, llama la atención que Ridgway quedara sin mayor vigilancia después de que fuera investigado a raíz de su captura cuando contactó con la mujer policía. Por supuesto, está el hecho de que en aquel momento no pudieron probar que fuera él. Y que prácticamente dejó de matar una vez que ocurrió esa circunstancia. En su confesión escrita señala que mató a un número comprendido entre tres y cinco mujeres después de 1987, en cuyo inicio se produjo esa detención. Quizás hubiera sido pedir demasiado estar pendientes de él todos esos años para comprobar si volvía a matar.

En el caso de King, el panorama es otro. La falta de coordinación entre la Guardia Civil y la Policía Nacional entorpeció el avance de la investigación. Por razones que se desconocen, el aviso de la Interpol de que Tony King se había instalado en España (que precedió a la muerte de Sonia Carabantes) no se tomó en consideración. Se prefirió concluir el caso de Rocío con la detención de Dolores Vázquez, a pesar de que la violencia ejercida en su asesinato era extraordinaria, muy poco probable de ser realizada por una mujer. Es cierto que se creyó que había actuado «en compañía de otros», pero aun así la Guardia Civil decidió dejarse llevar por «las coincidencias que son abrumadoramente probables», para retomar aquí la cita inicial de Chesterton con la que abríamos este capítulo.

La vía más idónea era buscar a un delincuente sexual consumado, o al menos a alguien con antecedentes de violencia sexual. Un hombre entre los 25 y los 45 años, en la plenitud de su fuerza. Tony King había atacado a numerosas mujeres en Inglaterra. En 2001, dos años antes de que muriera Sonia, Carmen denuncia a la policía que un hombre intentó violarla después de casi dejarla inconsciente con sus puñetazos. Tuvo que ser la ex mujer del asesino, después de consultar con la policía inglesa, la que fuera a alertar a la policía española. El ADN permitió vincular a Tony King con los dos homicidios, y con el relato de la ex mujer pudieron poner un nombre a ese rastro genético. Sin embargo, más allá del triunfo, el ADN permitió corregir un grave error.

CAPÍTULO 7
LOS PERFILADORES

Cuando en 1991 se estrenó la película *El silencio de los corderos*, todos los espectadores que fueron a verla contuvieron la respiración cuando el doctor Lecter emergió del haz de luz que iluminaba su rostro, cautivo en una cárcel que parecía excavada en el mismísimo infierno. Afortunadamente, si existía gente como Lecter teníamos la contrapartida de contar con agentes especiales como Clarice Starling y John Crawford, que dentro de su fortaleza del FBI en Quantico, Virginia, se encargaban de realizar inteligentes perfiles de la personalidad de esos asesinos psicópatas. Con su orientación, los investigadores podrían rastrear a un asesino en serie hasta su madriguera y darle su merecido. Y con esta película, ganadora de cinco premios Óscar de la Academia de Cine, el mundo descubrió a los perfiladores.

Todo acto deja un rastro

En su primera novela, *Jugada de presión*, el reciente premio Príncipe de Asturias Paul Auster escribió un estupendo relato policíaco, lleno de diálogos rápidos como balas y unos personajes acostumbrados a matar o morir. En un momento de la trama, el detective Max Klein encuentra el cadáver del hombre que le contrató para que le salvara la vida. Klein está conmocionado: enfrente tiene al testigo mudo de su derrota.

> Volví a recorrer todas las habitaciones del apartamento. No lo encontré hasta que fui a la cocina. Yacía de bruces bajo la mesa, y estaba inmóvil. Su cuerpo emanaba un hedor a vómito y heces, y nada más verlo supe

que estaba muerto. Los cadáveres tienen una inercia especial, una quietud casi sobrenatural que dice que allí ya no hay nadie, que lo que se ve no es más que carne y huesos, un cuerpo sin alma. Me arrodillé, le di la vuelta y le busqué el pulso. Todo era silencio, todo era muerte.

Klein se ve sumido en el silencio de su fracaso; ese cadáver ya no le puede decir nada, «un cuerpo sin alma». Sin embargo, para la policía científica, la escena del crimen habla, y con la comprensión de lo que dice se establece un diálogo que constituye la esencia de la investigación criminal. A diferencia del estereotipo solitario de las clásicas novelas de detectives, Hans Gross (1847-1915) destacó la importancia de considerar la investigación de un crimen como una tarea de equipo compuesto por hombres que respetan ante todo un método, y por ello puede ser considerado como el fundador de la moderna investigación criminal.

Gross creyó desde el principio que la tarea de dilucidar un asesinato no podía dejarse a la intuición y experiencia del inspector encargado del caso, porque aunque estas facetas son importantes, sólo son útiles si la metodología que sigue la policía respeta los conocimientos de la ciencia aplicada al mundo del Derecho. Su voz era particularmente autorizada, ya que Gross era un joven juez de instrucción nacido en Graz, Austria, y llegado a la profesión cuando la criminología empieza a reclamar su estatus dentro de las universidades y de la ciencia en general. Su trabajo consistía en resolver crímenes, pero sus colegas de la época eran hombres sin experiencia. Aunque a finales del siglo XIX Austria era una de las grandes potencias de Europa, su policía no podía compararse a la francesa o la inglesa, que ya habían desarrollado unos cuerpos profesionales de investigadores policiales. Muchos de los policías en Austria eran ex soldados, y los jueces sabían muy poco acerca de cómo dirigir una investigación en una escena del crimen.

Consciente de esas limitaciones, Gross se dispuso a crear un manual fácilmente utilizable en el que los jueces y los investigadores policiales pudieran tener a su alcance los conocimientos teóricos y prácticos que necesitaran para desarrollar eficazmente su labor. Él fue, probablemente, el que creó la palabra *criminalística* para referirse a los conocimientos científicos que los investigadores necesitan para analizar lo que sucedió en una escena del crimen. Su *Manual para el uso de los jueces de instruc-*

ción, publicado en 1891, llevaba como subtítulo *Criminalística sistemática,* y fue el primer modelo que tuvo la policía de cualquier lugar para realizar una labor profesional, sometida a reglas bien precisas.

Por ejemplo, fue Gross quien estableció la importancia de respetar el escenario del delito. Hoy diríamos que fue quien propuso la importancia de no *contaminar* las pruebas existentes en la escena del crimen.

> Ante todo, hay que proceder en esa diligencia con extraordinaria calma y tranquilidad, pues sin ella se malograría lastimosamente el éxito de la investigación […]. Lo más importante en las inspecciones oculares es averiguar las huellas o rastros del crimen. Así, por ejemplo, si se trata de un asesinato, la primera diligencia sería la de averiguar si el cadáver del interfecto se hallaba o no en la misma posición que lo dejó el criminal después de realizado el delito. De igual modo, habrá de hacerse un estudio detenido de las pisadas y demás medios que puedan contribuir al descubrimiento del autor del delito, procurando distinguir entre ellas las que son producidas por el mismo criminal, con objeto de despistar a la justicia, y las que han quedado impresas por causas independientes de la voluntad del delincuente.
>
> [Para la descripción del lugar del suceso] conviene tener en cuenta y aplicar la máxima siguiente: «Si la inspección ha de ser útil, es imprescindible que todos los objetos, importantes o no, que figuren en el lugar del crimen, permanezcan intactos, sin que por ninguna causa se los cambie de posición».

Todas las policías del mundo adoptaron como modelo de trabajo la obra de Hans Gross, quien tiene también el honor de ser el fundador del primer Instituto de Criminología del mundo, en su ciudad natal, Graz. Gross creía que todos los conocimientos que versan sobre el crimen son útiles en la investigación policial, de ahí que incluyera la criminalística dentro de la criminología. Al afirmar que las ciencias del comportamiento y del hombre como la psicología, la sociología y la antropología son esenciales en la comprensión del fenómeno criminal, Gross fue el primero que afirmó la importancia de su papel en el proceso de investigación de los asesinos y otros delincuentes.

* * *

Pero quizás el hombre que desarrolló el principio fundacional de la investigación criminal, el principio más básico y del que todo se deriva —el principio de transferencia— fue uno de sus continuadores, el médico y abogado Edmond Locard (1877-1966). Locard fue el primero en proponer el análisis del polvo existente sobre la ropa o un cuerpo para establecer una hipótesis acerca de la profesión o los lugares donde se hubiera hallado un sujeto. Por otra parte, Locard consideró a Sherlock Holmes como uno de sus grandes inspiradores, junto con el legado de Hans Gross. En efecto, Holmes presta atención a todos los vestigios y rastros físicos que se hallan en la escena del crimen y en cualquiera de los individuos que pueden tener relevancia en el caso que está investigando, para, posteriormente, mediante el empleo de su extraordinaria inteligencia, encontrar la procedencia de aquéllos. Así, en su texto acerca del análisis de los rastros del polvo, Locard escribió:

> Mantengo que un policía experto, o un juez de instrucción, estaría lejos de perder el tiempo si leyera las novelas de Doyle. En *Las aventuras de Sherlock Holmes* se pide repetidas veces a Holmes que diagnostique el origen de una mota de barro [...]. La presencia de una mancha en un zapato o en un par de pantalones le sirve para descubrir la zona de Londres de la que procede, o el camino que ha tomado hasta llegar hasta él.

Desde luego, todos los amantes de las historias de detectives saben que Conan Doyle conocía la obra anterior de Edgar Allan Poe y a su personaje Arsène Dupin. El mismo Sherlock Holmes se permite una ironía al respecto cuando amonesta a su interlocutor en su primera aparición ante el público, la aventura *Estudio en escarlata,* por haber mencionado en tono elogioso que su habilidad se asemejaba a la de Dupin:

> —No tenía ni idea de que ese personaje existiera fuera de las novelas...
> —Sherlock Holmes alzó su pipa y la encendió—. Sin duda cree que me halaga cuando me compara con Dupin —observó—. En mi opinión, Dupin es alguien muy inferior. Ese truco que emplea consistente en hacer un comentario sorpresa para sobrecoger los pensamientos de sus amigos después de un prolongado silencio, es algo realmente exhibicionista y superficial.

Sin embargo los devotos de Dupin y Holmes reconocemos en el extraordinario libro de Poe publicado en 1841 *Doble crimen en la calle*

Morgue la afirmación de un principio de gran valor en la ciencia forense, que será retomado años después por Holmes. Así, en un pasaje de la novela, Dupin critica la ceguera de la policía: «Una vez más han caído en el error, grande error aunque muy corriente y común, de confundir lo insólito con lo incomprensible. Pero es precisamente por estas desviaciones del plan ordinario que la razón hallará su camino, si es posible, en la consecución de la verdad… En investigaciones como las que ahora vamos desgranando no se debe preguntar tanto "¿qué ha ocurrido?" como "¿qué ha ocurrido que no había ocurrido jamás hasta ahora?…"». En otras palabras, el famoso detective francés plantea un principio deductivo muy penetrante para la investigación criminal: *para descartar algo que es aparentemente imposible tendría que probarse que no ocurrió en realidad.* Muchos años después, Sherlock Holmes se aprovecha de este legado para realizar esta célebre sentencia: «Cuando se ha eliminado lo imposible, lo que queda, aunque sea muy improbable, debe ser la verdad».

Locard[1] también fue el primero en proponer en 1918 los 12 puntos para identificar una huella dactilar, pero su gran fama e influencia histórica se debe, como decimos, al principio de transferencia —o *principio de Locard,* en su honor— que se resume de manera breve con la expresión «cada contacto deja un rastro», pero la importancia que posee para la investigación nos aconseja detenernos un poco más en su sentido exacto y en sus implicaciones.

Locard escribió en dos ocasiones, de manera distinta, su famoso principio. La primera vez fue en 1920; en su obra *La investigación criminal y el método científico,* escribió lo siguiente:

> «Es imposible que el delincuente actúe, y sobre todo con la intensidad que requiere cometer un crimen, sin dejar rastro de su presencia».

Tres años después, en su *Manual de técnica policial* (1923), formuló el principio de este modo:

---

[1] Locard fue discípulo del famoso criminólogo y médico forense Alexandre Lacassagne. Fundó en 1910 el Laboratorio de la Policía en Lyon, así como posteriormente el Instituto de Criminología dependiente de esa universidad.

«Nadie puede cometer un crimen con la intensidad que esa acción requiere sin dejar los numerosos signos de su presencia; el delincuente, por una parte, ha dejado marcas de su actividad en la escena del crimen y, por otra, inversamente, se ha llevado en su cuerpo o en su ropa los indicios de dónde ha estado o de lo que ha hecho».

La inspiración genial de Locard es que, si bien él estaba pensando en rastros físicos (el polvo de la habitación del muerto en los dedos de su asesino, el barro en las suelas de los zapatos de quien acaba de enterrar un cadáver, la sangre de la víctima en la ropa de quien lo ha acuchillado), esto mismo se aplica a todos los tipos de rastros, incluyendo los rastros psicológicos o de comportamiento. ¿Qué es un rastro de comportamiento? Es toda acción realizada por el asesino que se concreta en un modo determinado de preparar y ejecutar el crimen. Éste es el objeto de estudio de los perfiladores: las huellas o rastros de comportamiento.

Tomemos de nuevo el caso del Asesino de la Baraja (capítulo 1) para ver un ejemplo de este concepto. Alfredo Galán mataba a cualquiera que estuviera en el momento y lugar propicio para él. El único rastro físico o material que tenía la policía eran los casquillos que Galán había dejado en varias de las escenas del crimen, lo que a la postre les permitió vincular los diferentes asaltos a una misma pistola Tokarev. Sin embargo, existen en todos esos asesinatos otras huellas, que Galán *no podía borrar*: lo que significaban sus actos, el *modus operandi* y su *firma* a la hora de llevar a cabo sus fantasías homicidas. El *modus operandi* son los actos necesarios para consumar el asesinato y salir lo mejor librado de él. Una *conducta de firma* es una expresión de la fantasía del asesino; nos habla del mundo emocional y de las necesidades psicológicas del autor. *La conducta de la firma es algo innecesario para la realización del delito.* Por ejemplo, disparar a matar era parte del modus operandi de Galán, pero dejar una carta de la baraja española era una expresión de su firma. El perfilador tiene aquí una de las tareas cruciales, porque la lectura correcta de ambos elementos es esencial para realizar el perfil.

La idea fundamental es que los criminales se muestran consistentes —con las variaciones apuntadas— en ciertos aspectos relevantes de su actividad delictiva. Como todo ser humano, también los violadores, pederastas y asesinos en serie desarrollan una sucesión de hábitos y preferencias cuando tienen la oportunidad de repetir sus agresiones. El modus operandi y la firma son dos formas de describir y analizar esos hábitos, patrones o consistencias. Como respondió el asesino múltiple Gary Gilmore, cuando fue capturado en 1976, a la pregunta que le hizo un entrevistador: «¿Por qué no robas simplemente en lugar de matar?». «Costumbre, supongo. Es mi forma de vida. Todos somos criaturas del hábito, de la costumbre».[2]

La transferencia psicológica

Al matar a cualquier víctima desprevenida y accesible, y al no tocarlas ni hablarles, Galán se estaba *expresando* de un modo completamente diferente a Pérez Rangel, el Asesino del Parking. Algunas cosas son obvias: su forma de matar indicaba que tenía práctica en el manejo de las armas. El hecho de que empleara la pistola Tokarev, propia de la zona de los Balcanes, junto con la experiencia en las armas, orientaba la investigación hacia los soldados españoles que habían estado en la zona prestando misiones de apoyo a la paz y de índole humanitaria. Pero Alfredo Galán era un enemigo formidable, porque dejó en la mínima expresión la transferencia material de la que habla Locard: sólo unos pocos casquillos. Sin embargo, no eliminó la transferencia psicológica, que también opera en una doble dirección (ver cuadro 1): el asesino se expresa en la escena del crimen, pero ésta, a su vez, transfiere al comportamiento futuro del autor la presión psicológica de su realización.

Por tanto, atendiendo a las huellas psicológicas o de comportamiento, el principio de Locard podría plantearse del siguiente modo:

> «Nadie puede cometer un crimen con la intensidad que esa acción requiere sin dejar los numerosos signos de su presencia; el delincuente, por una parte, ha dejado marcas de *qué tipo de persona es* y, por otra, inversamente, se ha llevado *en su psicología los efectos de lo que ha hecho*».

---

[2] Gary Gilmore, con un cociente intelectual de 140, personifica la figura del psicópata criminal. Su insistencia en que lo mataran logró que la pena capital fuera de nuevo legal en Estados Unidos. La biografía de Gilmore dio lugar a un muy celebrado libro de Norman Mailer, *La canción del verdugo*.

Esa expresión del asesino en la escena del crimen toma la forma de un relato, más o menos largo, en el caso de tratarse de un asesino en serie. Cada asesinato es un capítulo de ese relato o narración. ¿Qué relataba Galán? Galán estaba expresando su cólera por no ser nadie en la sociedad, por haber fracasado incluso en el Ejército. Sus crímenes, ejecutados con precisión militar, reflejaban su necesidad de reconocimiento. Al mismo tiempo, actuar como el Asesino de la Baraja le proporciona un sentimiento de control y poder que nunca ha tenido, y que en esos momentos en que ha sido expulsado del Ejército y parece ir a la deriva, le permite de nuevo coger el timón de su vida.

CUADRO 1

LA TRANSFERENCIA PSICOLÓGICA

El principio de Locard se aplica perfectamente a las huellas de comportamiento. Ya sabemos que Galán deja en la escena del crimen una expresión de su resentimiento, de su necesidad de controlar su vida mediante la afirmación de su eficacia como asesino, inmune frente a las pesquisas policiales. Galán nos relata cómo es, qué busca, en cada una de las escenas del crimen que protagoniza.

Al mismo tiempo el Asesino de la Baraja se lleva algo de cada una de ellas. Cada vez que mata está en una situación de enorme presión. Cualquier error puede delatarle. Cada vez le resulta más difícil mantener una vida de apariencia normal mientras actúa como el Asesino de la Baraja, una estrella mediática. Esto es mucha presión para un sujeto psicológicamente débil, que pocos meses antes amenazó con suicidarse en el hospital y matar a muchos con él.

Por otra parte, con cada nueva acción empieza a comprender la terrible verdad de que ese reconocimiento que anhela no lo puede obtener como Alfredo Galán, sino como el Asesino de la Baraja. Mientras que para otros asesinos en serie la recompensa interior de cada muerte les basta para soportar la tensión del riesgo de ser capturados y seguir en el anonimato tanto como puedan, para Galán llega un momento en que seguir matando ya no le da satisfacción. Ya ha demostrado que la policía no le puede capturar, pero quizás si continúa la presión sea demasiada y le cojan. Es mejor, entonces, descubrir la partida y proclamar ahora que él es el temible asesino. Y que esa partida la ha ganado.

Los perfiladores de la escuela del FBI

La academia de entrenamiento del FBI en Quantico alberga la Unidad de Ciencias del Comportamiento (en adelante, UCC), encargada de elaborar los perfiles de los asesinos en serie, violadores reincidentes, secuestradores de niños y otros delincuentes sistemáticos, violentos y muy peligrosos. Originalmente se estableció para enseñar a negociar en casos de toma de rehenes. A finales de los años setenta los agentes Robert K. Ressler, John Douglas y Roy Hazelwood empezaron a analizar como parte de su tarea en la UCC el comportamiento de asesinos y violadores seriales. Su investigación más célebre es la que llevaron a cabo con 36 asesinos sexuales —25 de los cuales eran seriales— a los que entrevistaron tratando de averiguar las claves de su modus operandi, sus motivaciones y las circunstancias de su vida que podrían haber facilitado sus violentas carreras criminales.

Hay que señalar que los agentes del FBI no suelen participar directamente en la investigación de los asesinos en serie, sino que generalmente actúan como apoyo de las policías de los estados cuando éstas lo solicitan. La misión de los perfiladores del FBI —denominados de forma más técnica *analistas de la investigación criminal (criminal investigative analysts)*— es recoger datos de todo el país relativos a los delincuentes violentos y elaborar pautas que luego puedan ser utilizadas en la elaboración de los perfiles.

En ocasiones, los perfiladores viajan a los lugares donde se investigan los asesinatos, pero en general prestan su apoyo desde la UCC. Allí revisan toda la información que les suministran las policías estatales: fotos de la escena del crimen, declaraciones de testigos, el examen de la autopsia y los datos que extrae la policía científica. Con ello, los agentes elaboran un perfil del sospechoso. Un perfil es una hipótesis acerca de la personalidad, características demográficas (edad, sexo, raza, nivel socioeconómico) y estilo de vida del posible autor.

Una de las teorías más populares del modelo de realizar perfiles del FBI es la que distingue entre asesinos organizados y desorganizados. Aunque fue elaborada sobre la base de su estudio de 36 asesinos sexuales, pronto aplicaron esta clasificación a otros asesinos y delincuentes violentos reincidentes. En un sentido amplio, esta división se corresponde a la existente entre asesino en serie psicópata y psicótico, que describimos en el capítulo 1 de este libro. El *asesino organizado* suele ser inteligente, con buenas habilidades sociales, sin graves disfunciones sexuales, un trabajador competente, vive con su pareja, suele desplazarse para cometer los delitos y está muy atento a las noticias que dan los medios sobre sus crímenes. Por otra parte, el *asesino desorganizado* suele ser alguien poco inteligente, social y sexualmente incompetente, con un empleo poco cualificado, vive solo, se mueve poco y no suele seguir las noticias de los crímenes en los medios.

El FBI planteó en el núcleo de su teoría sobre los perfiles una idea sencilla, que todos los autores y escuelas posteriores han seguido, aunque con matizaciones más o menos importantes. A saber: *que la personalidad del asesino se refleja en la escena del crimen*. En verdad éste es el fundamento del principio de transferencia de Locard que antes he planteado para las huellas psicológicas o de comportamiento: el asesino lleva su personalidad (producto de su genética y experiencia) a las decisiones y actos que conforman su *modus operandi y su firma*, es decir, *lo que él hace* en el escenario de su delito. Si la personalidad del autor se refleja en la escena del crimen, es claro que tanto los asesinos organizados como los desorganizados mostrarán patrones distintos de comportamiento en la preparación, realización y finalización de los homicidios. Así, de acuerdo con el FBI, el asesino organizado emplea artilugios para controlar a sus víctimas (ligaduras o esposas), oculta o mueve el cadáver desde el sitio en que ocurrieron los hechos hasta donde finalmente lo deposita, no deja armas u otras cosas que haya empleado en el asalto, suele abusar sexualmente de la víctima antes de que muera y es muy metódico en su forma de matar. Al contrario, el asesino desorganizado no suele emplear elementos de control de la víctima, deja el cuerpo sin gran cuidado de que no se vea, no se preocupa demasiado de las cosas o rastros que deja tras de sí en la escena del crimen, suele abusar de la víctima después de que haya muerto y es poco metódico en la ejecución del asalto.

Esta clasificación ha tenido muchas críticas, porque lo cierto es que en muchas escenas del crimen hay tanto elementos que son propios de los asesinos organizados como de los desorganizados. Por ello los mismos perfiladores del FBI han desarrollado la categoría de asesinos *mixtos*, aunque se puede seguir empleando, dentro de una escena del crimen mixta, la locución de asesino *predominantemente organizado* o *predominantemente desorganizado*.

Uno de los primeros casos de asesinato en serie que contó con la ayuda eficaz de los perfiladores del FBI fue el protagonizado por Larry Bell, en 1985. El 31 de mayo de ese año, en un pueblo de Carolina del Sur, Estados Unidos, la joven de 17 años Shari Faye fue secuestrada mientras se dirigía a la escuela. Durante los siguientes cuatro días, la familia recibió numerosas llamadas de teléfono realizadas por el secuestrador en las que decía cosas como: «Shari es ahora parte de mí: física, mental, emocional y espiritualmente. Nuestras almas son ahora una sola… Ahora Shari está protegida… Ella es parte de mí ahora y Dios vela por nosotros».

Días después llegó una carta manuscrita de Shari, donde figuraba su «última voluntad y testamento», y decía a su familia que les quería mucho. Al estar fechada sólo un día después del secuestro (el 1 de junio), el FBI dedujo que la chica ya había muerto. El asesino siguió atormentando a la familia de la niña con sus llamadas, pero estaban hechas desde teléfonos públicos y no duraban lo suficiente como para que fueran rastreadas, ni el individuo dejaba huella alguna en el aparato. Además, su voz estaba distorsionada por un sistema electrónico.

En una de las llamadas que fue atendida por la hermana de Shari, Ana, el asesino le explicó cómo secuestró y asesinó a su hermana. Dijo que todo el asunto «se le había ido de las manos». Al hablar parecía que estuviera leyendo un texto escrito, y le comunicó el lugar exacto donde podrían encontrar el cadáver de Shari. Al terminar dijo algo que era una amenaza apenas velada para Ana: «Estamos esperando. Dios nos ha elegido».

El cuerpo estaba en el lugar indicado, a 25 kilómetros de la casa familiar. Estaba vestido, pero la descomposición impedía que pudiera saberse si había sido agredida sexualmente, así como otros aspectos de la violencia sufrida por la joven. No obstante se halló residuo de pegamento propio de una cinta adhesiva en el cabello y cara de Shari, aunque la cinta no estaba allí.

El perfilador de la UCC del FBI John Douglas fue el encargado de realizar el perfil. En su opinión, éste era el primer crimen del asesino, aunque, por otra parte, el hecho de que se llevara la cinta adhesiva de la escena del crimen era algo impropio de asesinos primerizos, porque revelaba un alto grado de organización (asesino en serie *organizado*, de acuerdo con la división anterior). Esto llevó a Douglas a concluir que el asesino sería mayor y más inteligente que el promedio. Esta precaución se ponía de manifiesto cuando telefoneaba, porque leía rápidamente algo que había escrito con anterioridad y colgaba enseguida. Por otra parte, Douglas razonó que el conocimiento exacto que tenía el asesino del lugar donde había depositado el cuerpo significaba que había ido a visitarlo en varias ocasiones, buscando nuevas formas de gratificación sexual. Esas visitas debieron de cesar cuando el grado de corrupción del cadáver ya no lo permitía.

En su perfil, Douglas reparó en la crueldad de sus llamadas telefónicas a la familia y le llevó a pensar que guardaba rencor a la vida familiar, razón por la cual habría tenido una breve y fracasada experiencia de convivencia con una mujer. El asesino podría tener antecedentes penales por llamadas obscenas o por atacar a niños, pero no por meterse con prostitutas, porque ellas le intimidarían. Viviría solo o con sus padres, y tendría unos treinta y pocos años. Una idea muy interesante de su perfil era la siguiente: el asesino sería una persona residente en la zona, porque revela un buen conocimiento del lugar al haber dejado el cuerpo en un sitio al que podía volver varias veces sin temor a ser visto.

El perfil continuaba describiéndolo —a partir de sus llamadas de teléfono— como rígido, meticuloso y ordenado. También le consideró como un delincuente con un buen control y sofisticación, ya que se había atrevido a apresar a la joven en mitad de la tarde, en un sitio donde alguien podría haberlo visto. Por último, Douglas indicó que el uso de un artilugio electrónico para desfigurar la voz revelaba que el asesino tenía conocimientos o experiencia en actividades relacionadas con la electrónica y, finalmente, que sabía el riesgo que corría si alguien identificaba su voz, razón por la cual la desvirtuaba (cuando un asesino realiza actos de precaución para evitar que la policía disponga de pruebas con que seguirle la pista, como desvirtuar la voz, se dice que tiene *conciencia forense*).

Dos semanas después de que Shari desapareciera, el asesino volvió a actuar en un lugar distante 50 kilómetros del pueblo donde actuara por vez primera: había secuestrado a una niña de 9 años atrapándola en el jardín de su casa, aun cuando su padre se hallaba en el interior del hogar. Los testigos vieron a un hombre salir del coche, hablar con la niña y, acto seguido, forzarla a entrar en el auto. Los testigos de esta acción le persiguieron, pero no pudieron darle alcance.

Douglas no tenía dudas de que se trataba del mismo sujeto que había matado a Shari y que, como consecuencia de este crimen, su conducta y apariencia mostrarían a partir de ahora los efectos de la compulsión homicida y de la presión por ser descubierto. Así pues, sería probable que estuviera perdiendo peso, que bebiera más y que junto a una presencia más desaliñada pusiera en evidencia un interés excesivo en hablar sobre las niñas desaparecidas y asesinadas. En esta predicción acerca de cómo estaría actuando el asesino a partir de haber cometido el segundo secuestro y homicidio podemos ver un ejemplo del principio de la transferencia de Locard aplicado al ámbito de las huellas de comportamiento: no sólo el autor de los hechos *lleva* su psicología a la escena del crimen, sino que ésta *se lleva* de esa misma escena una serie de influencias que puede ayudar a describir e identificar al sujeto.

La policía y el FBI consideraron que había una buena oportunidad de atraparlo si le daban una opción a que de algún modo saliera a la luz. Por ello acordaron con el periódico local que destacara en sus páginas la hora y lugar donde se iba a celebrar una ceremonia religiosa en recuerdo de Shari, y que la noticia se acompañara con una foto grande de Ana dejando un oso de peluche en la tumba de su hermana. El plan era fotografiar las placas de matrículas de todos los coches que acudieran a la ceremonia, así como los rostros de los sujetos que pudieran parecer sospechosos. También decidieron dejar un servicio de vigilancia por si el asesino decidía ir a la tumba de Shari para apropiarse del oso de peluche a modo de trofeo.

Poco después el asesino siguió llamando a Ana y en uno de sus mensajes le dijo dónde podrían encontrar el cadáver de su nueva víctima. Ahora, además, incluyó una amenaza directa a la chica: «Voy a ir a por ti; es hora de que estemos juntos».

Mientras tanto, el laboratorio forense del FBI había analizado la carta que escribió Shari antes de que fuera asesinada. Un punto de inflexión en la investigación ocurrió cuando los científicos usaron la máquina llamada *Esta*, que sirve para identificar impresiones microscópicas hechas en un papel por alguien que escribiera con anterioridad en las hojas previas del mazo. De esta forma fueron capaces de revelar la existencia de los nueve primeros dígitos (de un total de 10) de un número de teléfono, correspondiente al estado de Alabama, lo que dejaba sólo 10 posibilidades para que el número se completara. En aquella época resultó determinante que el número perteneciera a otro estado, ya que las llamadas interestatales quedaban registradas en las facturaciones de la compañía de teléfono. De este modo la policía empezó a revisar las facturaciones correspondientes a esos diez números de teléfono para comprobar si cualquiera de ellos había recibido llamadas pertenecientes al área donde Shari fue secuestrada y asesinada. Ocurrió que uno de los números pertenecía a un soldado que estaba residiendo en Alabama, que había recibido llamadas de un domicilio situado a poco más de 20 kilómetros de donde Shari había vivido.

Cuando la policía fue a ese domicilio se encontró a una pareja mayor viviendo allí. El soldado que residía en Alabama era su hijo, con el que hablaban con frecuencia. En los días de los dos asesinatos estaban precisamente en ese estado, visitándole. No tenían idea alguna de cómo el número de teléfono de su hijo pudo haber acabado en las hojas de papel que Shari había empleado para comunicarse por última vez con su familia.

Los investigadores se sintieron muy decepcionados, porque esa pista no había resultado dar avance alguno. Sin embargo, antes de marcharse, decidieron probar una cosa más. Explicaron al matrimonio el perfil que el FBI había elaborado del sospechoso y les preguntaron si esa descripción tenía algún sentido para ellos, en la esperanza de que pudieran reconocer a alguien. Ambos, atónitos, reconocieron de inmediato por ese perfil a un sujeto llamado Larry Gene Bell, que había trabajado en la empresa de electricidad del marido como ayudante de electricista. Larry Bell era un sujeto obeso, en torno a 30 años, divorciado. Era un trabajador meticuloso y aplicado. Incluso se quedaba en la casa del matrimonio para vigilarla cuando ellos se ausentaban por un tiempo, como cuando se fueron a Alabama a visitar a su hijo. Y en ese momento la cara del hombre se iluminó y estremeció, en dos movimientos sucesivos y antagónicos: ¡él había escrito en un bloc de papel de Larry el número de teléfono de su hijo para que les llamara si ocurría algo! Cuando regresaron Larry fue a recogerles al aeropuerto. Quedaron sorprendidos de su aspecto, muy descuidado, sin afeitar, unos kilos más delgado, y ¡además ahora recordaban que no paraba de hablar del crimen de Shari!

Cuando la policía le detuvo vieron que, al cotejar la matrícula de su coche con las que habían sido fotografiadas en la ceremonia religiosa en recuerdo de Shari, el asesino había acudido, como Douglas pronosticó que sucedería. En su apartamento descubrieron numerosas pruebas que le incriminaban en los dos asesinatos. En el juicio los testigos del secuestro de la segunda víctima lo reconocieron como el autor de esos hechos. Bell tenía antecedentes penales por delitos sexuales, intentos de secuestro y por ser autor de llamadas de teléfono obscenas. Fue sentenciado a morir en 1986.

* * *

El perfil del FBI fue esencial para atrapar a Larry Bell. El matrimonio que lo identificó se quedó asombrado cuando escuchó cómo era el posible sospechoso, ya que encajaba perfectamente con el señor Bell. Desde esa perspectiva, es obvio que este caso es un triunfo del perfil criminológico como un método de la ciencia policial para ayudar a la captura de asesinos en serie. Sin embargo, el lector haría bien en considerar que sin el rastro del número de teléfono que los analistas de la policía fueron capaces de sacar a la luz, el perfil hubiera servido de poco, al menos hasta esos momentos. La idea importante que quiero señalar aquí es que los poderes casi paranormales de los perfiladores, ya sea en películas de gran presupuesto, en series de televisión o en las novelas, es algo ridículo. Los perfiladores no detienen a los culpables. No se ha demostrado nunca que un asesino haya sido capturado por la mediación exclusiva de un perfil. El caso del asesino en serie Timothy Spencer revisado en el capítulo 5 es también un buen ejemplo de lo que quiero decir. El perfil del FBI fue muy importante para orientar a Joe Horgas acerca de dónde buscar para encontrar al asesino, así como para confirmarle la viabilidad de su creencia de que el violador enmascarado negro y el asesino de mujeres de Arlington y Richmond era el mismo sujeto. Pero el perfil no señaló con el dedo a Spencer.

De hecho, un buen perfil no puede identificar al autor de los crímenes en particular; eso sólo pasa en la ficción. Su misión es estrechar el ámbito de la investigación, orientarla, dar nuevas alternativas cuando parece que llegue a un punto muerto. El perfil del sospechoso es una herramienta más dentro de la criminología para ayudar a la policía a capturar a agresores sexuales, asesinos en serie y otros delincuentes violentos reincidentes. La clave está en saber trabajar en equipo junto con los expertos en criminalística o policías científicos que trabajan con las huellas físicas, ya que son éstas las que acaban incriminando a un sospechoso: la sangre, el semen, fibras, etc. Sin embargo, el perfil puede ser muy valioso a la hora de indicar *dónde debemos mirar* para encontrar al dueño de esos rastros. Como ha escrito el eminente científico forense Henry C. Lee: «La ciencia forense ha alcanzado tal grado de especialización que cada una de sus disciplinas cuenta con sus correspondientes expertos. La presencia de estos especialistas es muchas veces crucial para examinar las pruebas de un modo independiente, identificarlas y ofrecer una opinión experta en los procesos judiciales [...]. El trabajo en equipo es la única vía para el éxito de una investigación».

La escuela de David Canter: el caso del Asesino del Ferrocarril

Al psicólogo David Canter ya lo conocemos del capítulo 2, cuando se discutió la evidencia disponible acerca de la veracidad del llamado *Diario del Destripador*. En la Universidad de Liverpool, Canter ha liderado lo que podríamos denominar la alternativa a la metodología de perfiles elaborada por el FBI. En un primer momento, Canter valoró positivamente la contribución de los perfiladores de la Unidad de Ciencias del Comportamiento de Quantico y desarrolló de un modo sustancial la idea central del perfil, esto es, que *la personalidad del asesino queda impresa en la escena del crimen.* En particular, Canter indicó que el modo en que un asesino o violador interacciona con su víctima es un reflejo del tipo de relaciones que manifiesta con las personas en la vida diaria, es decir, cuando no comete crímenes. Ello significa que hay una consistencia entre el modo de matar o agredir y el modo en que un sujeto se comporta cuando no ejerce el papel de asesino o violador. En palabras de Canter:

> Una extensión de esto puede denominarse *el principio de la consistencia*: la forma en que un delincuente trata a sus víctimas nos da mucha información acerca del modo en que trata a la gente con la que mantiene una relación diaria significativa. Por ejemplo, el que un delincuente manifieste en sus delitos un claro deseo por controlar, por poseer sexualmente a una mujer, y que sea capaz de aproximarse a mujeres extrañas empleando un subterfugio, e incluso que pudiera hablar con ellas después del

asalto, todo ello indica que hay una alta probabilidad de que el agresor esté casado, de que disponga de una mujer sobre la que ejerza su control diariamente. Por el contrario, un hombre mayor con una historia de asalto sexual, pero sin otros delitos, que viola e incluso llega a matar, es generalmente soltero.

Pero a partir de ahí este investigador del comportamiento puso su empeño en demostrar de forma empírica la existencia de los diferentes tipos de consistencias que se podían encontrar en los diferentes tipos de homicidas y violadores, analizando en detalle el modus operandi de cientos de delincuentes violentos. Y en este punto se alejó del FBI, quienes nunca tuvieron interés en hacer esa clase de comprobaciones.

* * *

El caso que relato a continuación fue el nacimiento de la escuela de perfilación de la Universidad de Liverpool (que Canter llama de *psicología investigadora* o *investigativa*). A raíz del éxito de la colaboración entre este profesor universitario y Scotland Yard, se comprobó una vez más la importancia de que la ciencia y los científicos colaboren en mejorar las capacidades resolutivas de la policía, tal y como ya ocurrió hace cien años con la dactiloscopia y más recientemente con el ADN.

En 1982, dos hombres dieron comienzo a una serie de violaciones que afectaron a Londres y condados adyacentes. Actuaron juntos en 18 ocasiones, aunque se observó que uno de los violadores —el más bajo de estatura, según la descripción de varios testigos— también había realizado violaciones en solitario.

El modus operandi era muy claro: una conversación amigable hacía que la mujer bajara la guardia, luego salía a relucir un cuchillo, le ataba las manos con una cuerda y finalmente la violaba. Debido a que la mayoría de sus ataques se habían sucedido junto a las vías del tren, se le conoció como el Violador del Ferrocarril.

Las víctimas dijeron que era muy bajo y que sus ojos parecían un láser que podía ver a través de ellas. En julio de 1985 hubo tres violaciones de esas características, y la policía se convenció de que había que tomar medidas especiales, evitando caer en los errores del caso del Destripador de Yorkshire, donde el nombre del asesino había salido nueve veces en el transcurso de la investigación, pero nadie lo había detectado. Dio comienzo la llamada Operación Hart.

La policía esperaba que los ordenadores fueran de ayuda para evitar esos errores de falta de manejo sistemático de la información. En agosto de ese mismo año se detuvo a un carpintero que había trabajado con anterioridad para el ferrocarril británico, John Duffy, acusado de diferentes delitos inconexos, pero fue puesto en libertad bajo fianza.

El 29 de diciembre de 1985, el violador se convirtió en asesino cuando Alison Day, una secretaria de 19 años, fue arrastrada desde un tren hasta un garaje oculto de Londres y luego asfixiada mediante un palo convertido en un garrote con la ayuda del pañuelo de cuello que llevaba. Cuando fue hallada varias semanas después en el río Lea, todas las evidencias forenses habían desaparecido, salvo unas pocas fibras que se habían adherido a su abrigo de piel de oveja.

Hasta abril de 1986, la policía no concibió que el violador y el asesino fueran la misma persona, fue a propósito del asesinato de la adolescente de 15 años Maartje Tamboezer, violada también. Maartje iba en bicicleta hasta el pueblo de West Horsley, en el condado de Surrey. Las huellas de pequeño tamaño halladas junto al cadáver señalaban que el agresor era un hombre de corta estatura. A pesar de que éste había quemado papel en la vagina de la chica para destruir la prueba, se había encontrado semen suficiente para determinar que su grupo sanguíneo era el A. El 42 por ciento de la población tenía este mismo grupo sanguíneo, pero los forenses aislaron la enzima fosfoglucomutasa en su composición, lo que excluía a 4 de cada 5 sospechosos.

Otro hecho distintivo fue la posición de las manos de las víctimas, en actitud de orar, atadas con una cuerda marrón inusualmente grande. Esto apuntaba al Violador del Ferrocarril, de modo tal que la búsqueda del violador serial se convirtió en la caza de un asesino en serie.

Pronto se vio que esa captura era del todo urgente. El 18 de mayo de 1986, una empleada de la televisión londinense de 29 años, Anne Lock, desapareció en su camino a casa. Su cadáver no fue hallado hasta julio, pero los restos de semen señalaban hacia el mismo autor.

Ahora que la policía sabía el grupo sanguíneo del asesino, los investigadores pudieron excluir a muchos de los sospechosos que estaban incluidos en la Operación Hart; desgraciadamente, los que quedaban seguían siendo muchos: se pasó de 4.900 hombres a 1.999. John Duffy tenía asignado el número 1.505. Cuando fue entrevistado el 17 de julio de 1986, Duffy se negó a dar una muestra de sangre, y él mismo acudió a un hospital psiquiátrico «para buscar tratamiento» y tener así una excusa para no estar disponible para nuevas averiguaciones.

Fue en esos días que la policía buscó a David Canter, entonces en la Universidad de Surrey, para que elaborara un perfil del asesino. Canter dijo *que el asesino vivía en el área de Kirlburn, al noroeste de Londres,* que estaba casado sin hijos, tenía historial por actos de violencia, su relación matrimonial no era nada feliz, y que probablemente tenía dos amigos íntimos varones.

Cuando esos datos fueron contrastados con los sospechosos de la Operación Hart, rápidamente surgió el nombre de John Duffy. En esos días la policía supo que éste había vuelto a actuar, aunque —sin que se supiera por qué— su víctima, una chica de 14 años, había logrado sobrevivir; Duffy no la asesinó. La policía le vigiló estrechamente en su apartamento de Kirlburn, y finalmente le detuvo en casa de su madre. Después de una ingente labor de la policía científica, pudieron contrastar 13 fibras halladas en el abrigo de Alison Day con una encontrada en un suéter del sospechoso.

El perfil de Canter fue correcto en 13 de los 17 puntos. Su perfil geográfico fue brillante, al ser capaz de determinar con mucha precisión el área donde residía Duffy. Especialmente deslumbrante fue su descripción del asesino como la de alguien sin hijos. Este hecho angustiaba mucho a Duffy, quien tenía una cuenta muy baja de esperma.

En el juicio Duffy dijo que tenía amnesia. Fue condenado a cadena perpetua, pero no delató a su cómplice de las primeras violaciones.

Las cosas, sin embargo, cambiaron con el tiempo. Dieciocho años después del primer crimen, cayó David Mucalhy. Este sujeto fue interrogado por vez primera junto a Duffy en julio de 1985, pero no pudo ser procesado por falta de evidencia que lo ligara con las violaciones y luego con los asesinatos. Sin embargo, en 1998 la inspectora Caroline Murphy escuchó una noticia sorprendente: Duffy había mencionado al psicólogo de la cárcel que un segundo hombre había tomado parte en los diferentes crímenes. Luego Duffy no era el único asesino, según se supo en ese momento. El resto fue sencillo: las pruebas de ADN practicadas revelaron sin duda que Mucalhy había tomado parte en las violaciones y homicidios de Alison Day, de 19 años, Maartje Tamboezer, de 15, y de

Anne Lock, de 29 años de edad. Duffy sostuvo la acusación contra su ex compañero en el estrado. En febrero de 2001, Mucalhy fue condenado a cadena perpetua.

El caso de Joaquín Ferrándiz

Tuve la suerte de participar a lo largo del año 1997 en lo que ha sido la primera colaboración de la que hay registro entre un criminólogo y las fuerzas de seguridad de nuestro país. La Guardia Civil estaba detrás del asesino o asesinos de seis mujeres. Cuatro de ellas eran prostitutas. Había un sospechoso en la cárcel, un camionero al que cierta información le ha asociado con alguna de las chicas de carretera asesinadas, pero los investigadores saben que las pruebas no son concluyentes, por lo que la Unidad Central de Operaciones (UCO) sigue su labor de intentar llegar al fondo del asunto.

Cuando vienen a visitarme en mi despacho de la Universidad de Valencia, en compañía del juez instructor del caso, tienen dos preguntas importantes que hacerme. En primer lugar, ¿las diferentes mujeres han sido asesinadas por una o por varias personas? Este hecho les preocupaba porque aunque el perfil de cuatro de ellas era semejante —prostitutas, si bien una de ellas era considerablemente mayor que las demás— las otras

Joaquín Ferrándiz era un hombre inteligente y bien educado que, antes de matar, había cumplido una condena de cinco años por una violación. Nadie supo ver en la cárcel que ese delito fue extraordinariamente violento y que presagiaba una furia interior que podía estallar tras la liberación. Es el primer caso documentado en España de la colaboración entre la policía (Guardia Civil) y un perfilador para capturar con éxito a un asesino serial.

dos no lo eran, e incluso una (Sonia Rubio) era una licenciada en Filología Inglesa. La otra pregunta tenía que ver con la personalidad del asesino: ¿estaría dispuesto a proporcionarles el perfil de la persona o personas que podrían ser los autores de los homicidios?

Me puse manos a la obra con mucho interés y empecé a revisar toda la información que el juez me había dejado sobre el caso. Así pues, los hechos investigados corresponden a seis homicidios de autor desconocido en los que se sospecha que puede existir alguna conexión. Los cuerpos de cinco de las víctimas (mujeres de 20 a 25 años de edad) fueron encontrados en la provincia de Castellón, en zonas agrestes pantanosas, junto a las poblaciones de Onda y Benicásim. Estos cuerpos se encontraron en avanzado estado de descomposición. La sexta víctima era otra prostituta que presentaba diferencias en cuanto a la edad —tenía 43 años— y que apareció muerta en su casa. Las víctimas murieron estranguladas y fueron golpeadas. Además, hubo evidencia de que fueron amarradas o amordazadas con sus propias prendas de vestir. En la mayoría de los casos, el agresor ocultó el rostro de sus víctimas y las dejó desnudas.

A partir de la información disponible presenté, entre otras, las siguientes conclusiones en el perfil:

1. Los seis homicidios fueron obra del mismo autor.
2. Respecto a las características del responsable de estos crímenes, planteé que es un asesino en serie, varón, que está en torno a los 30 años y que actúa en solitario. No está casado. Vive en la zona de Castellón, probablemente en la misma ciudad. Se trata de un asesino organizado, que tiene trabajo y cierta cultura. No es un delincuente común, aunque puede tener antecedentes por delitos violentos o por infracciones graves de tráfico. Se trata de un psicópata que está bien integrado. Finalmente indiqué que seguiría matando, aunque tendría periodos temporales de enfriamiento variables en su duración.

Es habitual que el asesino serial escoja un tipo particular de víctima. En este caso fue evidente que el delincuente escogía mujeres entre los 20 y 25 años de edad, con excepción de una de ellas, que tenía 43. Aunque no todas eran prostitutas, observé que existía un patrón común: eran independientes, extravertidas, fácilmente abordables en ambientes de nocturnidad y frecuentaban la compañía de hombres.

En lo relacionado con el modus operandi, encontré semejanzas importantes en varios aspectos. Las pocas evidencias disponibles indicaban que el método de aproximación a las mujeres empleado por el agresor era el mismo para todas las víctimas: fueron abordadas de forma sorpresiva. En todos los casos el sistema para controlar a la víctima consistió en golpes y ataduras, generalmente con la misma ropa de la víctima. De otro lado, la agresión consumada era del tipo instrumental, con ausencia de una violencia expresiva que recordara el sadismo, por ejemplo, utilizado años después por Pérez Rangel, el Asesino del Parking. Así, el asesino de Castellón había sido capaz de infligir daño suficiente para lograr sus fines sin incurrir en la violencia desaforada. Las autopsias revelaron que las muertes se produjeron de forma rápida, siguiendo un procedimiento seguro y bien aprendido, por lo que fue claro que no se trataba de alguien con graves problemas mentales que hubiera disfrutado torturando a sus víctimas. Es en este punto en el que se observa gran coincidencia entre la muerte de la víctima de 43 años con las demás. Junto a esto, hay que señalar que esta mujer también apareció con la cabeza tapada con una bolsa, como varias de las otras cinco mujeres. Finalmente, también se encontraron semejanzas en las zonas y los horarios en que ocurrieron los diferentes delitos analizados.

Respecto a las características del presunto autor de los delitos, asumí que se trataba de un hombre de en torno a los 30 años y que actuaba en solitario, a partir de las estadísticas disponibles sobre asesinos en serie. En cuanto a la zona donde posiblemente vivía el agresor, propuse la ciudad de Castellón porque su ubicación geográfica se relacionaba con los sitios donde fueron encontrados los cuerpos. Además, si se tomaban como punto de referencia los dos escenarios del crimen más alejados, Castellón tendía a ubicarse en el centro. Es la conocida *hipótesis del círculo* de Canter, que plantea que si trazamos una línea recta que una las dos ubicaciones más alejadas correspondientes a una serie de delitos supuestamente obra de un mismo autor, y a continuación dibujamos una circunferencia tomando a la recta como diámetro, *la vivienda del culpable estará dentro del círculo*.

Dije en mi perfil que se trataba de un delincuente organizado dada la evidente premeditación de los delitos, la selección del tipo de víctima, la poca evidencia encontrada en las escenas de los crímenes y el periodo de enfriamiento entre una actuación y otra, lo que indicaba que era capaz de mantener un elevado autocontrol.

Por otro lado, el análisis del comportamiento del sujeto durante sus delitos, y especialmente la observación de su control durante los homicidios, fueron elementos claves para proponer la hipótesis de que el asesino tendría una personalidad psicopática, capaz de mantener una vida de apariencia normal mientras va sintiendo la tensión interna alimentada por la fantasía que le empuja a planear el próximo asesinato.

En otro de los puntos del perfil, mantuve que el autor de los hechos probablemente seguiría matando porque me basé en el conocimiento disponible acerca de la evolución de la carrera delictiva de delincuentes violentos en general, que plantea el incremento de la violencia a medida que pasa el tiempo y la alta probabilidad de que los asesinos en particular —que actúan de forma similar al caso analizado— continúen matando; aunque, como señalan las estadísticas, puede haber periodos más o menos largos de enfriamiento entre un delito y otro.

Finalmente, incluí en el perfil la interpretación de la *historia* que el asesino quería contar a través de sus crímenes. Expliqué que Ferrándiz posiblemente estaba motivado por la búsqueda de dominio, con el deseo de experimentar la sensación de omnipotencia, ya que llevaría una vida gris, aburrida y sin suficientes alicientes. Las características del caso me llevaron a plantear que aunque el sujeto sin duda podría parecer un tipo completamente normal, probablemente toda la vida habría tenido grandes dificultades para alcanzar relaciones plenas con los demás, de allí otra de las conclusiones del perfil: el sujeto no estaría casado.

Una vez elaborado el perfil, revisé la información que había recogido la Guardia Civil sobre uno de los sospechosos, que resultó ser Joaquín Ferrándiz. El perfil encajó con tanta exactitud en la biografía de Ferrándiz que lo sometieron a una vigilancia muy estricta, las 24 horas del día. Un día este individuo salió unos minutos de la discoteca en que se hallaba y aflojó la presión de las ruedas de un coche. Posteriormente regresó de nuevo al interior del local. Cuando un tiempo después volvió a salir, los vigilantes de la UCO observaron que se disponía a seguir al coche cuyas ruedas había manipulado, que estaba conducido por una joven. A los pocos minutos de iniciar la marcha, la chica tuvo un accidente y Ferrándiz se aprestó a ayudarla. Comoquiera que los agentes estaban siguiéndole, se apresuraron a hacer acto de presencia para que el asesino múltiple no tuviera oportunidad de secuestrarla. Todos juntos fueron al hospital, donde los padres de la chica agradecieron calurosamente la *ayuda* prestada por Ferrándiz.

Al ser conscientes de que este hombre estaba sintiendo de nuevo una gran tensión para volver a matar, el juzgado decidió que no podía arriesgarse a que un día Ferrándiz eludiera por cualquier razón la vigilancia a la que estaba sometido —ya que no sabía que le estaban observando— y ordenó que le detuvieran e ingresaran en prisión, aprovechando que una mujer lo había denunciado por intento de agresión sexual. Una vez en la cárcel, los investigadores registraron su casa y hallaron un trozo de ligadura de unas características idénticas a las encontradas en el cadáver de Sonia Rubio. Ése fue el final de sus andanzas, ya que al poco tiempo confesó ser el autor de la muerte de Sonia y poco después reconoció su participación en cuatro de los cinco asesinatos pendientes. Nunca reconoció ser el asesino de la prostituta de edad más madura, que había sido hallada en su casa.

Joaquín Ferrándiz resultó ser un empleado de una agencia de seguros que tenía antecedentes por una violación que nunca reconoció y por la que había cumplido una condena de cinco años de prisión. Este hecho, sin embargo, no le había supuesto mayor impedimento para reintegrarse en la sociedad, dadas sus grandes habilidades y su dedicación eficaz en sus obligaciones laborales. Puesto que todos le consideraban inocente, tampoco tuvo mayores problemas para tener un grupo de amigos donde sentirse aceptado.

Vivía en Castellón solo con su madre, ya que su padre había fallecido. Cuando salió de la cárcel, su psicopatía se había acentuado. No le había gustado la experiencia de estar allí, y al poco de estar libre (en libertad condicional), mató a cuatro de las cinco mujeres por las que sería posteriormente condenado. Nadie tenía la más mínima sospecha de él.

Este ejemplo demuestra la auténtica naturaleza de un perfil. Es un instrumento más para leer una escena del crimen. El trabajo fundamental siempre lo realiza la policía.

El perfil geográfico

Uno de los últimos desarrollos del perfil criminológico pone su interés no en la descripción de *cómo puede ser* el autor de unos crímenes, sino en la formulación de la hipótesis de *dónde* puede estar viviendo. De nuevo David Canter ha sido uno de los grandes impulsores de esta variación del perfil, y probablemente no es una casualidad, ya que la especialización de este profesor inglés es la psicología ambiental.

Canter sostiene que un asesino en serie decide actuar en un lugar y en un periodo del día que tienen para él un significado personal. Es decir, ya que ellos seleccionan dónde y cómo actuar, esto puede ser también considerado como elementos reveladores de su psicología. Con esta idea acerca de la importancia de la geografía en la mente del asesino, Canter ha desarrollado un programa informático conocido como Dragnet,[3] orientado a predecir la residencia del asesino a partir de las diferentes ubicaciones de sus ataques.

La regla general que impulsa el sistema es que el lugar donde vive el asesino —o el lugar en el que trabaja— puede establecerse mediante el cálculo de la media espacial de los lugares de los diferentes crímenes. La *hipótesis del círculo*, que utilicé para determinar que el asesino de las mujeres de Castellón vivía en esa ciudad, es uno de los primeros modelos geográficos que sigue esta regla desarrollada por Canter. Este modelo, sencillo como es, ha recibido un gran apoyo empírico, porque se ha demostrado que muchos de los asesinos y violadores atacan en zonas que conocen bien, y un número importante de éstos lo hacen en lugares próximos a su casa o a un sitio muy significativo para ellos, como su lugar de trabajo. Los tres asesinos seriales españoles analizados en el capítulo 1 cumplen con esta regla: Gustavo Romero mató en un parque de la ciudad donde vivía (Valdepeñas), y luego en las afueras, en caminos comarcales que conocía como la palma de su mano. Pérez Rangel mató en el parking en el que él mismo había sido inquilino, y apenas a unos 75 metros de la calle donde había vivido por espacio de un año. Alfredo Galán fue el que lo puso más difícil, por su movilidad premeditada, pero aun así, salvo el último doble crimen de Arganda del Rey —adonde llegó por equivocación, ya que quería ir a Alcalá de Henares—, todos los otros lu-

---

[3] Esta palabra significa en el argot policial una operación de emboscada o de captura de un delincuente, pero también es el título de una mítica serie policial que se emitía en televisión a finales de los años cincuenta. Los amantes de la música de Henry Mancini seguro que tienen este título en su discografía, ya que es muy popular.

gares estaban relacionados con su biografía reciente. Esto también se cumple para Tony King, como vimos en el capítulo anterior.

Otro de los modelos geográficos desarrollados por Canter fue el que distinguía al asesino merodeador *(marauder)* y al viajero *(commuter)*.[4] El primero se desplaza a partir de una base central a la que regresa después de cada ataque, mientras que el segundo viaja a un área para delinquir y luego regresa a su casa. El cuadro 2 ilustra en un diagrama los diferentes modos de desplazarse de estos dos tipos de agresores.

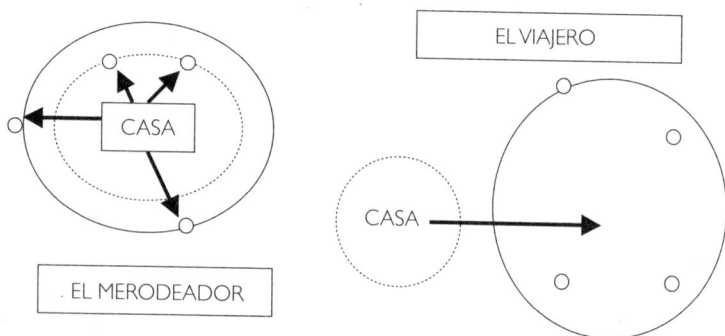

Cuadro 2. *Los dos modelos de desplazamiento de los agresores, según David Canter. Los lugares de los crímenes se simbolizan con O.*

No cabe duda de que el tipo de trabajo que tenga un asesino influye en gran medida en los lugares elegidos para atacar, así como también en el tipo de víctima. Un ejemplo reciente es el protagonizado por Volker Eckert, que en noviembre de 2006 reconoció haber asesinado a cuatro prostitutas, dos en España y dos en Francia. El todavía (cuando escribo estas líneas) presunto asesino en serie, de 47 años, perpetró los crímenes entre los años 1999 y 2006. Es posible, desde luego, que este hombre haya matado a más mujeres.

---

[4] Un *commuter* es una persona que se desplaza todos los días lejos para acudir a su trabajo. Son los viajeros que toman los trenes de cercanías, por ejemplo.

En este caso no podemos aplicar ninguno de estos dos modelos geográficos, ya que la propia casa es móvil. El camionero actuaba más bien como un trampero, utilizando su vehículo como un instrumento de captura de sus víctimas, siempre en movimiento. Una vez que aceptaban entrar en el vehículo para prestar sus servicios, estaban dentro de la guarida. Era la víctima quien iba hacia su asesino.

El análisis de la evidencia del comportamiento

Mi opinión coincide con los analistas que enfatizan la importancia de que los perfiles se lleven a cabo con un gran respeto a los hechos de la escena del crimen. A pesar de que las estadísticas son importantes para sopesar las probabilidades de que el asesino tenga una u otra característica (por ejemplo, la edad, el sexo o la raza), lo fundamental siempre es preguntarse: ¿qué nos *dice* esta escena del crimen? ¿Qué relato cuenta acerca del autor de estos hechos?

Esta pregunta no se puede contestar sin la ayuda de la criminalística, es decir, de todas las disciplinas que estamos revisando —y de otras que no hemos mencionado—, y que son muy importantes en el análisis de las huellas físicas (materiales) del crimen. Junto al estudio de la escena del crimen y los datos de los científicos forenses, otra fuente importante de información para el perfilador procede de la victimología. Por ejemplo, recordará el lector que uno de los elementos esenciales por el que deduje en mi perfil del Asesino de la Baraja que éste había sido el autor de los seis homicidios, fue el tipo de víctima, cuyas características no significaban nada para el asaltante. Igualmente, el hecho de que las víctimas fueran seleccionadas por la mera oportunidad me indicó que lo importante era matarlas y demostrarse que era al fin un *tipo duro*, un soldado a la que la policía no podría capturar. Por el contrario, el Asesino del Parking del Putxet seleccionó a sus víctimas con mucho esmero. Para él era muy importante que fueran mujeres *con clase*, mujeres que tomaban decisiones, cultas, elegantes, con una vida bien diferente a la que llevaba el asesino, y que nunca mostrarían interés por alguien como él. Las agresiones de Pérez Rangel fueron extraordinariamente crueles, sádicas, porque él quería castigar *a ese tipo* de mujeres.

Solamente cuando hayamos hecho esas tareas estaremos en disposición de reconocer y evaluar los patrones de comportamiento del asesino, es decir, su modus operandi y su firma. Esto, finalmente, se habrá de incluir en el perfil del asesino, donde podremos señalar lo que hayamos podido descubrir: profesión, apariencia, estudios, historial delictivo, estado civil, edad, sexo y raza, rasgos de personalidad, posible lugar de residencia, posibles escenarios de nuevas agresiones y otros aspectos que puedan ayudar a que la policía pueda focalizar la investigación y emplear con mayor eficiencia sus recursos (ver cuadro 3).

Ya le parezca al lector mucho o poco, es esto todo lo que podemos hacer. Y si acertamos en esa pequeña ayuda, ése será un gran día.

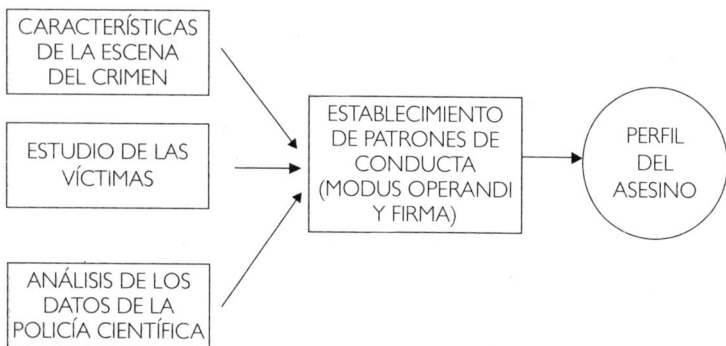

Cuadro 3. El análisis de la evidencia como fundamento del perfil.

CAPÍTULO 8
CICATRICES EN LOS HUESOS Y EN LA MENTE:
DANIEL ROLLING Y TED BUNDY

Escribe el afamado antropólogo forense Williams Maples que «no tenemos secretos para nuestros huesos. A estos silenciosos y obedientes siervos de nuestro tiempo les contamos sin rubor absolutamente todo». Maples es un estudioso del cuerpo humano, en particular de los huesos, y su labor consiste en averiguar cosas como la data de la muerte en cadáveres antiguos, el modo en que ésta se produjo y, por supuesto, la identidad de un cuerpo sin nombre a partir del contraste entre sus características físicas y la información disponible sobre el sujeto en particular. Con un gran sentido del humor, suele referirse a los huesos como el equivalente a un diario que se escribiera mediante las marcas que dejan los acontecimientos a lo largo del tiempo:

> En los archivos de nuestros esqueletos están guardados los diarios íntimos de nuestras vidas: nuestra ascendencia, nuestras enfermedades, nuestras lesiones y debilidades, las pautas de nuestro trabajo y ejercicio físico, a veces incluso nuestros pecados más secretos y nuestros más vergonzosos defectos. Todo lo que hemos sido, o casi todo, está escrito en nuestros esqueletos, y será revelado finalmente cuando éstos queden desnudos y sin carne que los recubra. El arte de la antropología forense consiste en saber leer todas esas cosas.

Sin embargo, existen otras marcas y cicatrices que no dejan rastro físico, pero que no son menos reales. Este capítulo trata de huesos físicos, pero también de los que conforman, metafóricamente, el armazón de la psicología del sujeto. Aquí veremos de qué modo la aportación del antropólogo forense puede ayudar a condenar a un asesino en serie y tam-

Daniel Rolling es un asesino complicado, tanto por las cosas que hizo cuando asesinó como por las que hizo cuando fue procesado. Durante un tiempo trajo con sus actos el terrible recuerdo de Ted Bundy sobre Florida.

bién a decidir su destino final. En el caso de Daniel Rolling, el mismo William Maples se ocupó de esa tarea. Para el de Ted Bundy, esa responsabilidad le fue reservada a un odontólogo forense, y de hecho es un caso histórico porque nunca antes había sido condenado un asesino en serie —y menos de la magnitud de Bundy— mediante el examen detallado de sus dientes y su relación con la escena del crimen.

Pero como he dicho también, me quiero ocupar de esas otras lesiones y heridas, por desgracia mucho menos fáciles de medir y evaluar, como son los golpes, abusos y humillaciones que ambos asesinos sufrieron en una intensidad bien diferente, y que llevan a la mesa la discusión de en qué medida detrás de un asesino en serie se encuentra un hombre maltratado en su infancia. Aun cuando ya adelanto que no sabemos qué cosa o circunstancias producen en primer lugar *la desconexión del asesino de la especie humana,* el tratar esta cuestión tiene su importancia, porque nos puede enseñar a perfilar nuestras ideas sobre la naturaleza del asesino en serie y a entender mejor su psicología, cuestión esta que trataremos en profundidad en el último capítulo de este libro.

Daniel Rolling, un hombre complejo

Es domingo de madrugada, 20 de agosto de 1990. Estamos en Gainesville, Florida, una pequeña ciudad de estudiantes, con gente tranquila que disfruta de un clima excelente y todas las comodidades de una economía próspera. El oficial de policía Ray Barber está a punto de terminar su turno cuando recibe una última asignación: acudir a unos apartamentos y ver qué problema tiene el conserje, que parece muy alterado. En el lugar indicado, el hombre explica a Barber que los padres de una chica están en el jardín, muy preocupados, porque su hija Cristina, de 17 años, no contesta a la llamada del timbre ni de los golpes en la puerta. Nadie la ha visto desde la mañana del viernes. Su compañera de cuarto, Sonja Larson, también de 17 años, tampoco ha llamado a sus padres como prometió hacer.

Los padres esperan abajo y Barber y el conserje suben hasta el segundo piso, donde vive Cristina. En efecto, nadie contesta a la llamada del timbre ni a los golpes enérgicos de los nudillos. Barber rompe uno de los paneles de vidrio de la puerta. De inmediato un olor a muerte le conmociona. Ambos hombres echan la puerta abajo y el policía se enfrenta a una visión que nunca olvidará: una joven desnuda, llena de sangre, está depositada en la cama, con sus brazos encima de la cabeza, en una posición grotesca. Otra chica yace en la escalera que lleva al piso primero. Ambas han sido salvajemente acuchilladas, mutiladas y deliberadamente dispuestas para que produzcan una gran impresión al ser halladas.

La policía científica empieza a hacer su trabajo y pronto se filtran noticias sobre las acciones del asesino. Una de las chicas no tenía pezones en sus pechos. El miedo empieza a invadir la ciudad. Todavía está fresco en Florida el recuerdo de Bundy, quien, como veremos en este mismo capítulo, se especializó en asesinar chicas universitarias. Y sin embargo, ese miedo no ha hecho sino comenzar, porque 24 horas después tenemos a una pareja de policías enfrente de la puerta de otro apartamento ocupado de nuevo por una joven, esta vez en el condado vecino de Alachua. Ella se llama Christa Hoyt, tiene 18 años, y de nuevo no hay respuesta. Su coche está en el aparcamiento del edificio de apartamentos. En su trabajo han intentado localizarla, sin éxito. Ven algo a través de la puerta de entrada, con paneles de vidrio: una mujer desnuda, sentada en el extremo de la cama.

Piden refuerzos, porque oyen ruidos y temen que el asesino pueda estar todavía dentro. Media hora más tarde entra una fuerza policial. Miran en el baño, cuya ducha deja escapar una pequeña corriente de agua; miran en el dormitorio y, a la altura de un estante, se encuentran con los ojos de Christa Hoyt. Pero esos ojos no tienen vida, instalados como están en una cabeza seccionada que reposa en el estante como una figura exótica. Muy cerca está el cadáver decapitado de la chica, sentado en la cama, sus dos pezones seccionados. Un corte brutal la ha partido casi en dos, desde los huesos del pecho hasta el hueso púbico.

Los policías de Gainesville y de Alaucha están seguros de que los tres crímenes son obra de un mismo autor. En todos los casos ha desaparecido la ropa interior de las chicas, y también se ha determinado que el arma empleada ha sido un cuchillo con una hoja de 4 a 6 pulgadas (de 10 a 15 centímetros). Igualmente, averiguan que el asesino ha usado cinta adhesiva para controlar a las víctimas, aunque ha tenido la preocupación de recogerla y llevársela consigo una vez cumplida su finalidad.

Las estudiantes se sienten muy vulnerables; las chicas muertas iban a universidades diferentes. Probablemente, el homicida no las conocía. Cualquiera puede ser su próxima víctima. La estrategia que adoptan las chicas universitarias es juntarse para protegerse, aunque sea compartiendo unos pocos metros de una habitación abarrotada. Muchos padres deciden retirar a sus hijos de Gainesville. Los estudiantes varones, que al principio parecen estar seguros, pronto comprenden que están en un error. No son inmunes a esa plaga que se ha desatado.

El martes 28 de agosto, a las 7 de la mañana, un amigo de Manuel Taboada va a buscarle a su apartamento. Lo comparte con una antigua amiga, Tracy Paules. Ambos tienen 23 años. Los padres de Manny —como le llaman los amigos— ven con buenos ojos esa amistad, ya que él es un buen chico y un atleta de casi 100 kilos. Pero todo eso es agua pasada, lo que importa es el ahora. Y *ahora* el amigo está muy preocupado porque desde el domingo nadie coge el teléfono. Cuando entra en el apartamento acompañado del encargado, que emplea su llave maestra, el temor deja paso al horror. El cuerpo desnudo de Tracy yace ensangrentado en el pasillo que comunica los dos dormitorios. Manuel está muerto en su cama, con múltiples heridas de arma blanca. Esta vez no hay mutilaciones, probablemente porque el asesino no tuvo tiempo. Sin embargo, el pelo de la chica está húmedo, y da la impresión de que su homicida lo hubiera lavado. Por otra parte, el cadáver tiene debajo una toalla. ¿Habrá lavado también el cuerpo de Tracy?

* * *

A medida que todos los medios de comunicación de Estados Unidos difunden de forma masiva la noticia de los crímenes, mucha gente llama a la policía y le mencionan a un sospechoso: Edward Humphrey. El apodo para el asesino serial es el Destripador de Gainesville. La razón para ese sobrenombre es que ambos mutilaron los cuerpos y ambos mataron a cinco víctimas, si bien el Destripador de Florida incluyó en la lista a un hombre y el de Londres no. Humphrey parece un buen candidato; vivía en el mismo edificio de apartamentos que Tracy y Manuel y se puso violento cuando el encargado le pidió que se fuera debido a que era una fuente constante de problemas. Está claro que Humphrey es un tipo violento, y su abuela, que lo acoge, ha tenido que presentar en alguna ocasión una denuncia contra él por maltrato. Así que cuando la policía lo encuentra, lo interroga a fondo, y aunque no puede hallar en el registro de su domicilio nada que lo vincule a los asesinatos de los estudiantes, el juez lo sentencia a cumplir una pena de 22 meses en un hospital de seguridad como consecuencia de la última denuncia interpuesta por su abuela contra él.

Sin embargo, Humphrey es un falso culpable. El auténtico asesino se llama Daniel Rolling, y el 28 de agosto de 1990 casi le detienen acusado de robar un banco el día anterior. Ya ha matado a los cinco chicos, y con anterioridad ya había robado otros bancos. Cuando el 8 de septiembre se dirige a robar un supermercado, su suerte se va a acabar. Una persona ve desde la puerta exterior que Rolling apunta al cajero con una pistola, y llama a la policía. Aunque se da a la fuga, las patrullas desplazadas a la zona se lanzan en su captura, y al poco tiempo le detienen.

Pero por ahora nadie sabe que es un asesino. Es, desde luego, un delincuente reincidente. Además de haber estado anteriormente en la cárcel, se le busca por diferentes robos en establecimientos y casas. El robo al banco y al supermercado son los últimos eslabones de su carrera criminal conocida. Por eso Daniel parece aceptar su destino: le han capturado por las cosas menos graves que ha hecho, así que coopera con la policía y aclara con ella las circunstancias de sus delitos contra el patrimonio. Mientras tanto, al finalizar el año de 1990, los crímenes de los estudiantes han perdido ya su protagonismo en los periódicos, y la tranquilidad poco a poco vuelve a la comunidad. Aunque no se ha podido comprobar que Humphrey sea el culpable, lo cierto es que oficialmente sigue siendo el mayor sospechoso, y desde que está bajo la custodia del estado no se han vuelto a cometer más asesinatos.

Ocurre que en este caso, no obstante, el pasado más cruento de Rolling vino a hacerle una mala pasada. A comienzos de 1991 la policía de Shreveport, en el estado fronterizo de Luisiana, se pone en contacto con la de Gainesville. Han leído el informe que ésta les remitió sobre los asesinatos de los cinco estudiantes, y su modus operandi parece coincidir con el desarrollado en el transcurso de un triple homicidio acaecido en Shreveport. En efecto, en ambos escenarios el asesino se había esforzado en borrar sus huellas, incluyendo el empleo de disolventes para limpiar los cadáveres; igualmente, tanto en Gainesville como en Shreveport las víctimas habían sido maniatadas con precinto, el cual no apareció luego en el escenario. No obstante, lo más importante fue que el cuchillo empleado en todos los casos parecía el mismo, así como que las víctimas de ambas ciudades presentaban mutilaciones semejantes, junto al hecho de que estuvieran posicionadas de modo grotesco ante los ojos de quien las descubriera.

¿Cómo es que ambas fuerzas policiales —Gainesville y Shreveport— pensaron en Rolling como el posible autor? El elemento esencial de esa relación fue que Rolling tenía pendiente en Shreveport un cargo de intento de homicidio en la persona de su padre. Cuando los investigadores de esta ciudad supieron que Rolling estaba preso en una cárcel cercana a donde se habían cometido los cinco nuevos asesinatos, en el condado de Marion, no pudieron menos que deducir que quizás eso no era una casualidad. Por ello, un grupo especial compuesto por las policías de ambos estados unieron sus fuerzas para investigar en detalle los movimientos de Rolling en los días de los asesinatos, así como otros delitos ocurridos en el área cercana a Gainesville durante ese mismo periodo.

Pronto descubrieron que Rolling había intentado robar un banco el mismo día que apareció sin vida el cuerpo de Christa Hoyt. Y que había estado instalado en un camping, cuyas pertenencias las guardaba la policía del condado de Alachua, donde vivía Christa. ¡Esto sí que eran buenas noticias! Entre esas pertenencias hallaron un destornillador, una máscara de esquí, una pistola y ropa de cama. Ansioso, el grupo especial creado para detener al responsable de ocho homicidios envió todos esos objetos al laboratorio. Tuvieron suerte. Nada menos que hubo 17 coincidencias, incluyendo las marcas de entrada en las casas de los tres escenarios de Gainesville con las características de la punta del destornillador, y la identificación mediante ADN de un pelo púbico como perteneciente a Christa Hoyt, que había sido recogido mediante una cuidadosa limpieza por aspiración del lugar donde Rolling había acampado. Por si fuera poco, existía un casete grabado por él mismo, el día de los primeros asesinatos, donde se dirigía a sus padres y decía: «Soy Danny Harold Rolling, hablando bajo una noche estrellada [...]. Bien, he de dejarlo aquí por un rato. Tengo cosas que hacer...».

Cuando pudieron recoger una muestra biológica de Rolling, aparecieron otras coincidencias con el semen que presentaban las víctimas. La suerte de Rolling estaba echada, pero esto era verdad incluso sin considerar los ocho asesinatos, ya que mientras se llevaban a cabo todas esas diligencias por parte del grupo especial, los diversos delitos por los que inicialmente fue arrestado (robos con arma de fuego) le habrían supuesto ya la condena de cadena perpetua. No obstante, quedaban todavía dos resoluciones de singular importancia. En primer lugar, el público —y sobre todo los familiares— de las víctimas tenía que cerrar todos esos horribles episodios con el veredicto judicial. Se trataba, por consiguiente, de dar satisfacción a la sociedad mediante el ritual de la aplicación de la justicia. Y en segundo lugar, quedaba por determinar si Rolling tenía que vivir o morir. En efecto, si recaía sobre él el veredicto de culpabilidad de los asesinatos, el jurado podía recomendar que fuera condenado a muerte. Y esto no era una cuestión menor para nadie.

Cuando se hicieron oficiales los cargos de asesinato contra Rolling, Humphrey fue al fin liberado. Toda la atención estaba ahora en una batalla que iba a producirse entre el abogado defensor y el fiscal. El abogado, Richard Parker, tendrá que esforzarse en hacer ver al jurado que Daniel Rolling es un hombre enfermo debido a los graves abusos que sufrió en la infancia; que no es un asesino brutal y sin alma, sino un hombre trastornado por las cicatrices mentales que le produjo un padre alcohólico y violento y una madre sumisa e impotente para protegerle. Por su parte, el fiscal, Rod Smith, deberá hacer que el jurado *sienta* el increíble grado de fiereza y sadismo con que ejecutó sus crímenes, algo que no puede *justificarse* o *explicarse* de ningún modo. Ambos son letrados ilustres, y van a protagonizar un juicio formidable, de cuyo resultado depende la vida de Daniel Rolling.

* * *

Veamos cuáles son las bazas de ambos bandos. Para el fiscal del estado, Rod Smith, el punto esencial es demostrar que los asesinatos fueron crueles, odiosos, atroces, desarrollados a sangre fría. ¿Cómo hacer que este ánimo depravado quedara claro ante todos? Es aquí donde interviene el antropólogo William Maples, que había estado presente en las autopsias de los cinco cadáveres de Gainesville. Su trabajo se centra en determinar cuál fue exactamente el arma del crimen, ya que ésta nunca apareció. Para ello ha de estudiar con detenimiento los huesos de las víctimas, puesto que éstos «revelan más datos acerca del arma de un crimen que la piel y el tejido blando, porque no son tan elásticos […] y reflejan el impacto de un arma durante mucho más tiempo y con mayor precisión». Dejemos hablar a este maestro de antropólogos, y así apreciaremos en justa medida su labor:

En los asesinatos se había utilizado un cuchillo grande. La empuñadura dejó una marca en la espalda de una víctima y la punta salió por el pecho, atravesándola de lado a lado, lo que supone una distancia de 20 centímetros. Pero, teniendo en cuenta la compresión de la caja torácica debida a la fuerza del golpe, la longitud de la hoja podría haber sido un poco menor: digamos entre 18 y 20 centímetros para curarnos en salud.

Tras preparar muestras de los huesos dañados, empecé a examinar las marcas de cuchillo con un microscopio estéreo de baja potencia. Descubrí cortes agudos de la hoja, marcas tanto agudas como romas del canto de la hoja, una marca de la punta del cuchillo en una vértebra, y una serie de heridas en los huesos que me permitieron conocer la anchura de la hoja, desde el filo hasta el canto.

Hice un examen de las características. Longitud: 18-20 centímetros Anchura: 3,2-3,8 centímetros. Un filo agudo y liso. Un contrafilo. Una empuñadura con una forma especial en su unión con la hoja. Una hoja cuyo corte transversal se asemejaba a un pentágono alargado. En conclusión, se asemejaba a un cuchillo robusto, como los que usan los militares; la hoja no era delgada como la de un cuchillo de cocina. Aquella imponente arma había atravesado huesos gruesos sin dejar ninguna señal de lo que se denomina *vibración de la hoja*.

¿Cuál podría ser el arma empleada por Rolling? El fiscal quiere mostrarla al jurado porque sabe que, cuando puedan verla con sus ojos, imaginarán con todo realismo la infamia del asesino, su profunda perversión. Maples, una vez que ha explicado los resultados de su análisis, oye en el despacho del forense que podría tratarse de un cuchillo de infantería de Marina, de los que se conocen como Ka-Bar. Y ni corto ni perezoso, comoquiera que en Estados Unidos uno puede encontrar cualquier arma mortífera en un centro comercial, allá que va el antropólogo.

Ese fin de semana fui a un centro comercial próximo a mi casa, en el cual venden Ka-Bars. Examiné uno minuciosamente, midiéndolo con la cinta métrica que siempre llevo conmigo. Coincidía exactamente con las dimensiones de las heridas. El dependiente me miraba con cierta curiosidad. Me preguntó por qué estaba haciendo tantas mediciones. Le di una vaga respuesta, pero cuando Margaret [su mujer] y yo regresábamos al coche, le dije a ella lo que pensaba. El arma usada en aquellos horribles asesinatos había sido casi con toda seguridad un Ka-Bar.

La fiscalía se apunta un gran tanto, porque como resultado de la solidez de los análisis de Maples, el juez acuerda que se utilice un cuchillo Ka-Bar para sustituir al original empleado por el asesino. Para todos los efectos, esa réplica sería tratada como si fuera el arma del crimen original. Y no sólo eso: los propios restos óseos de las víctimas, obtenidos de los cadáveres mediante las autopsias, y que mostraban las atroces muescas, cortes y boquetes que había causado el cuchillo, también iban a ser admitidos como pruebas.

Pero Rolling tiene otros problemas, como, por ejemplo, su estado de ánimo fluctuante, que se agudiza durante el tiempo en que está esperando a que se celebre el juicio. Traba amistad con otro preso, Bobby Lewis, una leyenda porque tiempo atrás había logrado fugarse de un corredor de la muerte, a quien pretende seducir para que un día le ayude a escaparse de la cárcel. Le explica a Lewis cómo planeó y llevó a cabo los asesinatos de Gainesville, algo que determinó hacer mientras cumplía una condena anterior de ocho años de cárcel por un delito de robo con violencia. La idea que tiene Rolling en la cabeza es que Lewis le ayude a simular un intento de suicidio y, aprovechando que tendrían que sacarlo del corredor de la muerte, escaparse.

Sin embargo el mismo Rolling se traiciona; no ve cómo puede concretarse ese plan de fuga y, desesperado porque teme que su inactividad le deje a merced del fiscal, el 31 de enero de 1993 informa a las autoridades de que quiere confesar, pero de un modo particular, a través de Bobby Lewis. Y así, en las tres horas siguientes, sin que Rolling conteste directamente a las preguntas del fiscal, y ante una cámara de vídeo, se limita a confirmar lo que relata Lewis, que tenía bien aprendidas las explicaciones que debía dar. Rolling confiesa los cinco homicidios de Gainesville y dice que cuando termine el juicio por estos hechos dirá cosas relativas a los tres homicidios de Shreveport. También precisa —siempre por medio de Lewis— que la culpa de todo la tenía «el lado maligno de su personalidad», a la que denominó Géminis, y que ella era el producto de los abusos que había recibido en su familia de niño, así como de los que padeció en la cárcel.

Los investigadores y el fiscal Smith, perplejos, se congratularon de tener la confesión de Rolling, pero de ningún modo se tragaron la historia de la «doble personalidad» del asesino, entre otras razones, porque sabían que éste había visto la película *El Exorcista III*, en la que el homicida y descuartizador de una mujer se llamaba precisamente así.

El ánimo de Rolling se derrumba. El cuchillo que creía haber ocultado para siempre aparecía de nuevo para perseguirlo. Los huesos de sus víctimas salían de sus tumbas a fin de castigarlo. Dos días antes de que empezara el juicio, Rolling habla con su abogado y le dice que quiere declararse culpable de los cinco asesinatos y tres violaciones que le imputa el fiscal. Parker, como veterano abogado de muchos casos de pena capital, no está de acuerdo. Desde luego, sabe que su confesión filmada le ha perjudicado mucho, así como la admisión en el juicio del cuchillo y de los huesos dañados, pero él todavía confía en que pueda presentar diversas circunstancias atenuantes para eludir la pena de muerte. Avisa a Rolling de que si se declara culpable, la probabilidad de que le condenen a recibir la inyección letal aumenta de forma considerable. Pero Rolling está decidido y le comenta que por nada del mundo quiere ver en el estrado todas esas fotos terribles en las que aparecen los cadáveres mutilados de las víctimas, ni los huesos fracturados y mordidos por el cuchillo que él blandió sin piedad.

* * *

El caso, para el fiscal, está sólidamente establecido. Va a probar que un convicto de numerosos delitos de robo con violencia actuó de forma premeditada y extraordinariamente cruel para matar a cinco jóvenes de Gainesville. Además, como indican los restos de semen hallados en tres de las chicas, en medio de esa orgía de sangre, Smith quiere subrayar que se dedicó a satisfacer un deseo sexual infame y degenerado. ¿Qué puede ofrecer Parker frente a esto? Sabiendo que se trata de una misión extraordinariamente difícil, Parker decide que en el juicio lo sustituya el abogado John Kearns, más elocuente que él y curtido en mil batallas.

El día 7 de marzo de 1994, cuando hace su declaración preliminar ante el jurado, el abogado de Rolling quiere que esos doce hombres tengan presente, sobre todo, tres cosas. En primer lugar, que su cliente siente remordimientos por lo que hizo, como lo prueba el hecho de que confesara su autoría de los crímenes. En segundo lugar, que creció en un hogar en el que padeció innumerables abusos por parte de su padre, sin que su madre pudiera protegerlo, y que ello le empujó a abusar del alcohol y de las drogas desde que era poco más que un adolescente. En tercer lugar —y sin duda lo más importante—, que a causa de todo ello Rolling padecía graves problemas mentales. Por todo ello, concluye Parker, el jurado no debe condenarlo a morir.

Cuando acto seguido el fiscal empieza su labor de presentar sus testigos y pruebas, Rolling comprueba horrorizado que su pretensión de que no aparecieran en el juicio las evidencias de sus crímenes no va a prosperar. No sólo Smith enseña a un jurado —que apenas se atreve a mirar— unas fotos estremecedoras de los chicos asesinados y mutilados, sino que les *deja sentir* con todo detalle que Rolling es un sádico que sabía en todo momento lo que estaba haciendo, y que se regocijaba explicando a sus víctimas antes de matarlas todo lo que iban a sufrir antes de morir a sus manos.

Ahora es el turno de Kearns, el abogado de Rolling, para presentar su causa. Desearía estar en otra parte, en cualquier otro lugar donde no tuviera la abrumadora tarea de demostrar que el hombre que hizo todas esas cosas, a pesar de todo, no merece morir. Pero se recompone pronto y se apresta para el combate. Quiere demostrar al jurado que, antes que asesino, Rolling fue un niño como cualquiera de nosotros lo fuimos, un ser humano inocente que fue primero víctima que verdugo. Y así, el jurado asiste a un testimonio filmado en vídeo de Claudia, la madre de Rolling, en el que explica los horrores que ella, pero sobre todo él, tuvieron que soportar durante interminables años por culpa de su marido alcohólico, cruel y violento.

La historia que narra recuerda la de miles de mujeres maltratadas: golpes que empiezan desde el principio del matrimonio, que no se detienen ni siquiera cuando está embarazada de su primer hijo, Daniel Rolling, con continuas fugas hacia casa de sus padres y posteriores regresos, cuando él va a buscarla y le dice que todo va a cambiar. Daniel, durante toda su infancia y adolescencia, va a ver a su madre sufrir por los golpes y humillaciones que recibe de su padre, y él mismo y su hermano Kevin —un año menor que él— son objeto también de fuertes palizas. Claudia relata con pesar y sentimiento de culpa cómo un año en particular Daniel enfermó de gravedad cuando tenía 9 años, y que como consecuencia su profesor le aconsejó que repitiera el curso. Junto a esto le recomendó también que buscara apoyo psicológico para su hijo, ya que lo había visto muy ansioso y deprimido durante las horas de clase. En vez de seguir estas recomendaciones, cuando el padre de Daniel se enteró de que iba a repetir el curso, le dio una fuerte paliza.

El jurado escucha de labios de Claudia que esa violencia fue mucho más amenazante porque su marido era oficial de policía. Una vez, dice, su marido internó él mismo a Daniel dos semanas en un reformatorio cuando lo sorprendió bebiendo cerveza con un amigo. En fin, para qué seguir, es una historia terrible y sumamente triste. El relato de Claudia va desgranando las atrocidades del padre del ahora asesino, que un día incluso hace que su hijo intente suicidarse y luego, en el espejo del baño del hospital donde fue internado, escribe con la barra de labios de su madre: «Lo he intentado. Pero no consigo salir adelante».

El resto es la historia, en primer lugar, de un delincuente juvenil y fracasado escolar, y posteriormente de un marido y padre joven que entra y sale de la cárcel por robo armado. Claudia explica que una de las veces que va a visitarle a la cárcel le encuentra cambiado, más musculoso y seguro de sí, como si al fin hubiera aprendido a sobrevivir y enorgullecerse de pertenecer al bando de los que están al otro lado de la ley. La última vez que le vio fue en su propia casa, donde seguía viviendo con su marido. Daniel había vuelto a tener un altercado con su padre, pero esta vez las tornas cambiaron, y su hijo le disparó —según ella, en legítima defensa— después de arrebatarle su revólver. Tenía una bala en la cabeza, pero sobrevivió.

* * *

El testimonio de Claudia fue estremecedor. ¿Le provocó la infancia terrible a Daniel Rolling un desequilibrio mental que podría justificar que más adelante se convirtiera en un asesino? El testimonio de los tres psiquiatras que prestaron declaración, por desgracia, no ayudó a clarificar mucho la situación. Todos estuvieron de acuerdo en el hecho de que, como consecuencia de todo lo vivido, Rolling había desarrollado un grave trastorno de la personalidad, pero que dicho trastorno, si bien le llevaba a tener una madurez emocional propia de un adolescente, no le había impedido darse perfecta cuenta de todo lo que hizo antes, durante y después de los asesinatos.

Ya se había dicho todo, ya se había escuchado todo. Dos días después de que todo se hubiera dicho y escuchado, el jurado añadió cinco únicas palabras: recomendamos la pena de muerte. El juez podía revocar ese veredicto si consideraba que había suficientes circunstancias atenuantes, pero consideró que las circunstancias agravantes superaban a las que podían mitigar la condena. Así que el 20 de abril de 1994 el juez confirmó la pena de muerte.

Pasaron los años. Daniel Rolling y sus abogados apelaron en varias ocasiones, pero sin éxito. En una entrevista que concedió su abogado en 2006, dijo que Rolling le había declarado que «yo no quiero morir, pero todo indica que no va a poder ser de otro modo». El 26 de octubre de 2006 Daniel Rolling entró en la cámara de ejecución. Ahí estaban, entre el público, los familiares de los chicos asesinados. Rolling no pidió perdón, si bien previamente había confirmado que, en efecto, él había matado a tres personas en su pueblo natal, Shreveport,[1] un año antes de los crímenes de Gainesville. Cuando le preguntaron si tenía algo que decir, se puso a cantar un himno religioso: «El que creó las estrellas en la bóveda celeste creó los océanos y las montañas, las águilas y las palomas... ¡Nadie es más grande que tú, mi Señor!...». Luego se acostó y le pusieron la inyección letal.

El antropólogo William Maples no vivió tantos años. Murió en 1997, a los 60 años de edad. Tres años antes de morir había terminado su libro con un sentido comentario:

> Hoy, en la calle 34 de Gainesville, cerca de la cima de una colina, hay un trozo llamativamente coloreado de un muro dedicado a las pintadas de los estudiantes y a la libertad de expresión. Aquí todo el mundo lo conoce simplemente como el Muro [...]. Cualquiera puede escribir lo que le

---

[1] Rolling en 1989 entró en una casa de esta ciudad a la hora de cenar y mató a un hombre de 54 años, a su hija de 24 años y a su nieto de 8 años.

apetezca en ese muro, que se ha convertido ya en un monumento local y en una tradición de la Universidad de Florida. La mayoría de las pintadas son alegres, tontas, cariñosas o irónicas. Pero, en medio de las declaraciones de amor, las felicitaciones de cumpleaños y los ruegos para que no se destruyan las selvas, hay en la cima de la colina un panel oscuro con los nombres de las cinco víctimas de asesinato, minuciosamente rotulados sobre fondo negro y acompañados de una sola palabra: RECUERDA. Si el panel se borra o se estropea accidentalmente, siempre hay alguien que lo repara y vuelve a escribir los nombres. Yo paso por delante de él dos veces al día, y sí que recuerdo.

El psicópata perfecto: Ted Bundy

Bundy es la cima del asesinato en serie, como por otra parte él mismo declaró («tengo un doctorado en el asesinato serial»). Nadie hasta él había pensado tanto sobre *cómo* matar y *por qué* hacerlo. Si hablamos de número de víctimas en su haber, es cierto que el Asesino del Río Verde mató a más personas y estuvo mucho más tiempo fuera del alcance de la justicia, pero no lo es menos que Ted Bundy se expuso con frecuencia a ser capturado al seleccionar a víctimas mucho menos vulnerables y en lugares donde la detección era mucho más probable. Por otra parte, si Jack el Destripador inaugura el crimen serial de la era moderna, con Bundy se inicia el presente más actual.[2] La imagen contemporánea cultivada por el cine y la literatura le deben todo a este asesino, porque él es el psicópata perfecto: educado, agradable, atractivo a las mujeres, con un título en

---

[2] Esta mayor actualidad se hace obvia no sólo en su modus operandi, donde el ingenio y la habilidad personal enmascaran la violación, el asesinato y un número indeterminado de veces la necrofilia, sino en su relación con los medios de masas. Bundy, en efecto, concedió muchas entrevistas y comprendió pronto lo que los escritores y periodistas podían hacer para satisfacer su vanidad. La información de lo que Bundy declaró se encuentra, sobre todo, en dos libros en los que él colaboró con su testimonio: *El extraño junto a mí*, de Ann Rule *(The stranger besides me)*, y *El único testigo vivo*, de Michaud y Aynesworth *(The only living witness)*. Como ya sabemos del capítulo 6, también colaboró en el libro de Robert Keppel acerca del Asesino del río Verde.

Ted Bundy es el canon del asesino serial contemporáneo. Con estudios de Psicología, atractivo, encantador, dominaba los medios y se aprestó a colaborar con el FBI para ayudar a capturar al Asesino del Río Verde, precediendo en varios años el argumento de El silencio de los corderos.

Psicología… Lo que Ed Gein es al asesino en serie *psicótico* simbolizado en la película *Psicosis*, lo es Ted Bundy al asesino *psicópata* Hannibal Lecter en *El silencio de los corderos*.[3]

Bundy nace en 1946, en el estado de Vermont (Estados Unidos), en una institución para madres solteras. La madre es Louise Cowell, de tan sólo 22 años, y su familia es seguidora estricta de la religión metodista. Después de regresar a la casa paterna en Filadelfia, los padres de Louise fingen ante la comunidad que Ted es un hijo adoptado, pero no tenemos la seguridad de que ese secreto lo fuera también para Bundy, porque las declaraciones en este punto del propio protagonista están lejos de ser coincidentes. La mayoría de las biografías de este asesino ilustre se limitan a señalar que después de que Ted y su madre vivieran cuatro años en casa de sus «padres», se mudan a Tacoma, en el estado de Washington, donde Louise se casa con un cocinero, John Culpepper Bundy, que da su apellido a Ted.[4]

---

[3] Lecter es más un personaje ficticio de lo que resultaba Norman Bates en *Psicosis*. Su canibalismo, su título de Psiquiatría y unos poderes mentales extraordinarios lo acercan más a un arquetipo que a un ser real (algo que definitivamente tenderá al guiñol en la continuación: *Hannibal*, dirigida por Ridley Scott).

[4] Está por aclararse si Bundy sabía que sus «padres» eran en verdad sus abuelos, y que su madre no era su hermana. Parece que en alguna ocasión el mismo Ted declaró que se enteró de que era un hijo ilegítimo en los años de universidad pero, por otra parte, varios de sus compañeros de colegio niegan rotundamente que ellos creyeran que su madre era su hermana. Para ellos era claro que Louise era desde siempre su madre.

Los años de infancia y juventud de Bundy no parecen contener nada especialmente relevante ni dramático. Es cierto que Ted sufre porque su estatus social no es el que desearía, pero nada en las biografías indica que no recibiera cuidados o amor en la casa de su padre adoptivo, o que fuera en algún sentido discriminado en comparación con los otros cuatro hijos que tuvieron sus padres. Del mismo modo, no existe constancia de que la relación entre Ted y sus hermanos fuera tormentosa o negativa. Y en contra de lo que algunas veces se ha escrito, los compañeros de los años de educación primaria y secundaria guardaban de él un buen recuerdo, el de alguien popular que además obtenía buenas notas.

Es cierto, sin embargo, que esta buena adaptación no siguió en los años del bachillerato, en los que Bundy se sintió aislado y tuvo un rendimiento académico sensiblemente inferior. Una vez Ted declaró que no comprendía bien las reglas que había que seguir para tener amigos, o para relacionarse con las chicas. Pero no debemos entender que Ted fuera un chico humillado o acosado por sus compañeros, sino que más bien dejó de ser un chico popular y admirado. En otras palabras, se convirtió en uno más, lo que significa que era alguien como la mayoría de los chicos de su edad.

Por qué sucedió ese cambio en su ánimo es algo que desconocemos. Quizás tuvo que ver con su apreciación más nítida de que no disponía del dinero y prestigio que le hubiera gustado tener, algo que sabemos que desde pequeño le preocupaba. Ese deseo de poseer cosas caras le llevó en sus años de bachiller a cometer hurtos en tiendas, donde se apropiaba de material para la práctica del esquí y de prendas de vestir que sus padres no le podían comprar.

En todo caso, en 1965 Ted entra en la universidad y aprueba el año introductorio sin especial brillantez, ya que sigue con su estado de ánimo confuso y sin tener confianza en sí mismo. Pero la situación cambia bruscamente en 1966, cuando conoce a Stephanie, una joven guapa y elegante proveniente de una buena familia de San Francisco, que representa todo lo que Ted anhela, aunque a sus ojos se le antoja inalcanzable. Pero tiene una oportunidad y la aprovecha: la invita a esquiar, que es una actividad donde se siente confiado y seguro, y consigue enamorarla.

Stephanie estudia en otra universidad, así que Bundy pide para el año siguiente un traslado a donde está ella, y para impresionarla se matricula en un programa de lengua china. Ese curso es quizás el más feliz para él;

tiene una novia guapa y con clase, la enseña a sus amigos y familiares, progresa en sus estudios… Desgraciadamente, no duró mucho. En la primavera de 1967, Stephanie se cansa de él, lo encuentra demasiado inmaduro, se aburre y rompe la relación. Cuando ella regresa a San Francisco para iniciar su vida laboral, Bundy la sigue allá, pero la estrategia no le funciona. Así que no le queda más remedio que regresar a Tacoma, a casa de sus padres, enormemente decepcionado.

* * *

Antes de sacar conclusiones precipitadas acerca de lo que supuso este rechazo en la psicología del futuro asesino, es importante hacer constar que, *durante* el periodo feliz que compartió con Stephanie, el propio Bundy declaró años después que experimentó el nacimiento de la compulsión de espiar a través de las ventanas para intentar ver a las mujeres desprendiéndose de sus ropas. Ted refiere que, por azar, un día vio a una chica quitándose la ropa para ir a dormir, algo que le excitó enormemente, hasta el punto de que consumía mucho del tiempo libre de que disponía en esa extraña ocupación.

Lo anterior no significa en absoluto que Bundy no se sintiera fatal tras el rechazo de Stephanie. De hecho uno de sus hermanos declaró años después que nunca lo había visto tan irritado y decaído como en aquella época. Lo cierto es que, por una u otra razón, hemos de situar a finales de 1967 y principios de 1968 el comienzo de lo que los criminólogos llamamos *el periodo de ensayo de los asesinatos*. En este tiempo el futuro asesino en serie empieza a actuar de modo limitado al compás de unas fantasías que pueden ser nítidas o difusas, pero que sin duda se centran en el control y posesión de la víctima. Así, Bundy empieza provocando averías en los coches de las chicas, desinflando las ruedas o robando algo del motor. Nunca pasó nada, porque siempre salía alguien caballeroso en la universidad que se aprestaba a ayudar a la dama en apuros, pero Bundy mismo negó saber exactamente lo que se proponía. Según dijo, estaba intentando averiguar «cuán lejos podía ir».

El curso 67-68 fue otro año desaprovechado en la universidad, en el que se dedicó sobre todo a robar en casas y tiendas una cantidad ingente y variada de objetos, desde televisores a lámparas, muchas veces ayudado por una buena dosis de alcohol para darse ánimos.

Además, ahora inicia otro hábito si cabe más peligroso, dadas sus futuras *hazañas*: se aficiona a la pornografía. Lee primero revistas como *Playboy*, pero pronto pasa a consumir historias donde la violencia se hace explícita; su fantasía se ve alimentada sin cesar, y nada de lo que le sucede en los años posteriores parece que puede contrapesar su deseo creciente de llegar a protagonizar un relato real de muerte y violación.

Bundy sin embargo es todavía como cualquiera de nosotros. En 1970 conoce a Liz, una guapa divorciada de 24 años, con dos hijos a su cargo. Se comprometen, y Ted pasa mucho tiempo en su casa. En ese año se matricula en los estudios de Psicología de la Universidad de Washington, donde es un estudiante brillante. Un profesor escribió en su informe que «Ted es un joven maduro muy responsable y estable emocionalmente. [...] No consigo encontrarle ningún defecto significativo». Con esta apreciación no es extraño que en 1971, al tiempo que terminaba su último año del grado de Psicología, empezara a trabajar como consejero en la Clínica de Atención a Personas en Crisis, de Seattle. Allí, entre llamadas desesperadas de ayuda a las que Bundy atiende con mucha paciencia y profesionalidad, conoció a su futura biógrafa Ann Rule, una ex agente de policía que se dedicaba a escribir novelas policíacas. Ann escribió en *El extraño junto a mí*: «Me gustó de inmediato. Hubiera sido muy difícil que no fuera así». Frente a los que aseguraron que en aquellos años Ted ya exhibió momentos de gran tensión y de ira, ella lo negó, y puntualizó que al menos con ella era extraordinariamente atento, siempre preocupado porque no le pasara nada cuando subía a su coche a altas horas de la madrugada para regresar a casa. Sin embargo, ciertos hechos cobran su pleno significado al cabo de los años, como cuando Ann recuerda el día en que le pidió que le llevara artículos sobre violación, porque los necesitaba para un proyecto «de investigación» en la universidad.

Pero es cierto que Bundy, después de unos años de fracasos en los estudios y en su vida amorosa, estaba remontando el vuelo. En 1972 se gradúa en Psicología, y a finales de ese año y principios de 1973, trabaja como consultor en varios programas de prevención del crimen en la ciudad de Seattle, además de pasar un tiempo en la Oficina del Gobernador preparando la campaña electoral para el estado. Cualquiera hubiera visto en él a un joven de 27 años lleno de posibilidades, confiado en su capacidad para conectar con la gente y con iniciativa. Ese año, Bundy reconquista a Stephanie, quien se había quedado impresionada al ver cuánto había madurado en los pocos años en que estuvieron distanciados, pero no le dice que ya está comprometido con Liz. Se trata de un acto de venganza por su parte: le hace creer que se casará con ella, pero a los pocos meses la deja sin darle ninguna explicación.

Esa pequeña venganza, que se concreta a principios de 1974, es ya un elemento colateral de algo mucho más grande que acaba de comenzar. El 4 de enero, una estudiante de 18 años se va a dormir a su habitación de la planta baja de una residencia cercana a la Universidad de Washington. No baja a desayunar al día siguiente, ni tampoco aparece a la hora del almuerzo. A media tarde, sus compañeros de alojamiento entran en su habitación. Parece que duerme, pero al acercarse se estremecen al ver su cara y cabellos llenos de sangre. Alguien había arrancado una barra de metal de la cama y la había empleado para fracturar el cráneo de la chica. Después le había introducido un espéculo (de los que emplean los médicos) con mucha violencia en su vagina. La chica sobrevivió, aunque estuvo diez días en coma y posteriormente quedó con importantes secuelas.

* * *

Da comienzo así el proceso por el que Bundy quiere apropiarse de la fantasía que le consume durante mucho tiempo y llevarla a la realidad. Formalmente matriculado en la facultad de Derecho, Ted va a vivir sólo para matar, y va a poner en juego toda su capacidad personal y conocimientos obtenidos en esos años para lograrlo.

La noche del 31 de enero de 1974, Lynda Healy, una estudiante de Psicología de la Universidad de Washington, se acuesta en su dormitorio de la residencia de estudiantes. Cuando Bárbara, su amiga también alojada allí, se levanta a las 6 de la mañana, escucha que la alarma del despertador de Lynda sigue sonando, así que entra en su dormitorio y, después de observar que el cuarto está en orden, lo apaga y se va. Al cabo de la jornada, regresan los otros compañeros de la residencia y descubren que nadie la ha visto. Alguien dice que su bicicleta está abajo, y que han llamado de la radio local (en la que trabajaba unas horas al día Lynda) para decir que no había acudido. Cuando los padres de la chica desaparecida llegan para cenar con su hija como habían acordado, deciden llamar a la policía. Los agentes registran su dormitorio y, al destapar la cama, ven una enorme mancha de sangre. En su armario está colgado su camisón, también empapado de sangre. La policía sospecha que alguien entró en su dormitorio la noche anterior, la golpeó hasta dejarla inconsciente y, después de hacer la cama, la había secuestrado. No había rastro alguno que seguir: nadie había visto nada, y no había restos de cabellos o huellas dactilares que procesar.

El 12 de marzo de 1974, Donna Manson, de 19 años, salió de su residencia por la noche para acudir a un concierto de jazz que se celebraba en el campus. Nadie la volvió a ver. El 17 de abril, Susan Rancourt, que vivía en la residencia de la Universidad de Washington, había quedado con unos amigos para ir al cine, pero después de llevar su ropa al local donde estaban las lavadoras automáticas, desapareció sin dejar rastro.

La policía empezó a interrogar a los estudiantes, buscando cualquier indicio que revelara la presencia del alguien extraño merodeando por la zona. Dos chicas relatan que un joven apuesto les había pedido que le ayudaran a llevar unos libros a su coche, un Escarabajo, ya que tenía un brazo en cabestrillo. Por diferentes razones las chicas se negaron a hacerlo. Sin embargo, ésos fueron dos informes entre muchos, y la policía no extrajo ninguna conclusión al respecto.

Mientras tanto, Ted estaba volviendo a fracasar miserablemente en sus estudios de Derecho, aunque no le decía nada a su novia Liz. Ésta, no obstante, recordó posteriormente que en ese tiempo Ted se había vuelto muy «raro» en las peticiones sexuales que le hacía, lo que incluía sexo anal, dejarse atar los brazos a la cama con sus medias y soportar un tiempo de asfixia.

Los ataques referidos se produjeron en el estado de Washington. Ahora Bundy se desplaza a Oregón. El 6 de mayo no regresa a su dormitorio en el colegio mayor Kathy Parks, y de nuevo no deja rastro alguno. El 1 de junio hizo lo propio Brenda Ball, una chica de 22 años de espíritu aventurero que sabía cuidarse de sí misma. Debido a que sus compañeros de piso están acostumbrados a que «se evapore» por unos días, no denuncian su desaparición hasta tres semanas después, y para entonces no hay pista alguna que seguir.

Quizás la única que está *viendo* algo es Liz, que descubre cosas extrañas en el coche de Ted: unas muletas, una pesada llave inglesa debajo del asiento delantero y una bolsa conteniendo ropa interior femenina. Pero ella calla, avergonzada, todavía enamorada de él.

El 11 de junio, Bundy aparca su Escarabajo cerca de un edificio que alberga una residencia de mujeres de la Universidad de Washington. Ted ya ha regresado al estado del mismo nombre, y ha dejado en unos arbustos, junto a su auto, una pesada palanca y unas esposas. Se desplaza con lentitud, apoyado en unas muletas, con un fardo de libros en una de sus manos. Cuando ve a una chica cerca, le pide que le ayude a llevar los libros al coche, pero todas le rechazan. Sin embargo Georgeann Hawkins, de 18 años, acepta echarle una mano. Cuando la joven se inclina hacia el interior del vehículo para dejar los libros, Ted la golpea con la palanca, la esposa, y la deja inconsciente en el espacio del suelo que había dejado libre como consecuencia de haber retirado el asiento delantero del copiloto. A continuación se dirige con su presa hacia el campo, y cuando Georgeann recobra el conocimiento, empieza a decir a su captor que no puede ir con él, que ha de examinarse de español al día siguiente.

La chica está ida, pero Ted la vuelve a golpear cuando se detiene junto a una carretera secundaria. Inconsciente, ella está perdida. Bundy la estrangula con una cuerda que llevaba en el coche y la lleva a un lugar oculto por las copas espesas de los árboles. Allí tiene sexo con el cadáver hasta el amanecer. A la mañana siguiente, en el camino de regreso va dejando caer por la ventanilla las prendas de la chica y los instrumentos que había empleado para matarla, pero a la tarde comprende que eso había sido un error y rehace el camino para recoger la mayor parte de las cosas que había arrojado. En ese proceso Bundy descubre, temeroso, que falta un zapato de la chica. Recuerda que no lo tiró por la carretera, así que debía de estar en el lugar en que la secuestró. Para evitar que la policía pudiera interrogarlo si conducía su propio coche —ya que algunos testigos podrían haberse dado cuenta de que él había estado por allí junto a su coche—, Bundy regresa al lugar donde atacó a Georgeann en bicicleta, y recupera el zapato y un pendiente que también se le había caído.

Así llegamos al verano, donde vamos a asistir el 14 de julio al célebre doble crimen del lago Sammamish, situado en un parque a 20 kilómetros de Seattle. Y es aquí donde por fin la policía encuentra algo sólido en lo que basar una investigación, gracias a la declaración de Janice Graham, que relató lo siguiente: un hombre atractivo, vestido de blanco y con un brazo en cabestrillo, se le acercó mientras ella tomaba el sol. Era muy educado, y después de contarle que se había roto el brazo practicando deporte, le pidió que le ayudara a subir un bote que tenía a la baca de su coche. Ella aceptó, y cuando se acercó al coche después de unos minutos de camino, no vio bote alguno. Ted le dijo que el bote estaba en casa de sus padres, que estaba muy cerca, pero Janice se negó a acompañarle porque sus amigos la estaban esperando. Entonces Ted se disculpó por no habérselo dicho antes, y la acompañó de nuevo en el camino de vuelta hacia el lago. «Fue muy gentil todo el tiempo. Muy sincero. Era muy fácil charlar con él», declaró Janice a la policía poco después.

Bundy sabía muy bien cómo seducir a sus víctimas. Esta cualidad de tener un «encanto superficial», capaz de atraer la atención hacia el lado que le interesaba, ha sido una característica emblemática de la psicopatía desde que empezara a describirse esta condición, en los albores del siglo XIX. Cuando Bundy aceptó ser entrevistado por Michaud y Aynesworth para el libro *El único testigo vivo*, accedió a dar respuesta a las preguntas comprometidas hablando en tercera persona. De este modo negaba de facto que él fuera el autor de las cosas que podía explicar. Y sobre este punto de cómo seducir a las jóvenes que luego asesinaba, declaró:

> BUNDY: Para conversar [con una víctima] es necesario no participar en los aspectos personales del encuentro. Debe ser capaz de hablar de forma amistosa y desenfadada, como si [el asesino] estuviera viendo una película. Ha de mantener la charla para que todo parezca que es algo completamente normal y que ella no se alarme. Él no quiere que ella empiece a sospechar que puede haber algún plan oculto. Ésa es la razón por la que él no debe pensar en lo que va a suceder, porque eso le pondría nervioso y se traicionaría.
>
> PREGUNTA: Así pues, ¿existe un equilibrio delicado entre la excitación que siente el asesino y el aparentar estar calmado?
>
> BUNDY: Desde luego, y es un equilibrio crítico. Es casi como actuar, no es algo especialmente difícil. Cuanto más practica un actor su papel, más fácil le resultará interpretarlo con naturalidad.

Bundy, entonces, conoce bien el sistema para captar a las chicas sin que éstas sospechen nada. El mismo día que Janice escapa a una muerte cierta, otras dos no lo logran: Jan Ott, una oficial de libertad condicional de 23 años, y Denise Naslund, de 19. La primera dejó su puesto en el lago para ayudar a alguien que tenía un brazo en cabestrillo, quien —oyeron los testigos— se presentó como «Ted». La segunda desapareció cuando fue al baño para chicas.

Al menos la policía ya no perseguía un fantasma, aunque no estaba segura de que todas las desapariciones de las chicas fueran obra del mismo autor. En todo caso, dieron a los periódicos el retrato robot de Ted, junto con la información de que disponía de un Wolkswagen Escarabajo. Resulta extraordinario lo que sucede a continuación: tanto su amiga Ann Rule como su novia Liz llaman a la policía y dicen que el sospechoso del retrato robot se parece al Ted Bundy que conocen, pero la policía anota ese nombre junto a una lista de 3.000 sospechosos más, y ambas mujeres siguen su relación con él, ya que no están convencidas de que sea un asesino.

En septiembre aparecen los dos cadáveres de las dos chicas que desaparecieron en el lago. Sólo quedan los huesos, porque los animales del bosque se han dado un banquete con ellas. El propio Bundy explicará después que el «doble acontecimiento del lago» fue algo muy especial para él, ya que cuando secuestró a Denise Naslund, Jan Ott todavía estaba viva. Quiso que ambas se vieran cara a cara sabiendo que iban a ser violadas y asesinadas. Fue la primera y única vez que hizo algo así.

En septiembre de ese año Bundy se traslada a Salt Lake City, para volver a empezar a estudiar la carrera de Derecho por las noches en esa universidad. Allí tenía la oportunidad de que la policía del estado de Washington se olvidara de él; Salt Lake City está en otro estado, Utah. Pero Bundy no sólo no está dispuesto a dejar de matar, sino que también sigue fiel a su modus operandi. Así que entre octubre de 1974 y enero de 1975, violó y mató a cuatro chicas más; otra joven —Carol DaRonch— va a salvar la vida porque tuvo reflejos y un gran valor. Todo comienza cuando un hombre apuesto se acerca a Carol, que está comprando en un centro comercial, en la periferia de Salt Lake City. Esto fue lo que sucedió:

—Señorita, excúseme, soy un oficial de policía. ¿Ha dejado su coche en el aparcamiento, en la zona de Sears [una tienda]?

—Sí.

—¿Cuál es su matrícula?

—KAD 032.

—De acuerdo. Hemos detenido a un hombre que estaba intentando robar dentro de su coche. ¿Le importaría venir a comprobar si se ha llevado algo?

Cuando caminaban hacia el parking, Bundy dejó que ella le guiara, lo que provocó las sospechas de Carol. Ella le preguntó si podía ver su identificación. En la penumbra del lugar, Ted le mostró algo que se parecía a una placa de policía, y eso la tranquilizó. Cuando llegaron al coche, Carol respiró aliviada, porque todo parecía intacto, y ni siquiera estaba abierto.

—Mi compañero ha llevado al ladrón a la delegación de la comisaría de policía que tenemos al otro lado del centro comercial. ¿Le importaría acompañarme?

Carol volvió a intuir algo raro, pero el *policía* hablaba con tanta seguridad que no se atrevió a hacerle más preguntas. Así que fueron para allá, sólo para encontrar que la «delegación» estaba cerrada. Carol no sabía que en realidad se trataba de una lavandería automática. Entonces Bundy dijo que su compañero debía de haber llevado al detenido a la comisaría central, y preguntó a Carol si le importaría acompañarlo hasta allí. Ella aceptó, y aunque se sorprendió al ver que el coche del policía era un Escarabajo, se subió en él, al tiempo que veía un desgarrón en el asiento de atrás. Una vez en marcha, ella se da cuenta de que el aliento del supuesto policía huele a alcohol y, momentos después, contempla atónita cómo el coche da una vuelta completa y empieza a ir en dirección contraria al camino que lleva a la comisaría central.

El corazón de Carol empieza a latir con fuerza, y cuando el coche se detiene bruscamente ante una señal de STOP en una calle oscura, ella comprende que ha sido secuestrada, y *que ha de pelear por su vida*. Todos los acontecimientos siguientes se suceden con enorme rapidez: Carol abre la puerta del coche y se apresta a salir, Bundy coge una de sus muñecas y le pone una esposa; a continuación intenta ponerle la otra en su otra muñeca, pero falla y la cierra en la que ya tenía puesta la primera esposa. Entonces el asesino saca una pistola y le apunta a la cabeza, amenazándola con volársela. Pero Carol está demasiado aterrorizada para detenerse, así que vuelve a abrir la puerta del coche y se arroja afuera, empezando a correr. Bundy está fuera de sí y, con una palanca en la mano, empieza a perseguirla. Pero justo cuando va a alcanzarla se detiene, al ver que un coche se acerca en esa dirección, así que abandona a su presa, se mete en su coche y se marcha a toda velocidad.

Media hora más tarde, Carol, histérica, cuenta lo que le ha sucedido ante la policía. En su abrigo hay manchas de sangre de su secuestrador, producto de los arañazos que le infligió dentro del coche.

* * *

Ted Bundy estaba lleno de cólera. Frustrado, ese mismo día secuestró y mató a una chica que asistía a una obra de teatro en un instituto, Debbie Kent. No es necesario relatar todos los pormenores de los asesinatos de Bundy, pero durante el resto de 1974 hubo otras víctimas en el estado de Utah, mientras que en la primera mitad de 1975 otras chicas jóvenes desaparecieron en el vecino estado de Colorado. En aquellos años anteriores al uso generalizado de la informática, y sin el caudal de conocimientos que para la policía iba a suponer posteriormente la experiencia de haber perseguido a un asesino como Bundy, nadie relacionó las muertes que se habían producido ya en cuatro estados: Washington, Oregón, Utah y Colorado.

Pero hay veces que un pequeño descuido puede ser fatal. En agosto de 1975, un policía se sorprende cuando, al aproximarse a un coche modelo Escarabajo que estaba parado, observa que éste arranca y sale muy veloz de donde estaba aparcado. El patrullero le persigue y le hace señas para que se detenga, cosa que hace el conductor. En el registro que el policía lleva a cabo del coche de Bundy, halla en su maletero varias cosas que le parecen instrumentos de un ladrón de casas: un pasamontañas y unas esposas entre ellos. Comentando este primer arresto con los autores de su biografía *El único testigo vivo*, Bundy se indigna: «¡Maldita sea! Es sólo que ese arresto ofende mi sentido de la justicia... Desde luego, todos tenemos suerte alguna vez. Algunas veces yo tuve suerte. En esa ocasión ellos la tuvieron».

Ya en la cárcel, la policía de Seattle tuvo conocimiento de que un Bundy que figuraba como uno de los sospechosos por los crímenes allí cometidos había sido apresado en Salt Lake City.[5] Los policías de Seattle se desplazan hasta allí, entre ellos Bob Keppel, a quien ya conocemos del

---

[5] Su nombre estaba en una lista elaborada mediante un programa de ordenador, una de las primeras veces que se hacía esto en la búsqueda de un asesino.

capítulo 6, cuando relatamos el caso del Asesino del río Verde. Pero ahora la policía sólo puede demostrar que Bundy intentó secuestrar a una chica haciéndose pasar por un oficial de policía. Por ello, cuando Carol DaRonch, la valiente joven que había sobrevivido al asalto arrojándose del auto de Bundy, fue capaz de reconocerle y testificar en su contra, Bundy fue condenado a una pena de «uno a quince años» de prisión.

Mientras tanto, la policía seguía trabajando para vincularle con los crímenes de los otros estados. El hecho de que Bundy se pareciera mucho al retrato robot divulgado a raíz del doble crimen del lago, y que poseyera un Escarabajo, era un indicio muy revelador que impulsó de modo extraordinario la investigación. Ésa es la razón de que descubrieran entre sus pertenencias el nombre de un hotel marcado en un mapa que se correspondía con el lugar en el que una chica de Colorado había desaparecido meses antes. Así que lo trasladaron a la ciudad de Aspen, en Colorado, para ser juzgado por ese otro crimen.

Pero Bundy no había mostrado todavía todas sus cartas. En una de las sesiones del juicio, aprovechó la oportunidad de que dispuso en un receso para saltar dos pisos y correr hacia un bosque cercano. Sólo estuvo libre unas horas. Pero meses después volvería a escapar, y desgraciadamente ese nuevo error tendría peores consecuencias, ya que Bundy se dirigió hasta Tallahassee, en el estado de Florida, alquiló una habitación en un hostal de estudiantes y se dedicó sin límite alguno a saciar su deseo de sexo y muerte. Sin embargo ya habían pasado muchas cosas; Bundy había sido sometido a un estrés muy intenso desde que fue capturado por última vez, así que el otrora meticuloso asesino estaba en malas condiciones físicas y psicológicas. Como consecuencia de ello, su modus operandi se había deteriorado notablemente. Allí cometió los terribles hechos de la residencia de estudiantes para chicas Chi-Omega.

En la noche del 15 de enero de 1978, entra en la residencia por la noche y ataca a cuatro chicas en rápida sucesión, ayudándose con una porra de madera. Hacía dos años que Bundy había estado privado de libertad, entre rejas, y su deseo sexual violento le urgía como nunca. Es una orgía de sangre. Hubo cuatro víctimas; dos resultaron muertas. Una chica (Margaret Bowman) fue hallada con su cerebro abierto, debido a un golpe terrible que le había partido la frente. A la otra chica (Lisa Levy) la había sodomizado con un bote de laca para el cabello. La evidencia mostró que en el momento de su muerte Bundy le había dado un mordisco terrible en su pezón derecho, llegando casi a arrancarlo. Luego, giró el cuerpo y hundió sus dientes dos veces en su nalga izquierda, dejando una herida con la marca precisa de aquéllos. Las otras dos chicas que sobrevivieron tuvieron graves secuelas después de recuperarse de la agresión.

Una hora y media después, todavía insatisfecho, Bundy penetra en otro hostal de estudiantes y ataca a una chica que estaba durmiendo. Sobrevive porque una amiga oye ruidos en la habitación y llama a la policía, aunque quedará sorda para siempre de un oído. No hubo agresión sexual, pero hay restos de semen en la ropa de la cama.

Un mes más tarde, el 9 de febrero de 1978, secuestra y mata a su última víctima, Kimberley Leach, en Orlando, una niña de 12 años. Su cuerpo fue encontrado dos meses más tarde. Para aquel entonces Bundy ya había sido capturado, de nuevo por conducir de una forma improcedente un coche que resultó ser robado. De nada le sirvió decir al oficial que le detuvo que su nombre era «Chris Hagen». Sus huellas dactilares encajaban con las de un tipo muy peligroso, dos veces huido de la cárcel y sospechoso de ser un asesino en serie. Florida es un estado muy duro con los asesinos. A pesar de que sólo han pasado cinco años desde que la Corte Suprema de Estados Unidos permitiera la reinstauración de la pena capital en 1973, son varios ya los reos que han pasado por la silla eléctrica. Bundy empieza a tener problemas de verdad.

* * *

En efecto, Ted Bundy se enfrenta en su juicio de Florida a la pena de muerte. El cargo es asesinato de tres jóvenes e intento de asesinato de otras tres. El acusado insiste en ser su propio abogado defensor, y el fiscal le ofrece un trato: si se declara culpable salvará su vida. Pero el egocentrismo típico de los psicópatas es un mal consejero, y Bundy se niega. No para de decir que es inocente.

Este asesino escurridizo no es, sin embargo, un estúpido. La policía es incapaz de encontrar una sola huella o rastro que le vincule a los crímenes de la residencia Chi-Omega o al asesinato de Kimberly… con una excepción. Para sorpresa de la policía científica, cuando van a revisar el apartamento donde vivía, tampoco hay huella dactilar alguna. William

Gunter, de la policía científica, se preguntó: «¿Qué clase de tipo vive en una casa y no deja ninguna huella?». Pero la excepción que acabo de mencionar es muy relevante: había una foto tomada en la escena del crimen de la joven Lisa Levy que mostraba con toda nitidez que el asesino le había dado un mordisco en uno de sus glúteos.

Ésa era una prueba con la que Bundy no había contado. Se dice que no hay dos dentaduras idénticas, pero para poder saber que un objeto ha sido mordido por alguien en particular es necesario tener una radiografía dental del sujeto a quien se quiere identificar. Así que Gunter le pidió al odontólogo forense de la fiscalía, el doctor Richard Souviron, que hiciera lo necesario para poder comparar la dentadura de Bundy con las marcas dentales existentes en el cuerpo de la joven asesinada.

Bundy en un principio se niega, pero después accede cuando tiene noticia de que el juez ha autorizado esa prueba, y que si es necesario van a obligarle a que permita examinar su dentadura. Así pues, Souviron comienza su tarea sacando fotos en color frontales de los dientes y encías superiores e inferiores. A continuación, empleando un espejo, obtiene una imagen de la superficie interior dental. El siguiente paso consiste en que el acusado muerda durante unos minutos una pasta maleable, que se transforma al poco en un molde permanente. Finalmente, Souviron toma impresiones de cera de cada diente y, espolvoreando material de es-

Bundy mira, estupefacto, la imagen ampliada de su molde dental, que encaja perfectamente con las huellas del mordisco que dejó en una de sus últimas víctimas. La odontología forense le llevó al patíbulo. En las horas de la ejecución hubo una sensación de alegría y alivio en todo Estados Unidos, pero los periodistas y escritores, además de los criminólogos, habían perdido a un ser irrepetible.

cultor en esos moldes, finalmente obtiene una réplica exacta de la dentadura de Bundy.

Todo está preparado el 25 de junio de 1979 para que Bundy pelee por su vida. No hay ninguna prueba física, salvo el mordisco, que le vincule con los crímenes. Las manchas de semen no le pueden incriminar, porque en aquellos años no existe la técnica del ADN, que sin duda hubiera demostrado que él estuvo al menos en una escena del crimen. Por otra parte, nadie le vio, así que no hay testigos que le puedan identificar. Ésa es la razón por la que, al principio, Ted se muestra confiado cuando interroga a los primeros testigos del fiscal. Sin embargo, cuando el doctor Souviron sube al estrado, Bundy palidece: sabe que allí delante tiene al único que le puede condenar a morir. Entonces, en un tono bajo y nervioso, el acusado pide al juez autorización para que realice el interrogatorio uno de sus abogados, y se sienta.

El jurado tiene oportunidad de ver la foto del mordisco, que muestra junto a la impresión de los dientes la regla que está midiendo la herida. La regla, sin embargo, se ha perdido, y la defensa aprovecha para desacreditar esa prueba, intentando que el jurado crea que ese hecho la hace mucho menos fiable. Sin embargo Souviron contesta rápido: la regla, como se puede ver en la foto, existió, y el hecho de que se haya extraviado no altera para nada lo que puede observarse en la imagen. A continuación el odontólogo proyecta una transparencia de los dientes de Bundy y la superpone con otra del mismo tamaño que muestra el mordisco en el glúteo de Lisa Levy. Todos pueden ver que esos dientes encajan perfectamente en las marcas de la herida. La única opción que le queda al abogado de Bundy es ensombrecer la credibilidad de lo que el jurado acaba de presenciar.

ABOGADO: ¿Está usted seguro, doctor Souviron, de que los dientes del acusado son los que realizaron esas marcas de mordisco?

DR. SOUVIRON: Sí, lo estoy.

ABOGADO: Dígame, doctor, ¿no es cierto que el análisis de la herida que deja un mordisco es en parte ciencia y en parte arte?

DR. SOUVIRON: Creo que es una forma correcta de expresarlo.

ABOGADO: Entonces, su conclusión en buena medida es sólo una opinión, ¿no es así?

DR. SOUVIRON: Desde luego, se trata de mi opinión como consultor forense.

Sin embargo, el daño estaba hecho, y cuando el doctor Lowell Levine, jefe del Servicio de Odontología del Hospital de Nueva York, confirmó la opinión del doctor Souviron, Ted Bundy estaba acabado. El 23 de julio fue encontrado culpable de todos los cargos, y sentenciado a morir en la silla eléctrica. En los más de diez años que todavía vivió, Bundy no dejó de ser un centro permanente de atención. Son esos años en los que empieza a ser entrevistado de forma extensa, dando diferentes declaraciones a los medios. En una de las más famosas, hecha poco antes de morir, critica la pornografía como algo que corrompió desde joven su espíritu. También vimos que colaboró con el FBI en intentar capturar al Asesino del río Verde.

Al final de sus días, la celda de Bundy registraba una cola compuesta por miembros del FBI que habían participado en la investigación de sus crímenes. Todos querían saber algo que les permitiera esclarecer los homicidios que no habían sido probados. Como ya sabemos, ésos eran todos salvo los de Florida, debido a la enorme astucia de Bundy en su carrera de asesino serial, que apenas dejaba nada para poder rastrearle. Lo que parece ser la *cuenta final* de víctimas de Bundy, hecha por él mismo y el agente Bill Hagmaier, un día antes de morir, es la siguiente:

— 11 en el estado de Washington, 3 no identificadas.
— 8 en Utah, 3 no identificadas.
— 3 en Colorado.
— 3 en Florida.
— 2 en Oregón, ambas no identificadas.
— 2 en Idaho, una no identificada.
— 1 en California, no identificada.

Treinta en total.

Bundy fue ejecutado el 24 de enero de 1989 y, de acuerdo con la prensa, «murió con una sonrisa en la cara».

* * *

Daniel Rolling dejó claras señales de su ansia asesina en los huesos de sus víctimas. Ted Bundy hizo lo propio con sus dientes en la carne de una de las jóvenes a las que mató. Esas señales llevaron a ambos a la muerte. Sin embargo, Rolling arrostró durante toda su vida sus propias cicatrices en su espíritu. No cabe duda de que su psicología debió de sufrir como consecuencia del ambiente de brutalidad y de los malos tratos que vivió desde niño hasta bien entrada la adolescencia. Ted Bundy, en cambio, demostró una furia asesina incluso más atroz, y es difícil ver en sus años de infancia unos antecedentes semejantes de violencia. Aunque, como hemos visto, hay ciertas discrepancias en torno a si sufrió o no como consecuencia de su estado de niño *ilegítimo*, es difícil llegar a la conclusión de que esa experiencia pudiera haber *causado*, de un modo u otro, su posterior mentalidad homicida.

¿Qué es lo que, en verdad, puede contribuir a desarrollar una mentalidad definitoria de un asesino en serie? ¿Existen antecedentes comunes en la biografía de estos asesinos que expliquen su desarrollo posterior como homicidas sistemáticos? ¿Qué sabemos, en fin, de cómo surge y funciona la psicología de estos seres implacables?

De ello nos ocupamos en el último capítulo de esta obra.

C omo la mayoría de las acciones violentas delictivas, el asesinato en serie es también mucho menos frecuente entre las mujeres. Por supuesto que hay casos célebres en la historia antigua (como la famosa condesa de Bathory, que se bañaba en la sangre de doncellas víctimas para preservar la juventud), y en la crónica negra española del pasado siglo (la Envenenadora de Valencia, ver cuadro 1), pero las estadísticas revelan que por cada asesina en serie hay muchos más hombres que presentan esta tendencia homicida tan deplorable. Esa diferencia por sexos varía según los estudios; se ha encontrado una proporción que oscila entre 6 y 15 hombres por cada mujer.

CUADRO 1
LA ENVENENADORA DE VALENCIA

La escritora Cinzia Tani escribió acerca de esta mujer y de otras muchas asesinas. Lo hizo con rigor y con sensibilidad. En su retrato de esta desgraciada mujer vemos su dura infancia en un pueblo castellonense en la posguerra española, y sus cualidades innatas, que hubieran podido servirle de mucho si sus deseos hubieran buscado la rectitud y la vinculación sincera con los demás. «Pilar era incansable —escribe Cinzia Tani—, la inactividad le hacía sentirse mal. Además, tenía un carácter alegre y sociable y le gustaba la compañía de la gente [...]. En la pequeña comunidad en la que vivía era muy popular. Quizá porque el ansia de suscitar admiración y recibir alabanzas por parte de la gente la hacía exageradamente amable y comprensiva con todo el mundo. Estaba dotada de una particular intuición que la conducía allí donde la necesitaban y no se negaba nunca cuando alguien le pedía ayuda o sus servicios».

¿Qué salió mal, entonces? ¿Por qué esa generosidad se frustró cuando llegó a Valencia, a los 26 años (1954), y entró a servir a casa de familias pudientes? A mi modo de ver existen en las biografías de los asesinos en serie puntos de inflexión que tienen la virtud de sacar a la luz un *deseo irrenunciable por ser otra cosa,* por cambiar de un modo drástico sus vidas. Creo que esto es particularmente cierto en el caso de las mujeres que actúan solas (no con cómplices masculinos, como el caso que se revisa luego en este capítulo).

Pilar Prades entra a trabajar en casa de una familia que tiene una carnicería, el matrimonio formado por Enrique Villanova y su mujer Adela. Pilar pronto demuestra que es imprescindible, en especial cuando la señora ha de guardar cama por sus frecuentes cólicos. Ayuda en el negocio, cuida de la casa. En cierto sentido, ella *manda* allí. Así que cuando Adela empieza a sentirse cada vez peor y muere en el hospital, Pilar tiene el camino expedito para confirmar ese gobierno. Sólo que comete un error: un día lleva a la tienda la bata de Adela, difunta ya. El marido, que no podía soportar su presencia agobiante en cada rincón de la casa, aprovecha para despedirla.

Pronto halla un nuevo hogar: un médico afamado (Manuel Berenguer) y su esposa, con dos hijos y una cocinera. Pilar Prades ya ha iniciado un camino que no puede detener. Envenena a la cocinera como antes lo hizo con la señora Adela. La razón es que su compañera en el hogar de los Berenguer le disputa un posible novio y no le permite destacar en sus trabajos domésticos ante los amos. E intenta también matar a la señora de la casa, cuando la cocinera está en el hospital, reponiéndose. El doctor Berenguer la descubre al comprobar que los síntomas que presenta su mujer casi moribunda coinciden con el envenenamiento.

Pilar Prades será la última mujer en la historia de España en ser ejecutada por sus crímenes (1959). El tratamiento cinematográfico de este hecho realizado por Pedro Costa para su extraordinaria serie *La huella del crimen* (con Terele Pávez en el papel de la envenenadora) subraya la miseria y la marginación como motores de esa tragedia.

Aprecio esa idea como realidad global de la España de esa época, pero es un error entender esto como la causa *real* de esas muertes. Pilar Prades tiene comida en abundancia y, aunque trabaja mucho, vive en un ambiente que muchos españoles de la época desearían para sí. En casa del médico hay cocinera; su trabajo es pesado, pero con sus dotes hubiera podido tener cada vez una posición más cómoda. No, Pilar Prades quería ser alguien diferente; *quería ser la dueña.* Y por eso mató y murió.

Perfil de la asesina en serie

Un estudioso del homicidio múltiple, Eric Hickey, analizó, en 1997, 34 casos de asesinas en serie de Estados Unidos que habían actuado entre los años 1795 y 1988, y encontró que la mitad de ellas habían contado con un cómplice masculino, lo que las separa notablemente de los hombres, mucho más proclives a actuar en solitario. El promedio de edad de las mujeres era de 33 años. Seis de ellas eran enfermeras. El motivo fundamental era el lucro para las tres cuartas partes de esas 34 mujeres. El método empleado que más destacaba era el envenenamiento. Y a diferencia de nuevo de los hombres, las mujeres solían matar a personas que conocían previamente. Estas víctimas preferentes resultaron ser, de acuerdo con otro estudio, personas con poca capacidad de defensa como niños y ancianos, o bien víctimas muy confiadas como los maridos.

Un año después, en 1998, otros dos investigadores, Wilson y Hilton, analizaron un número mucho mayor de asesinas seriales, 105, y confirmaron el hecho de que el veneno es el arma favorita para llevar a cabo los crímenes. En relación con esto, un dato valioso que aportaron fue que ese método de asesinar estaba relacionado con el tiempo que tardaba la policía en aprehenderlas: por lo general, las mujeres que envenenan tardan más tiempo en ser capturadas que las que emplean otros métodos (como disparo por arma de fuego o estrangulación).

Dos autores relevantes del estudio del homicidio múltiple, Holmes y Holmes, crearon una tipología de asesinas seriales que guarda un gran parecido con la que propusimos en el capítulo 1 para clasificar a los homicidas varones.

Tipo	Características
Visionarias (psicóticas)	• Presencia de alucinaciones y delirios. • Ataques de naturaleza espontánea. • Las víctimas suelen ser desconocidas, seleccionadas por el contenido del delirio.
Lucro (bienestar material)	• Los crímenes están bien planeados y ejecutados. • Las víctimas son conocidas y seleccionadas por su dinero o posición social.
Sexo / sadismo	• Los crímenes están bien planeados y ejecutados. • Las víctimas son desconocidas, seleccionadas de acuerdo con algún atributo que tiene un significado para la asesina.
Poder y control	• Los crímenes están bien planeados y ejecutados. • El crimen fortalece el ego de la asesina. • Las víctimas son desconocidas, seleccionadas de acuerdo con algún atributo que tiene un significado para la asesina.
Lealtad	• Los crímenes están bien planeados y ejecutados. • Los asesinatos se llevan a cabo bajo la influencia de otra persona, en busca de su aceptación y aprobación. • La víctima tiende a ser seleccionada por el líder (generalmente hombre); normalmente es desconocida.

La categoría más frecuente de asesinas es la motivada por el lucro, donde tenemos que encuadrar a las *viudas negras*, que acumulan maridos y cuentas corrientes. En cambio, los autores hallaron pocos ejemplos de mujeres motivadas por el sexo y/o el sadismo. Más habituales son las mujeres ávidas de ejercer control y dominio sobre las víctimas. Un ejemplo característico de asesina serial motivada por el ejercicio del poder es la enfermera que ayuda a enviar al otro mundo al paciente que está bajo sus cuidados, conocida como *ángel de la muerte*. En ocasiones, los *ángeles* son masculinos, aunque el propósito y psicología del crimen sean semejantes. El cuadro 2 ilustra el ejemplo más reciente en esta modalidad, protagonizado por un hombre.

El 10 de mayo de 2006 toda la prensa internacional se hizo eco de una sentencia: Benjamin Geen, un enfermero que prestó sus servicios en el Hospital General Horton de Oxfordshire los años 2003 y 2004, había sido condenado a 30 años de cárcel.

Intentó matar a 17 personas, aunque sólo lo consiguió en dos ocasiones. Las otras 15 víctimas pasaron por momentos muy difíciles. Su método consistía en inyectarles drogas como insulina, relajantes musculares y sedantes que le causaban la parada de los músculos que permiten la respiración.

El juez que le sentenció le dijo a Geen: «Parece que usted disfrutaba del sentimiento de tomar el control, pero debía de saber que estaba jugando con sus vidas». Durante el juicio escucharon a algunos testigos relatar cómo el enfermero había dicho que «siempre hay un resucitado cuando estoy de servicio», lo que revelaba que Geen disfrutaba haciéndoles casi morir y luego *salvándoles* en el último momento. Los padres del asesino, sin embargo, no creyeron al juez: «Sabemos que nuestro hijo —declararon— no pudo haber hecho esas cosas terribles». Pero la evidencia era contundente: se demostró que todas las *casi* muertes y las dos efectivas sucedieron cuando Geen estaba de servicio. Y ocurrió que la policía lo sorprendió con una jeringuilla en su bolsillo llena de una dosis letal de relajante muscular.

Los cuatro casos que vamos a revisar en ese capítulo son muy interesantes, por diferentes razones. El primero es el de Aileen Wuornos, cuya vida se hizo famosa a raíz de la película *Monster*, de Patty Jenkins (2003), con Charlize Theron en el papel de la homicida. Wuornos, que ejercía la prostitución, mató a siete hombres, incluyendo a un policía, porque según ella tenía que defenderse cuando sus clientes se ponían violentos. Entre las diferentes interpretaciones que los especialistas hicieron de sus actos, cabe la psicosis, el motivo de lucro y la venganza. El segundo presenta a la reciente asesina en serie española Remedios Sánchez, con tres víctimas y varios intentos más de asesinato, con rasgos muy interesantes de motivación de poder y de lucro. El tercero es un ejemplo de asesina serial (Myra Hindley) por «amor» y lealtad a un asesino varón (Ian

Brady), e ilustra hasta qué punto una mujer débil y poco formada puede elegir al diablo como compañero de vida. El último es un caso muy poco conocido, pero que me atrajo porque representa a la mujer que persigue el lucro sin detenerse ante nada, que llega al asesinato para mantener el nivel de vida que ella cree que merece: la envenenadora argentina Mercedes Bolla de Murano, conocida como Yiya.

Aileen Wuornos

Esta mujer, que merecería con el tiempo el título de la «primera depredadora asesina en serie», nació en febrero de 1956. Fue criada junto con su hermano Keith y sus tres tíos por sus abuelos maternos, a los que ella creía sus verdaderos padres. Tanto Aileen como Keith sufrieron importantes abusos a manos de su abuelo. Éste dijo de ella que era «mala, perversa, sin ningún valor y que nunca debería haber nacido. No valía ni el aire que respiraba». Su abuela era alcohólica, y nunca hizo nada por protegerla. Se suicidó cuando Aileen tenía 15 años de edad. El padre de Aileen, que había dejado a su madre antes de que ella naciera, era un criminal violento, que después de una vida de brutalidad y alcohol acabó sus días colgado en una celda de la cárcel, donde estaba cumpliendo una condena de prisión perpetua por haber golpeado y violado a una niña.

Con este bagaje, a nadie puede sorprender que desde joven Aileen fuera una mala estudiante y que tuviera ataques de agresividad incontrolables. En su adolescencia se acostaba con sus compañeros de escuela a cambio de cigarrillos. A los 15 años dio a luz a un niño que fue entregado en adopción. Con el tiempo la gente de la pequeña ciudad en la que vivía la había tildado de «puta», y ella no tardó en dedicarse profesionalmente a la prostitución.

Sin embargo, cuando tenía 20 años parecía que podía encontrar un poco de estabilidad al casarse con un hombre mucho mayor (de 70 años), que le pedía compañía y poco más. Aileen no le dio tregua, le fue infiel continuamente y le golpeaba con el bastón que el hombre utilizaba para caminar. Ese matrimonio duró sólo un mes, y al poco tuvo que salir por completo de su vida debido a la orden de alejamiento que pesaba sobre ella.

Su vida siguió el derrotero del caos. Hasta 1985 había cometido varios delitos de hurto y estafa, con una estancia en la cárcel de tres años. En ese año conoce a Tyria Moore, con la que mantiene una relación amorosa que durará cuatro años y medio, periodo en el que comete los asesinatos además de numerosos delitos contra la propiedad. Esos años son de constantes vaivenes, viviendo de motel en motel, bebiendo en exceso y consumiendo cocaína, entre otras drogas; las trifulcas entre ambas amantes se suceden. Ya con 30 años, Aileen Wuornos ha dejado de ser una mujer deseable. Está gruesa y bebe mucho. Conoce un día a Richard Mallory, un hombre divorciado de 51 años que era dueño de una tienda de reparaciones de electrodomésticos. Mallory gastaba su dinero en clubes y prostíbulos, pero no hay constancia de que fuera un hombre violento. Cuando Aileen dispara sobre él y le mata, alega que él pretendía violarla, si bien el estudio de la escena del crimen por los analistas forenses no avala esa explicación. Eso mismo declaró para justificar los otros seis crímenes.

Más bien parece que Aileen tiene perfilado un modus operandi. En primer lugar, hace autostop, y sube cuando observa que se detiene un coche con un único conductor varón. Una vez dentro, a continuación, ella admite que es prostituta y que necesita dinero. Mientras que ellos se desvisten, ella sale del coche con sus pertenencias, llega a la altura de la puerta del conductor y les dispara varias veces, en la cabeza y en el cuerpo. Luego se viste, les roba lo que tengan y se deshace del coche con el cadáver en cualquier paraje solitario. Nunca se obtuvo prueba alguna de que torturara a las víctimas o que mutilara de algún modo su cuerpo.

Una vez capturada, Aileen dio varias explicaciones de sus crímenes. En una de ellas comentó que mataba a esos hombres por un deseo de venganza y de ira cuando ellos rechazaban su ofrecimiento sexual. Lo cierto es que fue condenada a morir por inyección letal en el estado de Florida. Fue ejecutada en octubre de 2002.

* * *

¿Qué empujó a Aileen Wuornos a convertirse en una asesina en serie? No lo podemos saber con absoluta seguridad, porque ella misma parece ser incapaz de explicarlo, como suele ser habitual, por otra parte, con la mayoría de estas personas. La Aileen que he visto en un documental de televisión donde ella habla de forma extensa está a la defensiva, o bien adopta la postura de que mató para no ser violada. En algunos momentos da la impresión de que tiene graves problemas mentales.

Quizás lo que pasó es que su primera víctima, Richard Mallory, de algún modo se puso violento y ella, con un entendimiento no del todo lúcido, se asustó y le mató. Quizás pequeños gestos o palabras de los hombres con los que estuvo y que luego fueron asesinados desataban en Aileen un profundo odio y, a modo de autoengaño, ella se decía que tenía que matarlos para que no la atacaran ni violaran. Después del primer crimen, el segundo probablemente fue mucho más sencillo, así que no podemos descartar que esta mujer sintiera la fuerza de la adicción que acontece cuando se tiene el poder de decidir sobre la vida y la muerte. Además, matando a sus clientes podría robarles, y Aileen siempre tenía necesidad de dinero para pagar el alojamiento donde estuviera con Tyria Moore, para comprar alcohol y drogas o para cualquier otra cosa.

En otras palabras, en mi opinión intervinieron dos motivaciones esenciales. En primer lugar, el deseo de tener poder sobre aquellos que siempre la habían humillado y tratado como basura, empezando por su abuelo. El deseo de la venganza se uniría a la obtención del dinero (lucro) como la gasolina que mantendría sus acciones homicidas. Una vez cometido el primer asesinato, Aileen experimentaría la capacidad adictiva que confiere el poder de matar (motivación de poder y control). Deseo de venganza y lucro primero, y después sensación de poder, son los motivos o causas que creo que nos ayudan a explicar sus acciones.

Lo que considero que no es aplicable a su caso es el concepto de *asesina sexual* que algunos le han atribuido, por más que los delitos acontecieran durante el transcurso de una relación sexual (o de los preparativos para tenerla, puesto que parece que Aileen mataba a sus parejas de ocasión *antes* de realizar el acto sexual). No aparece, a mi modo de ver, la psicología propia del homicida sexual, ni creo que concurra en los hechos la gratificación sexual que busca el homicida de esta clase.

Remedios Sánchez

Toda la prensa de España se hacía eco, el 5 de julio de 2006, de una noticia extraordinaria: los Mossos d'Esquadra detienen en Barcelona a una

Fotografía de Remedios Sánchez, presunta asesina en serie de Barcelona.

mujer sospechosa de estrangular a tres ancianas. La mujer era Remedios Sánchez, de 48 años, natural de La Coruña. La detención se había producido el día anterior en la zona del Ensanche, donde había matado a sus dos últimas víctimas. El modus operandi era el siguiente: contactaba con sus víctimas, mujeres muy mayores, en lugares públicos, como un parque o mercado, y se ganaba su confianza para poder acceder a sus domicilios. Una vez dentro las golpeaba con fuerza en la cabeza para minar su resistencia, y luego las estrangulaba con un trapo o toalla. Antes de abandonar la casa robaba dinero o joyas.

No obstante, hay constancia de que ese modus operandi podía abreviarse y ser más expeditivo si Remedios sentía, por la razón que fuese, que no *podía esperar más* para matar. Es el caso del último ataque, ocurrido el lunes 3 de julio por la noche, y cuya víctima logró sobrevivir, como comento más adelante. Lo que ocurrió fue lo siguiente. Una anciana, Montserrat, estaba sola en casa cuando Remedios por el interfono, desde la calle, le dijo que le abriera porque tenía que dejar un paquete en casa de una vecina. La nota de prensa del periódico *El País* en Barcelona es muy precisa en describir lo que siguió a continuación: «Minutos después, alegando que la vecina se encontraba ausente, le pidió dejarlo en su casa. Una vez en su domicilio, la asesina le propinó varios golpes en la cabeza y la dejó semiinconsciente para, a continuación, tratar de estrangularla. La mujer creyó que la anciana estaba muerta, la dejó tendida en el suelo y se fue».

Cuando escribo estas líneas, el sumario sigue todavía abierto. Hasta la fecha, parece que sus crímenes se concretan en un asesinato frustrado y tres consumados.

La primera víctima fue asesinada el 10 de junio. Dos amigas ancianas, Josefa y Dolores, se encuentran en casa de esta última. Remedios ya está allí, porque con sus buenas formas ha logrado unas horas antes que Dolores la invite a subir a su piso. La suerte se alía con Dolores, porque todo parece indicar que Remedios ve más accesible a Josefa, así que ese día se marcha después de charlar con las dos amigas. Días después acude a casa de Josefa, y cuando ella menos se lo espera, Remedios la golpea en el cráneo y luego la estrangula ayudándose de un tapete.

La segunda víctima se llamaba Adelaida, de 95 años, y era el 30 de junio. Había sido estrangulada con una toalla. La asesina se llevó su monedero. Con esta mujer empezó una secuencia de tres asaltos, uno de los cuales, por fortuna, no concluyó en el fallecimiento de la agredida. La víctima «afortunada», de nombre Montserrat, a la que antes mencioné, vivió la peor experiencia de su vida el 3 de julio, cuando Remedios intentó estrangularla con una toalla. La mujer, de 84 años, fue golpeada con mucha violencia, y eso la salvó, puesto que perdió la conciencia y engañó a su agresora, quien la creyó muerta. Al poco tiempo, sin embargo, la anciana se recuperó y pudo accionar el dispositivo de emergencia que llevaba al cuello. Un día antes María no tuvo tanta suerte. Esta mujer era la menos longeva de todas, 76 años, pero aun así nada pudo hacer ante la robusta asesina, y fue estrangulada con un trapo.

De acuerdo con la testigo Dolores, el modo en que Remedios merodeaba por la casa de sus víctimas era notable, haciendo con naturalidad un registro de los objetos valiosos que pudiera haber en el hogar. «Al final —comenta Dolores, recordando el encuentro con esa mujer en el que presentó a su amiga y primera víctima de la asesina, Josefa— estuvo conmigo cerca de cuatro horas. Comimos patatas y callos y estuvimos charlando en una larga sobremesa. Luego recogió la mesa y hasta fregó los platos. Después tomamos un café, se encendió un cigarrillo y, en lugar de fumárselo en el balcón, como me dijo que iba a hacer, lo hizo en una habitación».

Según el periodista Héctor Marín, cuando fue detenida Remedios Sánchez estaba jugando en una máquina tragaperras, y se sabe que era una cliente asidua de un bingo cercano al restaurante-bar donde trabajaba, de nombre Cebreiro, en la calle Balmes. Sus dueños, consternados al saber la noticia, declararon: «Era una buenísima persona, amiga de todos, muy equilibrada y tranquila. Nunca tuvo una mala palabra con nadie, ni siquiera un mal gesto. Es la trabajadora más noble que he tenido en 35 años. Si tenía que hacer dos cosas, hacía tres».

La captura se produjo el martes 4 de julio. La asesina obró con notable impericia, ya que al matar a la amiga de Dolores ésta tenía muchas posibilidades de atar cabos, y qué duda cabe que podría dar una descripción bien precisa de Remedios. Por otra parte, la policía contaba con dos fotos donde aparecía su rostro. Una había sido tomada en un cajero automático, y la otra la mostraba en un andén del metro. Esta mujer cometió innumerables errores que dejaban muy clara la senda para encontrarla. Uno de los mayores fue pagar con la tarjeta de crédito de su última víctima una cuenta en el bingo donde solía jugar. Al final, la policía averiguó su número de teléfono por mediación de un compañero de trabajo del bar donde ella estaba empleada, y mediante el sistema de localización por satélite del código IMEI,[1] supieron exactamente la zona donde se hallaba. La detuvieron cuando estaba jugando en una máquina tragaperras,

¿Quién era esta mujer? De acuerdo con el reportaje de Héctor Marín, Remedios hacía más de 30 años que residía en Barcelona, procedente de un municipio muy pequeño y humilde de La Coruña. Su familia vivía con lo poco que sacaba de la agricultura. Después de instalarse, hizo valer su laboriosidad y trabajó en diferentes bares y casas de comida como cocinera. Con el tiempo, desarrolló una gran afición al juego, y en ocasiones pedía dinero prestado para poder jugar. Un año y medio antes de los crímenes, se divorció de su marido, pero hacía varios años que no se relacionaba con él ni con sus dos hijos, que tenían en torno a los 20 años. Durante un par de años había compartido el piso con un

---

[1] Estas siglas corresponden a International Mobile Equipment Identity, que es un código pregrabado que llevan todos los teléfonos móviles. Ese código identifica a cada aparato en cualquier lugar del mundo.

taxista, pero éste se había marchado meses antes. Cuando fue entrevistado reconoció que nada en ella la convertía en sospechosa de ser una homicida.

Cuando fue llevada a su domicilio a realizar la inspección ocular, Remedios se negó a entrar y hubo de ser introducida en volandas. Me sorprendió esa reacción por su parte. Ella, una mujer todo cordialidad, incluso reconocida por —paradojas del destino— los policías que iban a desayunar a su bar, y que ahora tenían que forzarla a que les acompañara en el registro de su hogar. Allí halló la policía joyas y carteras de sus víctimas.

Remedios Sánchez vivía en la calle Mossen Quintí Mallofré, en el populoso barrio de Sant Andreu. En la imagen que figura en este libro se puede observar la geografía de los diferentes escenarios del crimen. Es notable lo que acontece en relación con los lugares que Remedios escoge para matar. Su primer asesinato (Josefa) lo hace en su propio barrio, Nou Barris, en el noreste de Barcelona. Es el día 10 de junio. Sin embargo, cuando vuelve a matar el día 30 de ese mes (Adelaida), lo hace bien lejos de su residencia, pero no muy lejos de donde traba-

LOS MOVIMIENTOS DE LA ASESINA

1. CALLE RAMÓN ALBÓ EN EL CRUCE CON EL PASEO MARAGALL (NUEVOS BARRIOS). El 5/6/2006 (día festivo), la supuesta asesina contacta en esta plaza con Dolores Cegarra, de 83 años. La invita a su casa y allí conoce a Josefa Cervantes, que llega de visita.

2. VÍA JULIA, 2 (NUEVOS BARRIOS). Josefa Cervantes, 83 años, muere asesinada. Encuentran el cadáver el 10/6/2006 (sábado por la noche).

3. CALLE VILLARROEL, 233 (ENSANCHE). Muere asesinada una anciana de 95 años. Encuentran el cadáver el 30/6/2006 (viernes por la noche).

4. CALLE MUNTANER, 233 (SARRIÀ-SAN GERVASIO). Muere asesinada María Sahun Roldós, de 76 años. Encuentran el cadáver el domingo 2/7/2006, a las seis de la tarde.

5. CALLE URGEL, 85 (ENSANCHE). Lunes, 3/07/2006 por la noche, una anciana es atacada con el mismo «modus operandi»: intento de estrangulación y golpes. La víctima queda inconsciente, el agresor la da por muerta y huye. La víctima es hospitalizada.

6. CALLE ENRIC GRANADOS (ENSANCHE). El martes 27 de junio una mujer de 84 años muere días después de un robo. El forense lo considera una muerte natural. En la actualidad, el caso se ha reabierto y posiblemente sea imputable a la asesina en serie.

7. CALLE PROVENZA, ENTRE LA RAMBLA CATALUÑA Y EL PASEO DE GRACIA. La sospechosa es detenida mientras juega en una máquina tragaperras en un salón recreativo el martes 4 de julio.

8. CALLE BALMES, 194, bar Cebreiro, donde trabajaba Remedios Sánchez como cocinera.

Cuatro agresiones cometidas entre el 18 y el 25 de junio. Las víctimas sobreviven. En algunos casos, la atacante se lleva el dinero o alguna joya de la casa. Estos robos también son relacionados con la detenida.

ja, en la calle Balmes, y mucho más cerca del bingo de la calle Provenza (junto al Paseo de Gracia) donde la policía autonómica la detuvo. En realidad los asaltos 2, 3 y 4 los lleva a cabo en la Barcelona del Ensanche, adonde Remedios podía acceder fácilmente desde su trabajo, a la salida (sobre las 5 de la tarde), y desde los lugares de recreo que frecuentaba.

La investigación sobre los desplazamientos de los asesinos en serie nos indica que el primer crimen se suele llevar a cabo en una zona más próxima del lugar donde se reside. No tan cerca como para que todo el mundo la reconozca y pueda dar fe de sus movimientos y acciones si hay una investigación, pero tampoco tan lejos como para sentirse incómoda por desconocer por completo el lugar donde piensa ejecutar su plan. Es notable que Remedios se ajuste tan bien a este modelo porque la investigación a la que antes aludía se ha realizado sobre todo con asesinos y violadores que han de exponerse a realizar un ataque violento en la vía pública, o al menos una acción intimidatoria para controlar a la víctima. En cambio, en el proceder de Remedios no se corre tal riesgo, ya que la violencia sólo se ejercía en el domicilio de las mujeres a las que engañaba.

Ahora bien, no puede descartarse que aun en estos casos donde el asesino no ha de obrar con violencia delante de todos, existe el riesgo de que se le reconozca como una de las últimas personas con las que la víctima tuvo relación. Y sin duda esto se minimiza mucho si las agresiones se producen en barrios ajenos. Las tres últimas acciones homicidas de Remedios Sánchez están lejos de su domicilio, pero relativamente cercanas a sus lugares de trabajo y de ocio. No cabe duda de que podemos decir que su base de operaciones cambió a partir del primer asesinato. En la terminología del perfil geográfico revisado en el capítulo 7, Remedios Sánchez actuó como una *merodeadora* en esa primera ocasión, y como una *viajera* en la segunda. En el primer modelo, el agresor sale de su casa, ataca en una zona relativamente cerca (pero no *muy* cerca), y regresa a la seguridad de su hogar. En el segundo modelo, el agresor se aleja mucho de su casa y acude a un lugar que conoce por las actividades rutinarias que lleva a cabo de ocio o de trabajo, donde realiza los ataques. Después regresa a su casa.

¿Qué impulsa a Remedios a cometer esos actos tan incomprensibles? A los dos o tres días de darse la noticia de su detención, el 6 o 7 de julio, comenté en el programa de la cadena Ser *Hoy por Hoy* ante preguntas del periodista Carles Quílez, que la motivación principal de esta mujer no podía ser el lucro. El día 19 de julio la prensa se hacía eco de la opinión de la policía autonómica en la que confirmaban mi apreciación: «El objetivo era matar», titulaba el rotativo *La Vanguardia* de ese día, y continuaba: «Su ansiedad se demostraba únicamente en el acto del asesinato, en el de dar muerte a su víctima, que sería, según las pesquisas policiales, su verdadero y casi único objetivo».

¿Por qué llegué a esa conclusión en fecha tan temprana? Fundamentalmente por la victimología y el modus operandi. El análisis de las víctimas nos revela que difícilmente podrían tener una fuerte suma de dinero en metálico o en joyas con las que satisfacer deudas importantes. Era mucho trabajo para tan poco beneficio. Además, Remedios tenía un buen empleo, y en su casa se encontró dinero y objetos pertenecientes a las ancianas fallecidas. De hecho parece que ella había protagonizado otros robos sin que llegara a matar (o intentar hacerlo) a las perjudicadas. La cuestión es que esas muertes se produjeron mientras la agresora tenía todavía dinero, y no pasaba por problemas económicos.

Pero todavía más significativa era la información que revelaba el modus operandi. En esencia, el proceder de la asesina era muy inusual, muy físico y violento o, si se quiere, masculino. Pocas mujeres asesinan mediante estrangulamiento. Esta acción es muy personal, revela un ansia de cercanía de la víctima para experimentar el dominio de dar muerte. Además, está la violencia previa, consistente en golpear con saña a la anciana en la cabeza.

Así pues, definiría el móvil central como poder y control, y secundariamente el lucro. La importancia del móvil central puede verse si imaginamos la secuencia de los hechos en casa de cualquiera de las agresiones, donde necesariamente Remedios tuvo que pasar de ser agradable conversadora a una homicida furiosa sin solución de continuidad, es decir, en un segundo. Esta ansia de matar fue todavía mucho más evidente en el ataque frustrado a Montserrat, donde Remedios apenas tuvo que hacer su comedia de siempre: simplemente pidió permiso para dejarle un paquete, y en cuanto ella la abrió, inició la agresión súbita.

Remedios Sánchez no ha abierto la boca. La primera vez que declaró ante el juez ni siquiera quiso decir su nombre; la segunda vez sólo dijo que no quería hablar porque todavía no se «sentía preparada». Quizás me equivoque, pero esta mujer es la asesina serial más importante en la moderna historia del crimen en España. Sin embargo, ella no dice nada, no explica qué le empujó a actuar de este modo tan inusual. Algo, sin embargo, ha dicho desde que fue detenida, aunque sin palabras. Fueron sus gestos de negación, su resistencia a entrar en su domicilio esposada el día que la policía la trasladó para realizar el registro de su piso. La prensa coincide en que «se puso histérica», o bien le dio «un ataque de ansiedad». Tanta resistencia ofreció que fue llevada arrastrada, sin que sus pies tocaran casi el suelo. ¿Por qué tanta obstinación a ser testigo y guía de las pruebas de sus delitos? ¿Acaso no tenía claro que se trataba de un paso inevitable de una justicia que ya la había atrapado? Mi opinión es que en ese momento tuvo plena conciencia no de los crímenes que había cometido, sino de que la vida que ella había elegido vivir —excelente cocinera, jugadora y mujer plenamente integrada con dos naturalezas, la oculta y la pública— había al fin terminado. Su deseo de matar había sido intenso, pero hacía poco que había surgido. La secuencia de muertes se había acelerado al ritmo de su compulsión: tres homicidios (uno frustrado) en cinco días, desde el 30 de junio hasta el 3 de julio. Remedios Sánchez *ya era otra persona* en esos días. Todos los asesinos en serie matan para aspirar a una vida nueva, más acorde con su esencia psicológica. En su apartamento, ante sus ojos, esa vida ya no existía. Y sólo esperaba la cárcel.

* * *

Un precedente de Remedios Sánchez lo tenemos en Encarnación Jiménez, detenida el 16 de julio de 2003, si bien su motivación principal era el lucro. Encarnación vivía en Madrid. Entre abril y julio de ese año, protagonizó 20 robos en domicilios de mujeres mayores que vivían solas. De acuerdo con el responsable de la investigación, «Encarna sabía bien lo que hacía, se metía en edificios muy viejos y miraba en los buzones buscando a mujeres que vivieran solas. Siempre iba por las mañanas, de lunes a sábado, porque las ancianas suelen recibir visitas los domingos [...]. Se hacía pasar por una mujer de la limpieza o una vendedora de joyas y ropa. Una vez dentro del domicilio, amordazaba y golpeaba violentamente a sus víctimas para que confesaran dónde guardaban el dinero y los objetos de valor».

Sin embargo, en dos ocasiones *mató* a su víctima. Éste no era su objetivo primordial, pero en ocasiones la ira que la agresora ha de acumular para golpear con violencia puede exceder lo necesario, porque es una emoción que tiende a alimentarse a medida que va ejerciéndose. Y de este modo, el 8 de abril aprieta tanto la mordaza de una anciana (muy mayor, con 97 años) para evitar que gritara que ésta muere asfixiada. En cambio, la otra muerte parece deberse a una ira más apoyada en la venganza: furiosa por no haber podido acceder a una casa anterior, Encarna golpeó y estranguló a la segunda víctima.

El robo que emplea una violencia brutal puede degenerar en que el sentimiento de ira necesario para ejercer la violencia alcance autonomía y, en determinados momentos, pase a convertirse en un objetivo por sí mismo el acto de matar.

Myra Hindley e Ian Brady

Este caso representa una pareja de asesinos cuyo miembro femenino aprende a matar y desarrolla su maldad al lado de un psicópata perfecto, como sigue siendo Ian Brady. Ambos, entre 1963 y 1965 (cuando toda Inglaterra bullía con los Beatles y el *pop art*), asesinaron a 9 niños y adolescentes, y fueron el dolor más intenso en la conciencia de un pueblo que estaba disfrutando de un periodo de gran prosperidad y creatividad.

Ian Brady tenía 23 años cuando trabajaba de administrativo en una compañía química, y conoció allí a Myra, una secretaria de 18. De ella todos tenían la opinión de que era una chica del todo normal, que adoraba a los animales y a los niños. Él era «intelectual» y apuesto, más reservado. Pero lo cierto es que ella perdió la virginidad con él y se convirtió en su esclava, renunciando a su fe en Dios y en todo lo que antes creía, simplemente porque él era su nuevo dios, siempre brillante en sus afirmaciones y con una enorme seguridad en sí mismo. Myra dijo una vez de su fascinación por Brady: «Podría haberme convencido de cualquier cosa, tal era su poder de persuasión; con su modo de hablar susurrante, hablaba de cosas que no acababa de comprender, pero que escuchaba como si fuera el Evangelio». Brady había pasado algún tiempo en reformatorios y en la prisión de Manchester por delitos poco graves, donde se aficionó a los textos del Marqués de Sade.

De acuerdo con Myra, en julio de 1963 Brady comenzó a decir que debían cometer el «crimen perfecto», que eso sería una prueba de su intelecto superior. Y así, el 12 de ese mes Myra conducía una furgoneta mientras él la seguía en una moto. Una chica de 16 años, Pauline, estaba haciendo autostop, así que subió a la camioneta. Myra le dijo que se dirigía a los páramos (una tierra desierta en las afueras de Manchester) y que si la ayudaba a encontrar un guante que había perdido allí, le daría como premio algunos discos de su colección.

En los páramos, Brady atacó a Pauline: la violó y luego cortó su garganta. Aunque Myra dijo que ella había permanecido todo el tiempo en la furgoneta, muchos años más tarde, en 1990, Brady la contradijo, y confesó que ella también había abusado sexualmente de la adolescente. Finalmente la enterraron.

Empleando la misma argucia, el 2 de noviembre de ese mismo año la pareja homicida mató de nuevo, esta vez era un chico de 12 años, John Kilbride. Myra dijo en el juicio que Brady lo violó y luego lo estranguló. El cuerpo de John fue encontrado porque Myra tenía una foto donde aparecía al lado de su tumba con su perro. Cuando la policía le dijo a Myra que su perro había muerto mientras estaba en la perrera, ella replicó: «Son todos unos asesinos sangrientos».

El 16 de junio de 1964 mataron a otro chico de 12 años, Keith Bennett, con el mismo modus operandi. Su cadáver nunca fue descubierto, ya que ni siquiera los propios asesinos pudieron localizar el lugar de los páramos donde lo enterraron. Un año y medio después, introdujeron una variación sustancial en su sistema de matar. Secuestraron a la niña de 10 años Lesley Ann Downey y la llevaron a su casa. Allí Brady montó un equipo de fotografía con focos de iluminación y la obligó a posar de forma pornográfica. Luego encendió una grabadora para registrar sus gritos mientras la violaba. De acuerdo con la confesión que hizo en 1990 Brady, Myra «insistió en matar a Lesley con sus propias manos, estrangulándola con un lazo de seda, que luego llevaba en público con mucho placer».

El 6 de octubre de 1965, el cuñado de Myra, David Smith, que estaba desempleado, llegó a casa de los Brady diciendo que estaba sin blanca. Brady se marchó de casa y regresó un par de horas más tarde acompañado de su nueva víctima, el joven de 17 años Edward Evans. Brady lo golpeó con un hacha y luego lo estranguló. Obligó a Smith a que cogiera el hacha para que quedaran en ella impresas sus huellas dactilares, y luego envolvieron el cadáver con un plástico. Más tarde limpiaron la sangre y Brady y Myra se fueron a la cama. Smith salió de casa de los Brady horrorizado, en estado de *shock*. Cuando llegó a su domicilio, le relató lo sucedido a su esposa; ambos llamaron a la policía inmediatamente.

Cuando la policía registró el hogar de los Brady se encontró con el cadáver de Edward Evans. También halló una llave correspondiente a una caja de seguridad de una consigna de una estación de trenes, en cuyo interior descubrió fotos correspondientes a Lesley Ann Downey, así como un casete que contenía la grabación de la violación que la niña sufrió a manos de Brady.

Esta cinta fue escuchada en el transcurso del juicio y provocó una ola de indignación popular. Muchos dijeron que ambos deberían morir en la horca (ya no existía la pena capital por entonces en Reino Unido). Esa furia no cesó con el tiempo. Cuando en septiembre de 1997 se expuso un retrato de Myra Hindley en la Academia de Artes, como parte de una muestra del trabajo de los artistas jóvenes, los espectadores echaron huevos, pintura y tinta sobre el retrato de la asesina, obligando a retirarlo.

Myra Hindley, a la que la prensa llamaba «la mujer más odiada de Inglaterra», murió en la cárcel en noviembre de 2002, a la edad de 60 años, de una infección pulmonar. Los esfuerzos de determinadas personas con relieve en la sociedad británica no consiguieron que los jueces le concedieran la libertad condicional. En 1994 había declarado que ella era «perversa y cruel», y que «había actuado de modo monstruoso». Luego añadió: «Sin mí, esos crímenes probablemente no se hubieran cometido». En la cárcel obtuvo una licenciatura en Humanidades y se hizo devota de la fe católica. Muchos dijeron que ella se había arrepentido sinceramente de su terrible pasado. Poco antes de morir había pedido a los médicos que si dejaba de respirar no intentaran reanimarla.

Ian Brady todavía está encarcelado y escribió hace poco un libro titulado *Las puertas de Jano: un análisis del asesinato serial*, de cuyo contenido hablaremos en el último capítulo de esta obra.

Té y pastas con Yiya

Disfruté mucho cuando leí un artículo, obra de Leila Guerrero, escritora y periodista de comentarios sutiles y una profunda psicología en su descripción de personajes y situaciones. El artículo narraba diversos encuentros con una envenenadora, Yiya, una vez que ésta había vuelto a disfrutar de la libertad, después de pasar recluida en la cárcel 13 años de su vida. Otra cosa que me interesó es que Guerrero citaba un libro del que ya tenía referencias, pero del que sólo había podido leer unos extractos. El libro era *Mi madre: Yiya Murano*, y había sido escrito por su hijo Martín.

A continuación resumo los acontecimientos narrados por Leila Guerrero. Este suceso criminal ocurrió en Buenos Aires, Argentina. Entre el 11 de febrero y el 24 de marzo de 1979, tres mujeres y amigas entre sí murieron presentando síntomas de envenenamiento por cianuro: lágrimas, temblores, vómitos, náuseas. «El cuerpo llora, la sangre se torna rojo encendido y el aire espirado tiene el olor de las almendras amargas. Los músculos, por falta de oxigenación, se vuelven oscuros, amoratados.»

Estas tres mujeres tenían relación con una cuarta: Mercedes Aponte de Murano, conocida por todos como Yiyi o Yiya Murano, nacida en la provincia de Corrientes en 1930, casada con el abogado Antonio Murano, y residente en el elegante barrio de Montserrat de Buenos Aires. Su vida era plácida y sofisticada, con tertulias elegantes en las confiterías o salones de té a la inglesa. Eso duró hasta 1979, cuando un comisario de policía entró en su apartamento y le dijo: «Señora, nos va a tener que acompañar».

¿Qué sucedió entre medias? Sucedió que en 1979, bajo el dictado del régimen militar, los intereses que ofrecían los bancos eran muy altos, y unos pocos pesos se convertían en muchos dólares en un breve plazo de tiempo. Y Yiya, con su título de maestra que nunca ejerció, decidió sacar pingües beneficios de la situación. Recibía dinero de sus amigas, lo colocaba en algún plazo fijo no demasiado oficial, y devolvía capital más intereses a cambio de una comisión. Hubo tres amigas suyas que le dejaron mucho dinero: Nilda Gamba (concuñada y vecina), Lelia Formisano de Ayala (muy amiga de Nilda) y Carmen Zulema del Giorgo (prima segunda de Yiya), felices por la expectativa de ganar buena plata sin otra cosa que hacer que entregar una cantidad y sentarse a esperar. Al principio Yiya cumplió, pero con el correr de los meses empezó a retrasarse con los pagos. En el verano de 1979 debía entregar a sus amigas la astronómica cantidad de 300.000 dólares de la época.

Entonces se sucedieron las *desgracias*. El 10 de febrero de 1979, Nilda Gamba se sintió mal. Había estado tomando el té con Yiya. El médico le recetó antiespasmódicos, pero a las 2.30 de la madrugada falleció en los brazos de quien la cuidaba, que no era otra sino Yiya. Pocos días después, al acercarse el plazo de vencimiento del préstamo de Lelia Formisano, Yiya acudió a su piso y tomaron el té. Quedaron para después en el teatro, pero ella no apareció. La policía la encontró días más tarde frente al televisor, en medio de un penetrante olor que había alertado a los vecinos. Finalmente, el 24 de marzo, Carmen Zulema del Giorgo sintió angustia y mareos, y salió al pasillo de su casa a pedir ayuda. Guerrero describe con precisión lo que sucedió a continuación:

Cuando se revolcaba, rodeada de vecinos y el portero, llegó Yiya. Entró apurada al departamento, rebuscó algo —dicen que un papel, un frasco— y al salir, insistió en acompañar a su prima en la ambulancia. Zulema murió antes de llegar al hospital. En el funeral, Diana María, hija de Zulema, recordó que Yiya tenía una deuda con las tres muertas. Buscó en el departamento de su madre el documento firmado en el que Yiya se comprometía a devolver el dinero. No lo encontró. Habló con el portero, que le confirmó que la señora Murano había entrado en la casa buscando algo, frenética, antes de que llegaran los médicos. Diana fue a la policía; dijo que dudaba.

Y así fue como entró un comisario en casa de Yiya y le pidió que le acompañase. Se inició un proceso y se exhumaron los cadáveres. En las vísceras de Zulema hallaron el cianuro, no así en los otros dos cuerpos, porque fueron enterrados en tierra, y cuando esto ocurre la descomposición libera clorhidrato de cianuro, lo que impidió determinar si las víctimas habían ingerido el veneno.

Fue juzgada y acusada por el asesinato de las tres mujeres y estuvo presa entre 1979 y 1982. Ese año fue liberada por falta de testigos directos de los crímenes y pasó tres en libertad, hasta que en 1985 la Cámara de Apelaciones la consideró culpable: la acusó de homicidio calificado con veneno, reiterado en tres oportunidades, y estafa al patrimonio de las tres mujeres. La condenaron a cadena perpetua. Se dio por probado que el veneno estaba en las pastas o las tazas de té. Diez años más tarde, en noviembre de 1995, beneficiada por una conmutación de penas, salió en libertad. Se presentó en varios programas de televisión, proclamando que era inocente. Después, durante mucho tiempo, Yiya Murano desapareció.

Pero apareció en 2005, cuando la escritora Leila Guerrero, a la que seguimos en este apartado, la llamó y concertó varias citas con ella. Lo que me interesa de la descripción que hace de Yiya es el tipo de persona que muestra detrás de las elegantes mesas de los salones de té, unido a lo que su hijo Martín dice de su madre, en el libro ya mencionado, que ella le confesó ser la asesina de esas tres mujeres. Que Yiya era siempre «teatral, fría, manipuladora y sumamente egoísta». La describe como a una mujer afecta a gastar dinero, llena de amantes a los que visitaba llevándolo con ella y obligándolo a llamarlos «tío».

Yiya protesta ante Leila. Sólo confiesa haber matado a su madre y a su marido, del disgusto que tuvieron que soportar durante años por su causa penal. Pero la escritora, sentada con ella en una confitería, delante de unas pastas y té, persiste:

—Martín dice que usted le confesó que el veneno estaba en los saquitos de té.

Da un respingo, responde indignada:

—¿Cómo en los saquitos de té? Si jamás se lo dije.

Jamás se lo dije, dice, y sobre la mesa se esparce un silencio difícil.

Un «silencio difícil», porque esa declaración de «si jamás se lo dije», está lejos de ser una airada protesta de inocencia. Pero la conversación sigue, y hablan de que Martín en verdad no es hijo de su marido —o, como mínimo, no está segura—, sino de un amante que tuvo durante años, Héctor, quien la apoyó siempre y que, al igual que su marido, falleció mientras estaba presa.

Hace tres años que Yiya se volvió a casar; esta vez es un invidente de

80 años, Julio, que la precisa para todo. «Una vez me preguntaron —dice el hombre ante Yiya y Leila Guerrero— si yo no tenía miedo de estar con ella. No, miedo no. Nunca tuve miedo». Julio toma muchas pastillas a causa de la edad, la salud y la vista. Yiya le administra los medicamentos, el dinero y en verdad toda la vida. Ella hace tiempo que dejó de ser hermosa; tiene 75 años y una operación motivada por un aneurisma la ha desfigurado: «Se lleva la mano al lado izquierdo, sobre la frente. El pelo ralo, rubio, se aparta como una cortina mustia y se ve esto: una hondonada bajo la piel clara producto de su operación [...]. Le quitaron parte del hueso que recubre la masa encefálica, de modo que ahora sólo la piel crujiente separa esa masa suave, rosada, del mundo exterior».

Yiya no tiene problemas de conciencia. Es inocente. En la cárcel fue tratada de modo exquisito. Dios —según dice— la sostuvo. No necesitó atención psiquiátrica. «Me acuesto y duermo como un angelito.»

Cuando el matrimonio y Leila se despiden, Yiya reprende a su marido para que no diga cosas inconvenientes. Él la llama «mamá», y se deshace en disculpas...

El toque femenino

Las mujeres que cometen varios asesinatos no suelen manifestar sadismo; la tortura de sus víctimas es un fenómeno muy raro. La excepción es cuando actúa en complicidad con un hombre, como en el caso de Myra Hindley e Ian Brady, y también en los crímenes de Charlene y Gerald Gallego, comentados en el capítulo primero.

Según hemos visto, las mujeres matan a personas que conocen, muchas veces de su círculo familiar o de amistades. Yiya Murano —si creemos a las evidencias y a la justicia que la condenó— manipuló, engañó y finalmente mató a sus tres amigas. El retrato que hace su hijo Martín se ajusta bien a los rasgos de una psicópata: encanto superficial, capacidad de engañar y de simular sentimientos nobles, ausencia de remordimientos y de conciencia... La meta última es sobrevivir, y ella lo hace tanto fuera como dentro de la cárcel sin perder la compostura.

Se entiende que el veneno sea el instrumento favorito para matar. Requiere cercanía a la víctima y confianza en quien lo ingiere. Por eso los casos de Aileen Wuornos y Remedios Sánchez son inusuales, y hasta cierto punto nos presentan una imagen nueva y masculinizada de la asesina serial. Aileen mata en un típico escenario de asesinos varones; es casi el mismo proceder que el que empleó el camionero alemán, Volker Eckert (mencionado en el capítulo 7), en sus crímenes de prostitutas en España y Francia. Aquí las mujeres, desprevenidas, entran en su camión. En el caso de Aileen Wuornos, ella es la que entra en los coches de sus víctimas, que quizás esperan tener una inofensiva aventura sexual. Eckert las estrangula, mientras que Aileen las tirotea. Ella mata en parte por dinero, él no. Pero el espacio físico es impersonal, idéntico. Asesino y víctima no se conocen. En ambos escenarios el silencio del bosque asiste indiferente al sacrificio humano.

Claro está que Aileen no se lleva ningún trofeo a modo de recuerdo de los crímenes. La ira preside sus acciones, no hay sexualidad enfermiza detrás de ellas, algo que sí constatamos en el asesino alemán, con la cabina de su camión llena de fotos de las chicas y mechones de pelo guardados en una caja para revivir el momento de la violencia y la muerte. Aileen, no obstante, camina un paso hacia delante que la aleja del *toque femenino* del asesinato serial, que busca la cercanía y la ausencia de una violencia explícita y directa.

Igualmente, en Remedios Sánchez vemos cómo la evolución de la sociedad va perfilando también a sus asesinos. Si Estados Unidos es un ejemplo de sociedad fragmentada e individualista, en España también avanzamos en ese camino, y cada vez hay más mujeres que viven solas o al menos sin un marido o compañero. Son jóvenes y viejas, porque a las que viven separadas con hijos o sin ellos se suman las viudas que cada vez disfrutan de más años debido al desarrollo de la medicina. Una mujer sola, o con sus hijos ya crecidos ausentes, o pasando temporadas con su padre, es una víctima muy vulnerable. Pero sobre todo son vulnerables las ancianas, casi siempre solas.

Remedios se convierte en su cazadora. Ella es la vocera de la muerte en esta época de puertas cerradas y mujeres longevas atemorizadas, cuyos hijos —en el mejor de los casos— las visitan o llaman de vez en cuando. Aquí el veneno no ha lugar: es lento, requiere paciencia y trato. Remedios prescinde del toque femenino, y actúa como lo haría un hombre: golpea con fuerza en la cabeza y luego estrangula.

Remedios Sánchez, si es hallada culpable por la justicia, se convertirá en la primera asesina serial española del siglo XXI, y la pionera en anunciar un modo diferente de matar, bien apropiado a la sociedad global y, paradojas del desarrollo, heraldo del miedo nacido del aislamiento y el anonimato.

CAPÍTULO 10
MENTES CRIMINALES

Para terminar este libro quiero introducir unas reflexiones generales sobre el origen del asesinato serial y las motivaciones y justificaciones que los propios asesinos reconocen o afirman tener. También incluyo un apartado en el que analizo el modo en que se alimenta el impulso de matar, persistente de estos asesinos. A continuación planteo una tesis personal acerca de qué es lo que busca en verdad el asesino en serie. Y finalmente me despido de mis lectores con unas palabras sobre la investigación criminal.

El origen del asesinato serial

Los asesinos en serie suelen llevar una vida solitaria en su niñez. La causa puede ser variada: una madre muy dominante, unos padres que le han maltratado, una dificultad física, un trastorno de conducta o mental, y otras circunstancias. En estos casos el futuro asesino se ve extrañado del mundo de juegos y pasiones juveniles propios de la edad, y se refugia en un mundo de fantasía, donde puede tomar cuerpo una especial necesidad de influir en el mundo de un modo perverso o destructivo. Ahora bien, el problema con esa explicación, si pretendemos que tenga validez general, es, desde luego, que millones de personas han pasado por esas experiencias e incluso peores, y han logrado en cambio tener una vida productiva de adultos o, como mínimo, no se han convertido en asesinos de su propia especie.

Cuando redacto estas líneas acaba de fallecer el cantante de *soul* James Brown. Casi toda su infancia la pasó en una habitación contigua a un

291

prostíbulo que dirigía una tía suya. A pesar de que Brown desarrolló un temperamento impulsivo y violento que le supuso alguna temporada en la cárcel, fue capaz de canalizar sus deficiencias hacia el terreno artístico, y estuvo lejos de constituir una grave amenaza para nadie. Como dice un personaje de una novela estupenda de Fred Vargas, «si todos los abandonados del mundo intentaran vengarse, la tierra sería un verdadero campo de batalla».

Por otra parte, son numerosos los asesinos en serie que no presentan patología alguna ni una historia de malos tratos. En efecto, cuando examiné a Joaquín Ferrándiz, el asesino en serie de cinco mujeres de Castellón, no encontré rastro alguno de enfermedad mental ni de que hubiera habido en su infancia vestigios de malos tratos o una educación incompetente por parte de su madre, quien le crió con dedicación y amor. De igual manera, como vimos en el capítulo 4, Gilberto Chamba me negó rotundamente que hubiera sido un niño desatendido en algún sentido, y calificó a sus padres de personas bondadosas y honradas. En el examen psiquiátrico y psicológico que se le efectuó, Chamba demostró estar en su pleno juicio, con su capacidad intelectual intacta. Y para fijarnos en otros casos tratados en este libro, la evaluación efectuada con los Asesinos de la Autopista (Muhammad y Malvo) les describió como sujetos plenamente competentes en todas sus facultades intelectuales, lo que se puso de manifiesto en el modus operandi que exhibieron, cuidadosamente diseñado para evitar ser capturados, y dirigido a una selección de los objetivos que causara el máximo de víctimas con el mínimo riesgo para ellos. En fin, que una buena capacidad intelectual no es garantía frente al crimen lo sabemos por la inteligencia elevada de varios de los asesinos estudiados en este libro, como Unabomber o el mismo Ted Bundy.

Dicho esto, no es menos cierto que en muchas biografías de asesinos en serie aparecen, en efecto, malos tratos y profundas humillaciones. En este libro hemos visto que las infancias de Daniel Rolling y Aileen Wuornos estuvieron lejos de ser idílicas. Tal y como sucedió en el caso de ambos, cuando un asesino en serie ha sufrido privaciones y abusos en la infancia es más probable que su conducta antisocial empiece en la adolescencia o antes, cometiendo diferentes tipos de robos y actos prohibidos, lo que en las mujeres se asocia con frecuencia a la promiscuidad sexual como una forma de obtener influencia y privilegios de los demás. Gustavo Romero, el asesino de Valdepeñas (descrito en el capítulo 1), creció en un ambiente poco sofisticado, junto al pastoreo de cabras que realizaba su padre, el cual parece que se preocupaba poco de él y le trataba con rudeza. Romero, llevado por una insatisfacción y agresividad precoz, pasó por el correccional cuando era un adolescente y era bien conocido por ser una persona violenta desde pequeño.

Por otra parte, cuando estos antecedentes negativos no existen, es mucho más probable que el futuro asesino serial alcance un buen nivel de competencia social que le permita estudiar y trabajar con éxito, al menos durante un tiempo, hasta llegar a una edad adulta, donde debería estar ya asentado social y psicológicamente. Justamente, lo que ocurre en el asesino en serie que ha estado desde siempre bien integrado es que la violencia de sus crímenes no revela una continuidad con su estilo de vida previo (aunque un observador atento puede encontrar antecedentes en ciertos hechos). Diríamos más bien que éste, por razones que se desconocen, *llega a un punto de insatisfacción vital que le urge a matar.* Lo que desconcierta en estos asesinos seriales con inteligencia y un ambiente social integrado es que, aun en el caso de que se hubieran visto en la necesidad de superar escollos importantes en sus vidas, tales dificultades objetivas habían quedado atrás antes de que empezaran a matar. Así, Ferrándiz y Bundy habían logrado sacar adelante sus vidas, después de periodos difíciles (Ferrándiz había estado en la cárcel; Bundy había fracasado en la universidad y había sido rechazado por su novia de entonces, Stephanie). Es incuestionable que en el periodo anterior a que empezaran a matar ambos tenían un buen trabajo y nadie les reprochaba nada, más bien esperaban mucho de ellos. Alfredo Galán —el Asesino de la Baraja— no había sido anteriormente un tipo especialmente violento, por más que le gustaran las armas. A pesar de que en la escuela no siempre fue un modelo, no tuvo en verdad problemas hasta que, después de regresar de la segunda misión de Bosnia, empieza a darse cuenta de que la vida que lleva de ningún modo satisface sus expectativas.

¿Qué podemos concluir de lo anterior? Mi punto de vista es que, hecha la salvedad de los asesinos en serie psicóticos, cuya patología mental es incuestionable, no hay acontecimiento o patología alguna que pueda considerarse el *origen* o la *causa* de que una persona se convierta en un asesino en serie. Esto no significa que cualquiera pueda llegar a serlo, sino más bien al contrario: *se precisa una personalidad psicopática de base* (definida como la incapacidad para sentir las emociones morales humanas fundamentales: amor, empatía, compasión, así como la culpa) para que alguien se decida a asesinar como forma de encontrar su lugar en el mundo. Por qué sólo unos pocos psicópatas se inclinan por matar es algo que no sabemos. La mayoría se contenta con hacer miserable la vida de los demás, explotando y engañando a los que pueden manipular. Mi opinión es que estos psicópatas logran suficiente satisfacción controlando el ambiente inmediato (familia, trabajo, ocio) de sus vidas y no precisan emplear una violencia explícita (aunque pueden ser muy crueles psicológicamente).

Algunos, sin embargo, *necesitan más.* Quizás porque aprendieron el poder de la violencia desde niños debido a los abusos recibidos, o a través de una exposición intensa a un mundo de fantasía violenta (mediante novelas, películas e Internet en la actualidad), empezaron a anhelar ser dueños de una vida diferente, donde pudieran alcanzar una plenitud que la vida rutinaria les negaba.

En conclusión, yo pienso que no hay una causa única que pueda explicar el origen del asesinato en serie.[1] La ecuación fundamental parece ser ésta: una personalidad psicopática que interpreta los acontecimientos que le suceden (sean éstos traumáticos o no) de un modo particular. Esta forma peculiar de pensar del futuro asesino le permite ir imaginando progresivamente el *control total* de la vida humana como la forma idónea en la que quiere relacionarse con el mundo (más adelante vuelvo sobre este punto).

Los motivos y las justificaciones

En el capítulo 1 de este libro propuse una clasificación de motivos que impulsan al asesino serial. En este sentido ya no hablamos de la *causa* o

---

[1] Este libro no es el lugar para plantear las diferentes hipótesis sobre lo que origina, en primer lugar, esa personalidad psicopática, así como los componentes fisiológicos y neurológicos que pueden estar detrás del desarrollo de un psicópata violento. Un libro muy útil en este sentido es el de Raine y San Martín, *Violencia y psicopatía* (Ariel, 2003).

circunstancias que explican qué hace que una persona se convierta en asesino en serie, sino que nos interrogamos por el objetivo o lo que desea alcanzar a través de esos crímenes.

Distinguíamos las siguientes categorías de motivos: sexo/sadismo, poder/control, venganza, lealtad, lucro y generar terror. Es necesario precisar aquí que esas motivaciones son elaboraciones que hacemos los investigadores a posteriori, una vez que exploramos el comportamiento del sujeto al que estamos evaluando. Mediante la recogida sistemática de muchos casos podemos llegar a generar esa tipología que, como ya señalé, puede diferir de acuerdo con la opinión de los investigadores.

Ahora bien, no todos los asesinos están dispuestos a reconocer sus motivos, y de hecho algunos jamás reconocen su culpabilidad en los hechos que se le imputan (Pérez Rangel, el Asesino del Parking), o bien se retractan después de haber confesado (Tony King, Alfredo Galán). He de decir, en descargo de ellos, que en muchas ocasiones *no saben* por qué cometen los crímenes: sienten una insatisfacción profunda que intentan calmar con el asesinato. Aquí resulta crucial la inteligencia del asesino y su capacidad de introspección. Por ejemplo, Theodore Kaczynski, alias Unabomber, escribió al respecto en su diario: «Mi motivo para hacer lo que estoy haciendo es, simplemente, la venganza personal. No espero lograr nada concreto con esto [...]. Ciertamente, no espero hacer nada altruista, ni actúo para lograr el bienestar de la raza humana». Y más adelante confirma esta idea: «Quiero subrayar que mi motivación es la venganza personal. No pretendo ningún tipo de justificación filosófica o moral».

Otros asesinos nos han permitido entrever el modo en que ellos entienden y justifican sus crímenes. El escritor y periodista Philip Carlo decidió en 1992 —de acuerdo con sus propias palabras— escribir un libro sobre el asesinato serial «que pudiera retratar con veracidad lo que sucede en el cerebro de un asesino en serie antes, durante y después de cada asesinato». Con ese fin se dedicó a entrevistar a diferentes asesinos en serie encarcelados en Estados Unidos, dedicando una atención especial a Richard Ramírez, el Acechador Nocturno, a quien ya conocemos del capítulo 3. El libro que escribió sobre este personaje en 1997 es muy revelador para entender la psicología de estos asesinos. En una parte de las largas horas de entrevista que Ramírez concedió al escritor se produce el siguiente diálogo:

CARLO: Hablemos acerca del satanismo. Se ha publicado mucho en la prensa acerca de su supuesta devoción a Satanás. ¿Puede decirme qué significa el demonio para usted?

RAMÍREZ: Satanás es una fuerza estabilizadora en mi vida. Me da una razón para existir; me da una excusa… para racionalizar. Hay una parte de mí que cree que realmente existe. Tengo mis dudas, como todo el mundo duda acerca de muchas cosas.

CARLO: ¿Cuándo empezó a interesarse por el satanismo?

RAMÍREZ: Bien, en mi infancia y hasta los 17 o 18 años, yo creía en Dios. Después, durante dos o tres años, yo no creía en nada. Entonces, cuando tenía 20 o 21 años, me encontré a un tipo en la cárcel y me empezó a hablar del diablo. A partir de ahí empecé a leer libros y a interesarme por el tema. Satanás tiene el mismo efecto en mi vida que las creencias para grupos terroristas de base religiosa como Hezbolá. Para ellos, su religión es la fuerza que les impulsa a hacer esas cosas, y ellos creen en su religión de modo verdadero. Satanás tuvo el mismo efecto en mi vida.

Este texto es muy revelador, porque muestra dos cosas muy importantes de la mente del asesino serial. En primer lugar, vemos cómo Ramírez es capaz de pensar muy bien, aunque no estemos de acuerdo con el contenido de sus pensamientos. En segundo lugar, en su primera respuesta comprobamos nítidamente que el asesino acepta con sencillez que la creencia en Satanás le funciona para «racionalizar» lo que ha hecho, es decir, para justificarse ante sí mismo, pero eso no le impide comprender que es un *truco* cognitivo que emplea para no verse abiertamente como un desalmado. Una forma elegante de decir eso es que «hay una parte de mí que cree que [Satanás] realmente existe», mientras la otra parte cree que no. Pero la verdad está en las palabras anteriores, cuando afirma que «Satanás es una fuerza estabilizadora en mi vida. Me da una razón para existir; me da una excusa… para racionalizar». Satanás le da estabilidad en la vida porque si puede compararse con un terrorista que mata por su fe —como sugiere en el comentario sobre el grupo terrorista Hezbolá—, entonces él puede contemplarse como alguien *especial* y *superior*, y no necesariamente como un despreciable asesino.

Lo que quiero subrayar aquí es que todos los asesinos en serie encuentran una *justificación* o razón para matar, cuando son capaces de reconocer abiertamente la autoría de los hechos. Algunos asesinos emplean la estrategia del *monstruo dentro de mí*, es decir, la aceptación de que hay una parte enferma de su yo que no pueden controlar y que es responsable de los asesinatos. No es que digan claramente que tienen una *doble personalidad*, ya que en la actualidad pocos fiscales y jurados se van a tragar esa historia, sino que intentan convencer a su interlocutor de que hay algo en su interior que no comprenden y que les lleva a cometer los asesinatos.

Por ejemplo, Ferrándiz me confesó que «hay una parte de mí desconocida, que no puedo llegar a entender [...]. No puedo reconocerme en la persona que ha hecho eso [es decir, matar a cinco mujeres]». Del mismo modo, Ted Bundy explicó cómo creció dentro de él la compulsión para matar. Los autores del libro *El único testigo vivo* escriben:

> Siempre estará sin contestar la pregunta de en qué punto de su desarrollo Bundy se convirtió en un asesino. Al mismo tiempo que mantenía relaciones sexuales consentidas con adultos, Bundy cometía sus asesinatos, pero como él me explicó, el yo trastornado, la cosa de dentro de Ted que le impelía a matar, sólo conocía a sus víctimas a través de un envoltorio de percepción distorsionada. Únicamente mediante esta impresionante capacidad de disociar había sido capaz Bundy de contener al monstruo sin que le destruyera. Cuando al final esa entidad rompió los diques, Ted llegó a ser ese monstruo. En ausencia ya de esa máscara que le permitía disociar la realidad, él y la entidad quedaron fusionados.

¿Qué significa *disociarse*? Significa levantar un muro en la *consciencia* de uno. Alguien que mata repetidamente aprende a que esa realidad no interfiera con la vida ordinaria. Por supuesto, eso es difícil de lograr, y requiere de una psicología muy fuerte, ya que es muy frecuente fantasear de modo espontáneo sobre las acciones homicidas pasadas o las que quieren llevarse a cabo. De acuerdo con los autores del libro sobre Bundy, cuando éste llegó a Florida después de su segunda fuga, el asesino ya no era capaz de llevar una vida al margen de los asesinatos, por eso se desbocó en una serie de muertes atroces en la residencia Chi-Omega y en los otros dos asaltos (ver capítulo 8). Había dejado de ser el estudiante y profesional encantador cuando no mataba; ahora sólo era el *monstruo* o esa *entidad* (como la llamaba Bundy), y sólo podía dedicarse a matar.

La alternativa a la disociación es aceptar que uno mismo está —como decía el filósofo Nietzsche— por «encima del bien y del mal», esto es, verse como un ser superior en virtud de su inteligencia o creencias, y por ello aceptar que la moral y los sentimientos convencionales son propios de los seres inferiores. Ésta es la perspectiva adoptada por Richard Ramírez: creer en el diablo es elevarse a un mundo de fuertes, de seres superiores que están exentos de cumplir los preceptos hipócritas de los débiles.

De nuevo una película de Hitchcock ejemplifica muy bien este proceso mental. Se trata de *La soga* (*The Rope*, 1948), inspirada en el caso real de los asesinos de buena familia y universitarios Leopold y Loeb, quienes secuestraron y mataron a un niño pequeño en el decenio de 1920 para probar que eran más inteligentes que la policía.[2] En esta obra admirable el director abre la película con los actores John Dall y Farley Granger estrangulando a un amigo suyo —al que consideran inferior y vulgar— y ocultando el cadáver en un baúl. Ellos abrazan la ideología del *superhombre* de Nietzsche, y por eso se arrogan el derecho de obrar de este modo. La demostración de esa superioridad vendrá dada por el triunfo en una prueba audaz: sobre el baúl pondrán un bufé frío para que cenen sus invitados esa misma noche, reunión a la que asistirá incluso el padre del joven asesinado. El personaje que representa John Dall es el líder de la pareja asesina. En un momento dado del film, se lamenta de que él no posea, a diferencia de su amigo y compañero de crimen —que es un prometedor pianista—, ningún talento artístico, pero a continuación declara solemne que «el poder para matar puede ser tan satisfactorio como el poder de crear».

En este sentido de proveer una mentalidad que justifique ante los ojos del autor el asesinato, igual sirve la ideología de Nietzsche[3] que el satanismo. Lo cierto es que tanto la una como la otra han inspirado a varios

---

[2] El caso de Leopold y Loeb tuvo su propia película: *Impulso criminal,* realizada por Richard Fleischer, quien posteriormente haría las notables *El estrangulador de Boston* (1968) y *El estrangulador de Rillington Place* (1970), también basadas en casos reales.

[3] Los filósofos Rodgers y Thompson escriben a propósito de Nietzsche: «Su admiración por las "vigorosas aristocracias" y el desprecio que le causaba la compasión judeo-cristiana (y estoica, y budista) por los débiles, añaden un desagradable y brutal tono amenazador a alguno de sus textos». No podemos pedir a los asesinos en serie que tengan profundos conocimientos de filosofía y aprendan a leer en toda su complejidad a autores como Nietzsche. Así que el modo en que ellos interpretan lo que en algunas partes de su obra parece que quiere decir, o —más generalmente— otros dicen que afirma, puede ser suficiente para justificar ante sus ojos sus crímenes.

asesinos en serie. El asesino serial que abrace esta forma de pensar no tiene necesidad de disociar, sino que más bien buscará la oportunidad para hacer proselitismo de sus ideas.

Ya tuvimos el *gusto* de conocer a Ian Brady en el capítulo 9. Allí comprobamos la admiración que su *inteligencia superior* causaba en Myra Hindley. Para ilustrarnos de *su verdad*, en un libro que publicó en 2001, cuando llevaba cerca de 40 años encarcelado, escribió:

> Hay, desde luego, una minoría de delincuentes que disfrutan con el peligro, como los amantes que añaden excitación a la relación teniendo sexo en lugares públicos. Para estos aficionados [sic.], el propósito principal del crimen es casi secundario.

Brady no puede sino mostrar desprecio por estos «aficionados», incapaces de sentir los verdaderos frutos del auténtico asesino, al igual que —en la película *La soga*— el amigo muerto encerrado en el baúl no puede llegar a comprender la vida de los que son capaces de matarle, y por ello merece morir. ¿Y dónde está esa visión del crimen que sólo tienen los privilegiados como él? Esa visión consiste en abrazar la idea de que el mal es el privilegio de los poderosos y superiores:

> ¿No es el mal el elemento más verdadero de la satisfacción humana, el estado psicológico al que él más profundamente aspira y se siente inexorablemente deseoso de abrazar? Constituyendo una fuente de vitalidad y energía espontáneas, la maldad difumina la frontera mundana de la existencia «normal», galvanizando los sentidos y llevando vibraciones positivas al mundo. Es una faceta del carácter humano que disfruta en la oscuridad de la mente y sobre la que descansa la mayor parte de su vida. El mal procura la intoxicación sin estimulantes artificiales.

En el fondo, esta aceptación que plantea Brady de buscar el mal como filosofía vital no está alejada de la creencia en el satanismo que han profesado otros asesinos, y no sólo el Acechador Nocturno. Así, Richard Ramírez explicó que sus afirmaciones durante su juicio a favor del satanismo y el hecho de que mostrara en la palma derecha de su mano un pentagrama eran un modo de poner de manifiesto que él «estaba en alianza con el diablo... El demonio que es inherente a la naturaleza humana». Brady no habla para nada de Satanás, pero su texto de más arriba bien podría haberlo suscrito Ramírez.

He de decir, sin embargo, que muchos asesinos no son tan lúcidos a la hora de explicar sus motivaciones, ni tienen la franqueza de decirnos que, simplemente, disfrutan matando, por una razón u otra. Contrariamente, la mayoría sólo puede explicar que siente una gran compulsión de matar. Con sus parcas palabras, lo dijo bien claro Alfredo Galán (el Asesino de la Baraja) cuando todavía hacía declaraciones a la policía: «Estaba viendo la televisión y, de pronto, sentía muchas ganas de matar. Y tenía que hacerlo».

La compulsión de matar

Por la especial importancia que cobra el motivo sexual y sádico, me detendré a continuación en esta categoría del asesino en serie para analizar esa compulsión. En cuanto al impulso sexual, los conocimientos actuales nos permiten saber que el control de la respuesta sexual y de la violencia está muy relacionado, en el sentido de que son los mismos órganos cerebrales los que entran en juego para facilitar o inhibir el comportamiento sexual o violento. De este modo, una parte esencial del proceso de socialización consiste en saber diferenciar cuándo es apropiada una respuesta sexual y cuándo lo es una conducta violenta.

Desde luego, el aprendizaje adecuado es aquel que nos enseña que la respuesta sexual aceptable es la que se muestra en una relación consentida, mientras que la violencia ha de ejercerse cuando se trata de evitar un mal mayor o para defender de forma justa nuestra vida y propiedades. Desde esta perspectiva, los asesinos en serie motivados por la lujuria o el sadismo *no han sido capaces de realizar con éxito esa diferenciación.* Más bien al contrario, han aprendido que usando la violencia y obligando a que la víctima esté inerme frente a sus deseos, su capacidad de sentir placer aumenta de modo considerable. Además, en sus fantasías ven claro que mucho de ese placer proviene más del elemento de coacción y de dolor que provocan en la víctima que de la mera acción sexual en sí, es decir, de la violación.

Por ello, el ataque se transforma en algo adictivo. Al igual que el drogadicto que necesita con el tiempo una mayor cantidad de sustancia para conseguir los efectos que, tiempo atrás, lograba con una dosis más pequeña, el asesino serial sexual y/o sádico trata de perfeccionar sus crímenes buscando experimentar el placer anhelado en su fantasía, que nunca acaba de alcanzarse. Cada acción homicida le resulta menos satisfactoria, porque el mundo fantaseado que incitó el primer crimen nunca acaba de ser una realidad, sino que, contrariamente, se aleja con cada nueva repetición de la violencia. De este modo, como muchos asesinos seriales han señalado, el alivio de la tensión que sienten inmediatamente después de matar tiene siempre un poso de insatisfacción y de miseria, al darse cuenta de que aquello que anhelaban sentir mediante el crimen no lo han obtenido.

Esta situación provoca *una huida hacia delante*. Sabedor de que ya ha traspasado todos los límites, llega un momento en que decide que ha de continuar buscando aquello por lo que empezó a matar, porque ése es el modo en que el asesino ha resuelto definir su presencia en el mundo. Así, Remedios Sánchez, la presunta asesina en serie de Barcelona, incrementó de modo notable la frecuencia de los asesinatos (tres en seis días), a pesar de que debía de saber que la policía estaba detrás de sus pasos. Ted Bundy, después de escaparse dos veces, no podía ignorar que si volvía a matar en un nuevo estado sus oportunidades de permanecer oculto iban a desvanecerse. Joaquín Ferrándiz, el asesino en serie de Castellón, empezó de nuevo a matar a pesar de que había logrado con éxito que no se le vinculara con los primeros cuatro asesinatos. Gustavo Romero, impune del crimen de los novios del que fue responsable años atrás, vuelve a asesinar cuando regresa a su hábitat (Valdepeñas), exponiéndose de nuevo a ser capturado. Tony King se había librado de la cárcel cuando mató a Rocío Wanninkhof, pero varios años después lo intentó otra vez con Sonia Carabantes, porque las violaciones que había cometido entre ambos crímenes no le bastaban para lo que él pretendía.

El asesino en serie persevera en vivir de acuerdo con su naturaleza esencial

En todos esos casos fue la insistencia del asesino en matar lo que le llevó a ser capturado. Cuando el criminal se detiene y ha logrado matar repetidamente sin que le capturen, como el Asesino del río Verde, hay que entender que han operado aquí dos factores. En primer lugar, el asesino ha alcanzado lo que podríamos denominar *un punto de saturación*; ya no se puede matar más: 48 mujeres en apenas dos años (1983-1984) supera todos los límites… Como un alcohólico, llega a un punto de consumo de energías vitales que le fuerza a tomar una decisión: o se detiene o sucumbe. Esto es, una vez ahíto en sus ansias de matar, Gary Ridgway entendió que debía parar si no quería ser capturado. Quizás Bundy lo hubiera hecho también si hubiese tenido más tiempo. Sin embargo, el hecho de que —según confesó el propio Ridgway— ni siquiera él hubiera sido capaz de abstenerse por completo, puesto que al menos mató de nuevo una o dos veces en los años noventa, revela lo difícil que es lograr el *retiro* definitivo de la adicción asesina.

Un segundo factor necesario es la disposición de una vida ordenada donde uno pueda perderse: en la medida en que la policía no le ha detectado, no le ha privado por consiguiente de ese ambiente estable donde él puede refugiarse y aparentar ser alguien convencional. En el episodio final de su carrera homicida, Bundy no tenía por más tiempo esa oportunidad. Durante varios años dispuso de ese ambiente de protección en el que camuflar sus asesinatos, pero una vez detenido, aquello se acabó. Sin embargo —en lo que es una mala comprensión de la situación real—, planeó su huida a Florida sólo como un cambio de escenario para sus crímenes, ignorando el hecho de que era un delincuente perseguido. Allí actuó como si nada hubiera ocurrido anteriormente: se instaló en un piso de estudiantes y se dedicó a explorar su terreno de caza. Era como si se estuviera iniciando en matar chicas estudiantes. Contrariamente, la verdad era que Bundy estaba psicológicamente mucho menos fuerte, como el adicto o alcohólico tras varios años de abuso: su frenesí le hizo menos cuidadoso, y no tenía ningún plan a medio plazo para vivir de forma integrada y ocultar sus propósitos auténticos.

Ese proceso de adicción es tan difícil de superar que incluso tener la suerte de iniciar una nueva vida, como si nada del terrible pasado hubiera existido, puede no ser suficiente. Gilberto Chamba es un ejemplo claro de ello. Por las razones explicadas en el capítulo 4, este asesino ecuatoriano tuvo la posibilidad en España de partir de cero. Con un pasaporte en regla y sin que nadie supiera que era el autor de ocho asesinatos en su país, Chamba logra disfrutar en Lleida de un buen empleo y acumular un historial laboral impecable. Tiene a su mujer e hijos con él, así como dos hermanas que le han ayudado a aclimatarse y a iniciar lo que es sin duda otra vida completamente diferente a la que experimentó en Ecuador. No obstante esto, la rueda del crimen empieza a rodar tan pronto Chamba se ha instalado y ha estudiado con detenimiento su nuevo ambiente. Es decir, tan pronto como se siente seguro, decide que ha de volver a matar.

Ahora bien, aunque el símil entre la adicción a las drogas y al asesinato es útil para reflejar esa necesidad interior que siente el sujeto, hay una diferencia importante entre el motivo de la compulsión que caracteriza el asesinato serial y aquel que impulsa el consumo de alcohol o las drogas.[4] El alcohólico o drogadicto puede llegar a esta condición por mera curiosidad, por deseo de escapar de una situación que no le gusta o por emular a alguien, entre otras razones (imitación de los padres, presión de los compañeros, etc.). Sin embargo, *mi tesis es que el asesino en serie pretende con los asesinatos convertirse en otra persona, ser alguien diferente de quien es, y acabar de esta forma con un tipo de vida que se le antoja intolerable.*

Así planteado, habría una coincidencia entre una de las posibles razones para el consumo de alcohol y drogas y el asesinato serial, ya que acabo de mencionar que la gente puede beber o drogarse para escapar de una realidad que no le gusta. No obstante, hay una diferencia importante que hace que ambas motivaciones no sean la misma: mientras que, en este supuesto, el drogadicto busca refugiarse en el placer de la droga como forma de negar los problemas, el asesino quiere transformar su realidad, es decir, al huir del mundo que no le gusta, está afirmando su propia individualidad. Mientras que el adicto a las drogas escapa de enfrentarse a sus responsabilidades y niega sus auténticas necesidades humanas mediante el consumo de la sustancia prohibida, el asesino en serie afirma su auténtica naturaleza mediante el crimen. La insatisfacción que siente en la vida ordinaria es un acicate para hallar su verdadero camino.

---

[4] Tampoco quiero extender esa semejanza al grado de control que ambos tipos de sujetos pueden ejercer sobre el objeto de la compulsión. Como indica la evidencia, los asesinos pueden elegir el momento en que deciden matar, así como tomar todas las precauciones que consideren oportunas. Esto supone un control muy superior al que manifiestan los adictos a las drogas.

En otras palabras: él no se refugia en el crimen repetido porque no se encuentra capacitado para enfrentarse a los problemas de la vida ordinaria (como hace el adicto), sino que los problemas de adaptación o la insatisfacción interior que siente desde joven son una muestra de que hay algo más que ha de lograr, subvirtiendo el orden moral universal mediante el inicio de una trayectoria de asesinatos repetidos. La diferencia entre la compulsión para matar y para tomar drogas se ve más clara si prestamos atención al origen y desarrollo de la primera, que no guarda relación alguna con la iniciación a las drogas. Como sabemos, en el asesino en serie hay un periodo más o menos largo en el que su fantasía es esencial para explorar el camino futuro. Ese imaginar cómo se siente uno cuando persigue y rasga las vestiduras de una mujer, cuando la puede imaginar atada en un hoyo en el monte y a su completa merced, va creando en el sujeto un sentimiento extraño, como de disociación o extrañeza hacia su propia persona: él ve que hay un yo interior que se va revelando y que, inicialmente, le produce una profunda conmoción, y quizás miedo por lo que va a suponer. No es extraño que algunos asesinos recurran al alcohol para atreverse a *liberar* ese monstruo interior. Es entonces cuando, en ocasiones, se producen los *ensayos* o pruebas en la vida real: se persigue a una chica, se intenta capturarla, hay un amago de ataque…

Así, Joaquín Ferrándiz primero comete una violación; cuando sale de la cárcel, comprende que ha de matar para experimentar lo que necesita y, además, para evitar que haya testigos que lo vuelvan a llevar ante la justicia. Del mismo modo, Bundy en el capítulo 8 nos relató de qué forma empezó espiando a las mujeres mientras se desvestían, y cómo poco a poco —y ayudado por una fantasía muy poderosa y rica que iba alimentando con sus lecturas— va acercándose más con sus actos al tipo de crimen que le caracterizaría como uno de los mayores asesinos seriales del siglo XX.

De acuerdo con esta hipótesis, los motivos a los que antes he hecho referencia no son sino *diferentes caminos por los que los asesinos en serie llegan a buscar su naturaleza esencial.* Unos lo hacen porque desean vivir con lujo o con cosas que le apetecen tener. Otros quieren sentir un placer sexual descomunal, brutalmente intenso. Unos terceros quieren expresar su odio y resentimiento de un modo atroz. Finalmente, todavía otro grupo de asesinos quieren disponer del sentimiento placentero que les da el obtener el control absoluto de otra persona; la capacidad de ser los dueños definitivos de la vida de quien han capturado.

Todos esos motivos son formas de llegar a una misma meta: el control del ambiente, la transformación de la realidad, la creación de un nuevo yo mediante una violencia inusitada y secreta. En este sentido, como antes he indicado, habría una motivación general para todos los asesinos en serie: lograr el control de una parcela de la realidad donde ellos definitivamente encuentran su mayor realización personal, lo que incluiría todo el proceso que va implícito en la preparación, ejecución y ocultación de cada asesinato.

Final

Ha pasado mucho tiempo desde Jack el Destripador. En esa época apenas se distinguía la sangre humana de la animal. Sin embargo, los asesinos en serie —que han existido desde los mismos orígenes de la sociedad— no esperan a que evolucione la ciencia forense ni la criminología, sino que surgen en cada momento para lograr sus fines. La policía científica y la propia investigación criminal se han visto forzadas muchas veces a ingeniar nuevos métodos cuando estos formidables enemigos las han puesto en jaque. Por ejemplo, frente al terrible desafío que presentaba en los años setenta Ted Bundy, Robert Keppel pensó en una estrategia para emplear la informática en ayuda de la investigación, en una época en que los ordenadores leían tarjetas perforadas y ocupaban tanto espacio como el mueble del salón de una casa.

En efecto, el caso de Bundy fue el primero en que se empleó una rudimentaria informática para facilitar la búsqueda de información que permitiera capturar al asesino. Bob Keppel introdujo en primer lugar 3.000 nombres de sujetos que, con el nombre de Ted, habían sido comunicados a la policía por el público como potenciales sospechosos de las desapariciones de las chicas. Luego añadió, entre otros, a todos los propietarios de coches Volkswagen Escarabajo del estado de Washington (ya que habían visto a «Ted» conducir uno). A continuación, introdujo el nombre de todos los amigos de las víctimas, nombres tomados de sus agendas, de las listas de clase de las universidades a las que iban las chicas desaparecidas, y finalmente incluyó los nombres de los delincuentes sexuales conocidos. A partir de aquí, se programó que el ordenador hiciera una relación con todos los Teds que al menos coincidieran en dos de esas listas. Cuando las coincidencias llegaron a cuatro, los nombres de la relación todavía sumaban 400, y entre ellos estaba Ted Bundy. Con 15 coincidencias, sólo 25 permanecían, pero Bundy *ya no* estaba en esa lista.

No obstante, sería erróneo concluir que los asesinos en serie son seres sumamente inteligentes, a modo y semejanza del doctor Lecter. Hemos visto en este libro que muchas veces las razones por las que están un tiempo largo sin ser capturados es la gran dificultad que encierra manejar una cantidad ingente de información, o el hecho de que la policía no reconoció en su momento que existía una vinculación entre los diferentes crímenes que estaba investigando. Desde luego, siempre está el hecho cierto de que perseguir a un extraño que no tiene ninguna razón aparente para matar a otra persona puede ser algo complicado, porque es relativamente sencillo elegir a una víctima en cualquier lugar y asesinarla.

Sin embargo, una de las principales conclusiones que quisiera extraer de este libro, en relación con la investigación criminal, es que los asesinos en serie tienen sus pautas y hábitos, una forma de interpretar la realidad que no es arbitraria sino que, de un modo u otro, se expresa en la escena del crimen. A medida que la sociedad se torna más compleja, el asesino en serie puede adoptar precauciones complementarias o nuevos métodos para captar víctimas (como Internet). Por ello, el afán de integración del que hacía gala el pionero Hans Gross sigue siendo hoy igual de necesario: todas las especialidades son necesarias; unas más que otras, dependiendo del caso. El gran desarrollo de la tecnología al servicio de las ciencias forenses sin duda ha supuesto un gran paso adelante, pero el investigador capacitado, abierto a todas las opciones y conocedor de la criminología de los asesinos, siempre será la pieza esencial.

AGRADECIMIENTOS

Quiero agradecer la colaboración desinteresada de dos amigas y colegas, quienes, sacrificando horas de descanso, leyeron partes sustanciales de este libro e hicieron sugerencias muy valiosas: Ana López Medina y Montserrat Salvador Salvans.

Igualmente, estoy en deuda con Patricia López, con la que escribí *El rastro del asesino*, por permitirme emplear para *La mente criminal* varias de sus notas preparatorias escritas para aquella obra.

También agradezco al semanario de actualidad *Así son las cosas* la gentileza con la que accedieron a prestarme varias de las fotos que ilustran este libro.

Y, por supuesto, agradezco mucho a Andreu Martín su magnífico prólogo.

Quiero agradecer, finalmente, a Roderic Moreno Mir, jefe del Área de Investigación de Ponent de los Mossos d'Esquadra, su gentil ayuda para la preparación del caso de Gilberto Chamba.

BIBLIOGRAFÍA

Capítulo I

DAVID BERKOWITZ ESCRIBIÓ A SU PSIQUIATRA. E. W. Hickey, *Serial murders and their victims* (3.ª ed.), Belmont, Wadsworth, 2002.

EL LIBRO de Vicente Garrido y Patricia López, *El rastro del asesino,* Barcelona, Ariel, 2006.

EL PERIODISTA SAMUEL ISASI Y GUSTAVO ROMERO, «Los crímenes de Valdepeñas», en el especial de la revista *Así son las cosas*, núm. 238, noviembre de 2006.

LA CLASIFICACIÓN DE MOTIVOS DE LOS ASESINOS EN SERIE: James Fox y Jack Levin, *Extreme killings,* Thousand Oaks, Sage, 2005.

EL CASO DE UNABOMBER. Eric Hickey (ed.), *Encyclopedia of Murder and Violent Crime,* Thounsand Oaks, Sage, 2003, pp. 54-58.

EL CASO DE LOS ASESINOS DEL TAROT: Peter Vronsky, *Serial Killers*, Nueva York, Penguin Books, 2004. Otras dos fuentes importantes son: Eric Hickey (ed.), *Encyclopedia of Murder and Violent Crime*, pp. 54-58, y también el libro de Fox y Levin, *Extreme killings,* pp. 10-11 y 74-77.

EL CASO DE CHARLENE Y GERALD GALLEGO: Peter Vronsky, *Serial Killers,* pp. 217-218.

LA CITA DE COPPOLA: *Time,* 28 de agosto de 2006, p. 16.

EL PSICÓPATA ES EL SER HUMANO MÁS PELIGROSO QUE EXISTE: Vicente Garrido, *El psicópata, un camaleón en la sociedad actual,* Alzira, Valencia, 2000. También cfr. Vicente Garrido, *Cara a cara con el psicópata,* Barcelona, Ariel, 2002.

LA INFLUENCIA DE ED GEIN SOBRE LA PELÍCULA *PSICOSIS*: Fox y Levin, *Extreme killings,* cap. 1. Para la influencia en otras películas así como el legado de *Psicosis*, consultar Martin Rubin, *Thrillers*, Madrid, Cambridge University Press, pp. 147-148 y 271-272.

ED GEIN. El libro que explica su historia lo escribió H. Schechter, *Deranged*, Nueva York, Pocket Books, 1990.

Capítulo 2

POR ELLO, EN EL TERRIBLE AÑO DEL DESTRIPADOR. El libro de Patricia Cronwell, *Retrato de un asesino: Jack el Destripador, caso cerrado*, Ediciones B, Barcelona, 2006, capítulo 1.

LOS HECHOS SOBRESALIENTES DE LOS CINCO ASESINATOS. El libro de Robin Odell, *Ripperology*, Kent State University Press, 2006.

EL PERFIL DEL FBI, ver Robin Odell, *Ripperology*, pp. 137-138. El libro *Sueños oscuros* es en el original de Roy Hazelwood y Stephen G. Michaud, *Dark Dreams*, Nueva York, St. Martin's Press, cap. 10.

CUADRO 2: BERTILLON Y EL NACIMIENTO DE LA CRIMINALÍSTICA: Colin Beavan, *Huellas dactilares*, Barcelona, Alba, pp. 95-109. También la obra de Alain Monestier, *Los grandes casos criminales*, Madrid, Del Prado, pp. 251-254.

«DESAFORTUNADAMENTE, los más de 100 expertos que asistieron a la conferencia no pudieron llegar a un acuerdo». BBC NEWS, 16 de septiembre de 1998. Consultar la dirección: http://news.bbc.co.uk/2/hi/uk_news/172290.stm.

«ROBIN ODELL CONCLUYE...», ver p. 202 de *Ripperology*.

Capítulo 3

RICHARD RAMÍREZ: en Colin Evans, *The Casebook of Forensic Detection*, Nueva York, Wiley, 1996, pp. 115-117; y Anthony Bruno, *Crime Library*: http://www.crimelibrary.com/serial_killers.

EL DOCUMENTAL *MUJERES ENAMORADAS DE ASESINOS*, The Courtroom Television Networtk, emitido por Canal + en febrero de 2002.

EL CASO DE LOS HERMANOS STRATTON: *Huellas dactilares*, pp. 195-217.

JUAN VUCETICH Y EL CASO DE LA MADRE ENAMORADA, en *The Casebook of Forensic Detection*, pp. 93-95, y *Huellas dactilares*, pp. 135-139.

«EN SU OBRA DE 1904, *Dactiloscopia comparada...*». Editada en La Plata (Argentina), Jacobo Preuser, p. 13.

Capítulo 4

LAS CITAS DE TRUMAN CAPOTE: Gerard Clarke, *Truman Capote, la biografía*, Barcelona, Ediciones B, 1996, p. 668 y 441.

LOS HECHOS PROBADOS EN LA SENTENCIA: Audiencia Provincial de Lleida, Sección primera. Sentencia núm. 376/06, de 6 de noviembre de 2006.

LA OBRA DE LLUÍS BORRÁS, *Asesinos en serie españoles*, Barcelona, Bosch, 2002, pp. 151 y ss.

LAS CITAS DE PATRICIA CORNWELL, *Retrato de un asesino: Jack el Destripador, caso cerrado*, Ediciones B, Barcelona, 2006, pp. 17, 41 y 42.

Capítulo 5

EL CASO DE TIMOTHY SPENCER: Los datos de este capítulo los he extraído del libro de Paul Mones, *Stalking Justice*, Nueva York, Pocket Books, 1995.

LA PRIMERA VEZ QUE SE EMPLEÓ EL ADN: EL CASO DE COLIN PITCHFORK, en Colin Evans, *The Casebook of Forensic Detection*, pp. 60-63.

Capítulo 6

LA CITA DE P. D. JAMES. Entrevista aparecida en *El País*, a propósito de su obra *El faro* (14 de abril, 2006).

LAS REFORMAS SOCIALES PROVOCADAS POR JACK EL DESTRIPADOR: Robin Odell, *Ripperology*, pp. 246-254.

EL ASESINO DE LA MORGUE. Lisa Wedeen, *Seeing Like A Citizen, Acting Like A State: Exemplary Events in Unified Yemen,* Society for Comparative Study of Society and History, 2003, pp. 680-713.

LA CITA DE AMÉLIE NOTHOMB. Recogida por Octavi Martí para *El País Semanal*, núm. 1478, 9 de enero de 2005.

TONY KING. Las citas de Tony King aparecen en Vicente Garrido y Patricia López, *El rastro del asesino*, cap. 4. El reportaje de Alfonso Egea fue publicado en *Así son las cosas,* núm. 212, 2006. Los textos de Mayka Paniagua aparecieron en los núms. 239 y 240 (2006) de *Así son las cosas*. También el periódico *La Vanguardia*, en reportaje de 13 de diciembre de 2006.

EL CASO DE EL NEVERO. Carlos Bellver, *CSI: Casos reales españoles,* Madrid, La Esfera de los Libros, 2003.

EL ASESINO DEL RÍO VERDE. Rachael Bell, *Green River Killer: River of Death,* en *Crime Library,* www.crimelibrary.com. Las citas de la entrevista con Ted Bundy: Robert Keppel y Joseph Birnes, *The Riverman,* Nueva York, Pocket Books, 1995. También acerca de esta entrevista ver Patrick Bellamy: *Robert D. Keppel, Ph.D, An Interview,* en *Crime Library.*

Capítulo 7

LA CITA DE PAUL AUSTER. Su libro *Jugada de presión,* Barcelona, Anagrama, 2000, p. 94.

ACERCA DE HANS GROSS. Alain Monestier, *Los grandes casos criminales,* Madrid, Del Prado, 1992, pp. 261-263. K. Inman y N. Rudin, *Principles and Practice of Criminalistics,* Boca Ratón (Florida), CRC Press, 2001, cap. 1.

LA CITA DE HANS GROSS. Su libro *Manual del juez de instrucción,* México, Imprenta de Eduardo Dublán, 1900, pp. 93-96.

ACERCA DE EDMOND LOCARD: K. Inman y N. Rudin, *Principles and Practice of Criminalistics,* cap. 2. La cita de Edgar Allan Poe pertenece a la novela *Doble crimen en la calle Morgue,* y la he tomado de la edición bajo el título de *Narraciones extraordinarias,* Barcelona, Ediciones 24, 1969, p. 424. La cita de Holmes figura en *Principles and Practice of Criminalistics,* p. 27.

LA DIVISIÓN ENTRE ASESINOS ORGANIZADOS Y DESORGANIZADOS. Ressler, Burgess y Douglas, *Sexual homicides: Patterns and Motives,* Lexington, Lexington Books, 1998.

LA CITA DEL FORENSE HENRY LEE. H. Lee y T. O'Neil, *Cinco casos difíciles,* Barcelona, Alba, 2002, p. 161.

LA CITA DE DAVID CANTER. Pertenece a su libro *Criminal Shadows,* Londres, Harper Collins, 1994.

LOS MODELOS GEOGRÁFICOS DESARROLLADOS POR CANTER. Además de *Criminal Shadows,* es importante consultar su libro *Mapping Murders,* Londres, Virgin Books, 2003.

EL PERFIL BASADO EN LA EVIDENCIA. Es la propuesta de, entre otros, Brian Turvey, *Criminal Profiling,* Londres, Academic Press, 2002.

También presenta esta información el libro de Wayne Petherick, *The Science of Criminal Profiling*, Nueva York, Barnes & Noble, 2005, del que he adaptado el cuadro núm. 4.

Capítulo 8

LA CITA DE WILLIAM MAPLES. El libro de W. Maples y M. Browning, *Los muertos también hablan*, p. 146. Barcelona, Alba, 2001.

DANIEL ROLLING. La narración de la historia la he construido principalmente a través del relato de Fiona Steel, *Savage Weekend: Daniel Rolling*, en www.crimelibrary.com. Pero he tomado notas relevantes del libro de Fox y Levin, *Extreme Killing*, pp. 9, 12, 18, 44, 65, 70, 92 y 113. También ha sido muy útil el libro de Peter Vronsky, *Serial Killers*, pp. 208, 335, 381-382. El caso de la determinación del arma asesina y la evocación del Muro de la Universidad de Florida aparecen en el libro de Maples y Browning, *Los muertos también hablan*, cap. 15. La ejecución de Rolling se cuenta en David Lohr, *Danny Harold Rolling Executed by the State of Florida*, www.crimelibrary.com. Ver también www.wikipedia.org/wiki/Danny_Rolling.

TED BUNDY. El libro de Peter Vronsky, *Serial Killers*, pp. 102-142. También Colin Wilson, *The Mammoth Book of True Crime*, vol. 2, Londres, Robinson, 1990, pp. 525-550. Para la prueba odontológica ver Colin Evans, *The Casebook of Forensic Detection*, Nueva York, Wiley, 1996, pp. 151-154. Para las declaraciones de Bundy: Michaud y Aynesworth, *The Only Living Witness*, (2.ª ed.), Irving, Texas, Authorlink, 1999.

Capítulo 9

LA ENVENENADORA DE VALENCIA. El libro de Cinzia Tani, *Asesinas.* Barcelona, Lumen, 2003, pp. 594-611.

UN ESTUDIOSO DEL HOMICIDIO MÚLTIPLE, ERIC HICKEY. Su libro *Serial Murderers and Their Victims*, Belmont, Wadsworth, 1997.

UN AÑO DESPUÉS, OTROS DOS INVESTIGADORES, WILSON Y HILTON. Su artículo *Modus operandi of Female Serial Killers*, Psychological Reports, 1998, pp. 82, 495-498.

LA HISTORIA DE BENJAMIN GEEN. BBC NEWS, publicada el 10 de mayo de 2006.

EL CASO DE AILEEN WUORNOS. B. A. Arrigo y A. Griffin, *Serial Murder and the Case of Aileen Wuornos*, Behavioral Sciences and the Law, 2004, 22, 375-394. Ver también el cap. 4 del libro de Peter Vronsky, *Serial Killers*.

EL CASO DE REMEDIOS SÁNCHEZ. El reportaje de Héctor Marín y J. M. Rodríguez apareció en la revista *Así son las cosas,* núm. 219. También se consultó el reportaje firmado por la redacción de *El País*, de 5 de julio de 2006, y noticias de *La Vanguardia* por Internet de fechas 5, 6, 7, 19 y 20 de julio de 2006. Finalmente, la imagen de la geografía del crimen es una gentileza de Silvia Barroso, periodista del periódico *El Punt*.

EL CASO DE ENCARNA JIMÉNEZ. El reportaje de Marín y Rodríguez en *Así son las cosas,* núm. 219.

MYRA HINDLEY E IAN BRADY. BBC News, varios reportajes disponibles en su página web. También el libro *Serial Killers,* pp. 210-212.

TÉ Y PASTAS CON YIYA. El artículo de Leila Guerrero publicado en la revista *Lateral,* titulado «Una taza de té con Yiya», marzo de 2005. El libro de Martín Murano, *Mi madre: Yiya Murano*, Buenos Aires, Planeta, 1994.

Capítulo 10

LA NOVELA DE FRED VARGAS, *Que se levanten los muertos.* Madrid, Punto de Lectura, p. 73

LA CITA DE UNABOMBER. En el libro de Peter Vronsky, *Serial Killers*, p. 161.

EL LIBRO DE PHILIP CARLO. Se trata de *The Night Stalker: The Life and Crimes of Richard Ramirez*, Nueva York, Pinacle Books, 1997.

LA CITA SOBRE BUNDY. El libro de Michaud y Aynesworth, *The Only Living Witness*, p. 21.

LA SOGA, DE ALFRED HITCHCOCK. Ver comentarios en el libro de Peter Conrad, *The Hitchcock Murders*, Nueva Cork, Faber and Faber, 2002, pp. 31-32 (entre otras).

LA INFLUENCIA DE NIETZSCHE SOBRE LOS ASESINOS EN SERIE. Ver mis reflexiones sobre la influencia en general de los escritores en los asesinos en serie en mi libro del año 2000 *El psicópata,* Algar, Valencia. La cita de Rodgers y Thompson pertenece a su libro *Locura filosofal*, Barcelona, Melusina, 2006, p. 114.

LA IDEOLOGÍA DE IAN BRADY. Ver su libro *The Gates of Janus*, Los Ángeles, Feral House, 2001, pp. 39 y 61.

ÍNDICE ONOMÁSTICO